경영경제수학 강의

경영과 경제를 쉽게 풀어내는
수학 입문

저자 소개

박광태

서울대학교 산업공학과에서 학사와 석사를, 미국 캘리포니아 주립대학(버클리)에서 경영과학/산업공학 박사를 취득하였다. 이후 영남대학교 경영대학을 거쳐 고려대학교 경영대학에서 현재까지 재직 중이다. 한국생산성학회 회장, 한국기업경영학회 회장, 한국중소기업학회 회장을 역임하였으며, 삼성전자 상생협력센터 자문교수를 맡고 있다.

이지웅

서울대학교 수학과를 졸업하고, 프랑스 툴루즈경제대학에서 경제학 석사, 네덜란드 마스트리흐트대학교에서 경제학 박사를 취득하였다. 유학 전에는 한국은행에서 근무하였으며, 이후 노스웨스턴대학교 방문학자, 에너지경제연구원 부연구위원을 역임하였다. 현재 국립부경대학교 경제학과 교수로 재직 중이다.

경영경제수학 강의

초판 발행 2026년 2월 20일

지은이 박광태, 이지웅
펴낸이 류원식
펴낸곳 **교문사**

편집팀장 성혜진 | **책임진행** 윤정선 | **디자인** 신나리 | **본문편집** 디자인이투이

주소 10881, 경기도 파주시 문발로 116
대표전화 031 - 955 - 6111 | **팩스** 031 - 955 - 0955
홈페이지 www.gyomoon.com | **이메일** genie@gyomoon.com
등록번호 1968.10.28. 제406-2006-000035호

ISBN 978-89-363-2731-6(93530)
정가 24,000원

MATH

경영경제수학 강의

경영과 경제를 쉽게 풀어내는

수학 입문

박광태 이지웅

지음

교문사

수학은 단순한 계산 기술이 아니라,
복잡한 경영과 경제의 이면을 꿰뚫어 보는 가장 정제된 사고 언어다

수학은 많은 학생들에게 여전히 두 얼굴을 가지고 있다. 하나는 이미 지나간 시험의 기억이고, 다른 하나는 아직 다가오지 않은 시험에 대한 두려움이다. 특히 경영·경제학을 전공하는 학생들에게 수학은 종종 필요는 하지만 반갑지 않은 과목으로 인식된다. 이 책의 목적은 수학을 더 많이 가르치는 것이 아니다. 저자들이 전달하고자 하는 것은 경영과 경제를 이해하는 데 필요한 사고의 언어로서의 수학이다. 즉, 공식과 계산은 그 언어를 익히기 위한 도구일 뿐 목표가 아니다.

경영·경제학에서 우리가 마주하는 대부분의 문제는 숫자보다 구조에 관한 문제이다. 무엇이 원인이고 무엇이 결과인가? 어떤 조건에서 선택이 바뀌는가? 변수가 하나 늘어나면 판단은 어떻게 달라지는가?와 같은 질문에 대해 모호함을 걷어내고 구조를 명확히 드러내는 가장 정제된 언어이다. 방정식은 단순한 풀이 대상이 아니라, 현상을 한 줄로 요약한 사고의 압축본이다. 함수와 그래프는 계산 결과가 아니라, 변화의 방향과 속도를 시각적으로 이해하기 위한 지도이다. 이 책에서 저자들은 가능한 한 '어떻게 푸는가?'보다 '왜 이런 형태가 되어야 하는가?'를 먼저 생각하도록 하는 데 초점을 두었다.

이 책은 경영·경제학도를 위한 수학 교재이며, 다루는 수학의 범위는 의도적으로 절제되어 있다. 증명을 위한 증명, 계산을 위한 계산은 과감히 생략하였다. 고등학교 수학을 잘했는지를 묻지 않고 책 제목처럼 강의식으로 전달하되, 미시·거시경제학, 재무, 회계, 마케팅, 운영관리 등 전공 과목에서 반복적으로 등장하는 개념들이 낯설지 않도록 구성하였다. 중요한 것은 완벽함이 아니라 익숙함이다. 한 번에 이해하려고 하지 않아도 괜찮다. 다만, 이 표현이 무엇을 말하려는지는 알겠다는 감각을 얻도록 하는 것이 이 책의 목표이다.

수학을 잘한다는 것은 빠르게 계산하는 능력이 아니라, 문제를 만났을 때 당황하지 않는 태도로 볼 수 있다. 이 책을 통해 정답을 맞혔다는 성취감보다, 이런 식으로 생각하면 되는구나라는 순간을 경험하기 바란다. 경영·경제수학은 통과의례가 아니라 앞으로 여러분이 더 복잡한 의사결정을 이해하고, 더 설득력 있는 논리를 구성하기 위한 기초 체력을 제공한다.

본 책은 크게 13개의 장으로 구성되어 있다. 1장에서는 본 책을 공부하기에 필요한 수학의 기본적인 사항을 복습한다. 2장에서는 현실에서 마주하게 되는 경영·경제의 여러 문제들을 수학적으로 표현했을 때 방정식과 부등식의 형태가 되는데, 이 방정식과 부등식의 해를 구하는 법을 공부하게 된다. 3장 함수와 그래프에서는 특히 1차 함수와 2차 함수를 중심으로 살펴보고 또한 그래프와 연결하여 살펴본다. 4장 로그지수함수에서는 경영·경제의 여러 다양한 현상을 설명하기 위해 유용한 로그와 지수함수에 대해 살펴본다. 5장에서는 일변수 미분을, 6장에서는 리만 적분을 다룬다. 적분이 미분의 역산이 아님을, 그리고 미적분학 기본 정리를 이해하는 것을 목표로 한다. 7장에서는 경영·경제학에서 필요한 최소한의 선형대수학의 기본 개념을 소개하고, 이를 바탕으로 8장에서는 행렬식이 무엇인지, 그리고 역행렬을 어떻게 구하는지 학습한다. 9장에서는 다변수 함수의 미분을 배우고, 10장에서는 경영·경제학에서 자주 등장하는 특별한 함수 형태인 동차함수와 볼록함수를 다룬다. 11장에서는 제약식이 없는 경우, 등호 제약과 부등호 제약이 있는 경우로 나누어 다변수 함수의 최적점을 찾는 방법을 공부하게 된다. 12장 선형계획법에서는 행렬의 응용으로 선형으로 표시되는 제약식이 있는 경우, 선형 목적함수를 최대, 최소화하는 방법을 다루게 된다. 마지막 13장에서는 게임이론의 시작점이라고 할 수 있는 유한 영합 게임에서 균형이 어떻게 주어지는지 살펴본다.

본 책에서는 꼭 필요한 내용에 대해 간결한 설명과 필요시 기본을 다지는 예와 실제 경영·경제에서 수학이 어떻게 활용되는지를 보여주는 예로 구성되어 있다. 본 책을 사용하여 강의하는 경우 강의 목적에 따라 필요한 장들로 구성하여 강의를 하면 될 것이다. 참고로 저자들이 수업 시 활용한 강의 일정은 다음과 같다.

강의 일정

1주: 경영수학의 전반적 소개 / 수학의 기초
2주: 방정식과 부등식
3주: 함수와 그래프
4주: 로그와 지수함수
5주: 일변수 함수 미분
6주: 일변수 함수 미분 / 적분
7주: 적분
8주: 중간시험
9주: 선형대수 기초
10주: 행렬식과 역행렬
11주: 다변수 함수 미분
12주: 중요한 함수 형태
13주: 최적화
14주: 선형계획법(경영학과)
게임이론 입문(경제학과)
15주: 기말시험

본 책을 저술하면서 저자들의 수업을 들은 학생들의 피드백과 학생들이 만든 문제들을 활용하였음을 밝혀둔다. 이 자리를 빌려 학생들에게 감사를 전한다. 물론 부족한 점들이 적지 않을 것이며 이는 앞으로도 계속 노력을 들여 보완해 나가야 할 저자들의 몫이라고 생각한다. 본 책의 출간을 맡은 교문사 류제동, 류원식 대표이사님 이하 관련 분들에게 이 지면을 빌려 감사를 드린다.

마지막으로, 수학이 어렵고 복잡하다고 생각하는 학생들에게 폰 노이만(von Neumann)의 이야기를 전한다. "수학이 단순하다는 것을 믿지 않는 사람은 삶이 얼마나 복잡한지 알지 못하는 사람이다." 여러분은 이미 수학보다 복잡하다는 그 삶을 살고 있다.

박광태 · 이지웅

PART 1
기초수학

CHAPTER 01 수학의 기초

CHAPTER 02 방정식과 부등식

CHAPTER 03 함수와 그래프

CHAPTER 04 로그와 지수함수

PART 2
미적분학

CHAPTER 05 일변수 함수 미분

CHAPTER 06 적분

PART 3
선형대수

CHAPTER 07 선형대수 기초

CHAPTER 08 행렬식과 역행렬

PART 4
다변수 해석

CHAPTER 09 다변수 함수 미분

CHAPTER 10 중요한 함수 형태

PART 5
최적화

CHAPTER 11 최적화

CHAPTER 12 선형계획법

CHAPTER 13 게임이론 입문

PART 1

기초 수학

BASIC MATHEMATICS

CHAPTER 01

수학의 기초

당신은 묻는다. "'문과'가 (대학까지 와서) 도대체 왜 수학을 배워야 하나?"
누군가는 눈을 똥그랗게 뜨고 답한다. "어떻게 수학을 사랑하지 않을 수 있을까?"*

아아, 우리도 안다. 별로 마음에 와닿지 않는 답변이라는 것을. 필즈상 수상자 허준이 교수는 '수학은 자유로움을 학습하는 일'이라 했다지만, 수학이라는 아름다운, 그러나 차가운 정원에서 자유로움을 느끼기 위해서는 상당한 훈련, 혹은 남다른 재능이 필요하다.

수학 자체의 매력을 느낄 수 없다면 그것이 가진 유용함 때문에라도 좋아하는 척해 보는 건 어떨까? 당신이 하루 종일 만지작거리는 스마트폰은 물론, 앞으로 인간을 지배할지도 모르는 인공지능이 찬란한 수학의 결과물이 아니던가? 그렇긴 하지만… 그건 대학 캠퍼스 저쪽에 있는 이공계 친구들의 이야기이지, 경영·경제학도와는 딱히 관계가 있는 것 같진 않다.

이건 어떨까. 신뢰할 만한 연구에 따르면, 고급 수학 과목을 수강하면 연봉이 19.5%까지 상승한다!** 고급 수학을 배우면 수학적 상황에 접근하는 방법을 배우기 때문에 취업 후 더 까다롭고 높은 보수를 받는 직책으로 승진할 수 있단다. 수학 공부를 열심히 하면 돈을 더 번다니, 그것도 20%나. 꽤 괜찮은 투자 아닌가.

그런데 중고등학교 때 무엇을 배웠는지 가물가물하다고? 자, 하나둘 떠올려 보자.

---

* 오스트리아의 게임이론가 카를 지그문트(Karl Sigmund)의 저서『The Waltz of Reason』의 한국어판 제목이다. 원래 제목보다 더 나은 것 같다.

** Rose, H., & Betts, J. R. (2004). The Effect of High School Courses on Earnings. The Review of Economics and Statistics, 86(2), 497-513.

1. 실수의 체계

마음속에 수직선을 그려 보자. 선 가운데 어디쯤 0을 찍고, 오른쪽에는 1, 2,⋯, 왼쪽에는 -1, -2,⋯가 있다. 그리고 0과 1 사이 가운뎃점은 1/2이고, 1과 2를 3등분해서 2에 가까운 숫자는 5/3이고, 등등.

여러분은 수직선 위의 임의의 점은, 그 값을 정확히 알지는 못하지만, 어떤 숫자에 대응된다는 것 정도는 알고 있다(아닌가?). 여러분은 이 사실을 어떻게 배웠더라?

여러분이 저자들처럼 평범한, 전설적인 독일의 수학자 가우스(Carl Friedrich Gauss)와 같은 재능을 타고나지 않은 아이였다면 유치원 시절에는 손가락을 세면서 자연수를 습득했을 것이고, 초등학교 저학년 때는 분수를, 그리고 고학년 때는 음수를 배웠을 것이다. 그러니까, 초등학교를 마치면서 정수(integers)와 유리수(rational numbers)를 알게 된다.

하지만 이것만으로는 수직선을 채우기에는 부족하다. 사실 부족한 정도가 아니라 (그때는 몰랐겠지만) 초등학생 마음속의 수직선 대부분은 숭숭 뚫려 있다. 결핍된 부분은 중학교 때 $\sqrt{2}$ 처럼 이상하게 생긴 무리수(irrational numbers)를 배운 후에야[1] 비로소 채워지고, 드디어 실수(real numbers)가 무엇인지 알게 된다.

그러니까, 여러분이 숫자를 배워온 단계는 사실 수직선을 여기저기 채워가는 과정이었다고 생각하면 된다.

각 수가 모인 집합을 표시하는 전통적인 알파벳이 있다(집합은 대문자로 표시한다). $\mathbb{N}$은 자연수들의 집합, $\mathbb{Z}$는 정수들의 집합, $\mathbb{Q}$는 유리수들의 집합, $\mathbb{R}$은 실수들의 집합이다.[2] 종종 나오는 표기이니 익숙해지사.

이렇게 숫자를 배우면서 여러분은 사칙연산을 배웠을 것이다. 사실 사칙연산 중 중요한 것은 덧셈과 곱셈, 두 가지이다. 이 두 연산은 멋진 성질을 가지고 있는데, 바로 교환법칙(commutative law), 결합법칙(associative law) 그리고 분배법칙(distributive law)이다.[3]

---

1 유리수는 a/b의 형태이고(a, b는 정수, $b \neq 0$), 무리수는 정수의 비로 나타낼 수 없는 수이다. 대표적인 무리수에는 $\sqrt{2} = 1.414213\cdots$, $\pi = 3.1415926\cdots$, $e = 2.718281\cdots$ 가 있는데, 여러분이 인생에서 알아야 할 무리수는 이걸로 충분하다. e는 '오일러의 수(Euler's number)'라고도 하며(e는 Euler의 첫 글자이다), 나중에 배우겠지만 경영·경제학도에게는 매우 친한 친구가 되는 숫자이다.

2 $\mathbb{N}$은 Natural number, $\mathbb{Q}$는 Quotient, $\mathbb{R}$은 Real number에서 나온 표기이다. $\mathbb{Z}$는 (헷갈리게도) 독일어 Zahlen에서 나왔다.

3 각 법칙의 이름을 외우면 좋겠지만, 굳이 외울 필요는 없다.

교환법칙은 숫자의 순서를 바꿔도('교환해도') 된다는 것인데, 덧셈, 곱셈 모두 성립한다(뺄셈이나 나눗셈은 교환법칙이 성립하지 않는다).

- 덧셈에 대한 교환법칙: $a+b=b+a$
- 곱셈에 대한 교환법칙: $ab=ba$

결합법칙은 동일한 연산을 여러 번 할 때 연산의 순서를 바꿔도 상관없다는 것이다.[4] 덧셈과 곱셈 모두에 대해서 성립한다.

- 덧셈에 대한 결합법칙: $(a+b)+c=a+(b+c)$
- 곱셈에 대한 결합법칙: $(ab)c=a(bc)$

분배법칙은 덧셈과 곱셈, 두 연산에 관한 것이다.

$$a(b+c)=ab+ac,\ \ (b+c)a=ba+ca$$

분배법칙은 사실 여러분이 배웠던 인수분해의 핵심이다.

2. 항등원과 역원

이제 **항등원**(identity element)과 **역원**(inverse element)에 대해 알아보자. 항등원은 어떤 연산에 대해, 그 연산을 취해도 원래의 값이 그대로 나오게 하는 값이다. 그리고 역원은 해당 연산을 취했을 때, 결과가 항등원이 되게 만드는 값이다.

덧셈에 대한 항등원은 원 값에 **어떤 값을 더해도** 원 값이 달라지지 않는 값으로, 0이 이에 해당하고, 곱셈에 대한 항등원은 원 값에 **어떤 값을 곱해도** 원 값이 달라지지 않는 값으로, 1이 여기에 해당한다. 이를 아래와 같이 나타낼 수 있다.

- 덧셈에 대한 항등원: $a+0=0+a=a$
- 곱셈에 대한 항등원: $a\cdot 1=1\cdot a=a$

역원도 항등원처럼 덧셈과 곱셈으로 나누어 살펴볼 수 있다. 덧셈에 대한 역원은 **어떤 수에 그 역원을 더하면 항등원**, 즉 0이 되는 것으로 다음과 같다.

4 왜 '결합'이라고 번역되는지는 저자들도 잘 모르겠다.

$$a + (-a) = 0$$

여기서, $-a$가 덧셈에 대한 a의 역원이다.[5]

곱셈에 대한 역원은 어떤 수에 그 역원을 곱하면 항등원, 즉 1이 되게 하는 것으로 다음과 같다.

$$a \cdot a^{-1} = 1$$

여기서, a^{-1}가 곱셈에 대한 a의 역원이다.[6, 7] 단, $a \neq 0$이어야 한다. $a = 0$이면 어떤 수를 곱하더라도 1이 될 수 없으며, 따라서 이 경우는 역원이 존재하지 않는다.[8]

자, 여러분이 항등원과 역원의 개념을 이해했는지 간단히 확인해 보자.

예제 1-1 임의 연산의 항등원과 역원

문제 **연산 $\odot$이 $a \odot b = a + b + ab$으로 정의될 때, 연산 $\odot$에 대한 항등원과 역원을 구하시오.**[9]

풀이 연산 $\odot$에 대한 항등원을 구하기 위해 모든 a에 대해 $a \odot e = a + e + ae = a$가 되는 e를 찾으면 된다.

$$a + e + ae = a \iff e + ae = 0$$

$e = 0$일 때에만 모든 a에 대해 성립하므로 항등원은 $e = 0$이다.

한편, 역원은 주어진 a에 대해 $a \odot x = a + x + ax = e = 0$인 x를 찾으면 된다. x에 대해 풀면, $a \neq -1$이라면 a의 역원은 $x = -a/(1+a)$이며, $a = -1$인 경우에는 존재하지 않는다. ■[10]

5 '뺄셈'은 덧셈에 대한 역원을 덧셈하는 것으로 정의된다. 그러니까, $a - b = a + (-b)$.

6 '나눗셈'은 곱셈에 대한 역원을 곱셈하는 것으로 정의된다. 그러니까, $a \div b = a \times b^{-1}$.

7 곱셈에 대한 a의 역원은 $1/a$로 쓰기도 한다. 취향에 따라 골라 쓰면 된다.

8 '곱셈'에서는 역원의 존재 여부가 매우 중요한, 그러나 종종 간과하는 문제이다. 나중에 행렬을 배우면 알게 된다.

9 표시 $\odot$에 당황하지 마시라. 그냥 저자가 특수문자 중 임의로 고른 것이다. 연산은 여러분도 얼마든지 정의할 수 있고 원하는 표시를 쓸 수 있다. 다만, 그 연산이 유용한지는 전혀 다른 문제이다.

10 수학에서는 통상 답의 끝에 보통 ■이나 □ 표시를 한다. 20세기 최고의 수학자 중 한 명인 할모스(Paul Halmos)가 사용한 이후 관습으로 자리 잡았다. 시험지 답안을 작성할 때 저 표시로 마무리를 해주면 채점자에게 좋은 인상을 준다.

3. 분수

이제 분수(fraction)로 표현되는 경우에 있어서의 법칙을 살펴보자. 분수의 곱셈은 다음과 같이 곱하는 분수의 분자는 분자끼리 분모는 분모끼리 곱하면 된다.

$$\left(\frac{a}{b}\right)\left(\frac{c}{d}\right) = \frac{ac}{bd}$$

분수의 나눗셈은 다음과 같이 나누어지는 분수의 역수를 곱하는 것과 같다.[11]

$$\left(\frac{a}{b}\right) \div \left(\frac{c}{d}\right) = \frac{\frac{a}{b}}{\frac{c}{d}} = \left(\frac{a}{b}\right)\left(\frac{d}{c}\right) = \frac{ad}{bc}$$

분수의 **약분**은 분수를 좀 더 간단히 하기 위해 분자와 분모의 공통인수가 있는 경우(아래의 예에서는 c) 이 공통인수로 분자와 분모를 나누는 것을 말한다. 분수의 분자와 분모가 **서로소**(relatively prime, 두 정수가 1 이외의 공약수가 없는 경우)이면 약분이 '끝까지' 되었다고 볼 수 있다.[12]

$$\frac{ac}{bc} = \frac{a}{b}$$

이제 분수의 덧셈과 뺄셈에 대해 알아보자. 덧셈과 뺄셈에 있어서 분모가 같은 경우는 다음과 같이 분모는 그대로 둔 채 분자를 더하거나 빼면 된다.

$$\frac{a}{c} + \frac{b}{c} = \frac{a+b}{c}, \quad \frac{a}{c} - \frac{b}{c} = \frac{a-b}{c}$$

만일 분모가 서로 다른 경우는 공통분모를 찾기 위해 **최소공배수**(least common denominator)를 구해야 한다. 최소공배수를 구하는 방법은 다음과 같다. 예를 들어, 하나의 분모는 $12xy = 2 \cdot 2 \cdot 3 \cdot x \cdot y$이고, 다른 분모는 $10xy^2 = 2 \cdot 5 \cdot x \cdot y \cdot y$일 때 최소공배수는 각각에 최소한 하나 있는 것들을 모아 정리하면 $2 \cdot 2 \cdot 3 \cdot 5 \cdot x \cdot y \cdot y$

---

11 (분수가 세 번이나 나와서 그런지) 여러분 중 일부는 분자, 분모가 모두 분수일 때 종종 어려움을 느끼는 것 같다. 별것 아니니 익숙해지길 바란다. 경제학에서 탄력성을 정의할 때 나온다.

12 답안을 작성할 때는, 시험시간이 부족한 게 아니라면 약분을 끝까지 하도록 하자. 약분되지 않은 분수는 채점자를 불편하게 만든다(그리고 불편한 학점으로 이어지기도 한다).

$= 60xy^2$이 된다. 따라서 다음의 분수에 대한 덧셈은 최소공배수를 이용해 계산할 수 있다.

$$\frac{7}{12xy} + \frac{3}{10xy^2} = \frac{35y}{60xy^2} + \frac{18}{60xy^2} = \frac{35y + 18}{60xy^2}$$

4. 지수

이제 지수(exponent)에 대해 알아보기로 하자. 지수는 다음과 같이 표기되고, a는 **밑**(base) 그리고 m은 **지수**이며, **a의 m승**이라고 읽는다.[13]

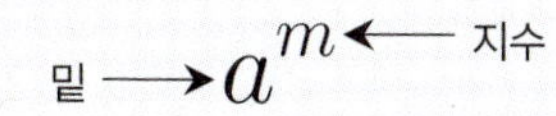

밑 ⟶ a^m ⟵ 지수

그림 1-1 거듭제곱의 구성 요소

지수 m은 양(+), 영(0), 음(−) 모두 가능하다(예: $2^{\sqrt{2}}, 2^0, 2^{-4}$). 밑 a의 경우 음수일 수도 있지만, 경영·경제학도에게는 그러한 숫자는 만날 일이 없으니 항상 0보다 큰 경우만 생각하라. 그러니까, 2^4, 0.9^{-1977}는 가능하지만, $(-2)^{3.2}$, 0^0, 0^{-3} 같은 건 신경쓰지 않아도 된다(무엇이 될지 상상해 보는 것은 매우 좋은 지적 훈련이긴 하다).

지수의 기본 성질은 다음과 같다. 구구단처럼 익숙해지길. 그리고 다시 한 번 말하지만, 밑 a, b는 0보다 클 때만 생각하라.

- 성질 1: $a^m \cdot a^n = a^{m+n}$ **예** $0.5^3 \cdot 0.5^4 = 0.5^7$
- 성질 2: $\frac{a^m}{a^n} = a^{m-n}$ **예** $\frac{0.5^3}{0.5^4} = 0.5^{-1}$
- 성질 3: $(a^m)^n = a^{mn}$ **예** $(0.5^3)^4 = 0.5^{12}$

13 영어로는 'a to the power of m'이라고 읽는다. 수학과 관련된 몇 가지 영어 표현을 가볍게 보고 따로 공부하지 않으면, 해당 내용을 잘 알고 있어도 해외에서 공부할 때 바보처럼 보일 수 있다(두 번째 저자의 경험이다).

- 성질 4: $(ab)^m = a^m b^m$ 　 예 $(0.5 \cdot 7)^3 = 0.5^3 \cdot 7^3$
- 성질 5: $\left(\frac{a}{b}\right)^m = \frac{a^m}{b^m}$ 　 예 $\left(\frac{0.5}{7}\right)^3 = \frac{0.5^3}{7^3}$

그렇다면, 다음이 성립함을 바로 알 수 있다(그렇지 않은가?)

$$a^0 = 1, \quad a^{-m} = \frac{1}{a^m}$$

이 결과는 (아직까지 어색하다면) 꼭 익숙해지기를 바란다.

예제 1-2 지수법칙의 활용

문제 **다음을 간단히 하시오.**

(1) $\frac{4^2 \cdot 6^2}{3^3 \cdot 2^3}$ 　 (2) $\frac{(k^2)^3 k^5}{(k^3)^2}$

(3) $\frac{(x+2)^5 (x+2)^{-4}}{(x+2)^2 (x+2)^{-3}}$

풀이 (1) $\frac{2^3}{3}$, (2) k^5, (3) $(x+2)^2$ ■

n을 자연수라고 하자. $a^{1/n}$을 n제곱하면, 성질 3에 의해 a가 된다[예: $(2^{1/n})^n = 2$]. $a^{1/n}$를 $\sqrt[n]{a}$으로 쓰기도 하는데, 이를 a의 양(+)의 n승근(nth root of a)이라고 한다. 보다 일반적으로 $x^n = a$를 만족하는 양(+)의 실수 x는 하나만 존재하는데,[14] 이를 $\sqrt[n]{a}$로 표기한다.

$n = 2$인 경우는 **제곱근**(square root)이라 하고, 이때는 $\pm\sqrt[2]{a}$ 대신 $\pm\sqrt{a}$로 많이 쓴다. $n = 3, 4, \cdots$일 때, $\sqrt[3]{a}$는 a의 세제곱근(cube root), $\pm\sqrt[4]{a}$는 a의 네제곱근(fourth root)이라고 한다[$\sqrt[5]{a}$는 당연히 a의 다섯제곱근(fifth root)이다].[15]

---

14 '양(+)의 실수 x는 하나만 존재'라고 썼음에 유의하라. n이 짝수라면 음(-)의 x도 있다.

15 경영·경제학도가 'n제곱근'을 만나는 경우는 주로 현재가치(present value)와 관련된 계산을 할 때이다. 직접 계산할 일은 없을 테니, 개념만 제대로 이해하고 있으면 된다.

예제 1-3 거듭제곱근의 계산

문제 **256의 네제곱근을 찾으시오.**

풀이 찾고자 하는 값을 x라 하면, 정의에 의해 $x = \pm \sqrt[4]{256}$ 이다. $256 = 16 \times 16 = 4^4$ 이므로, $x = \pm \sqrt[4]{256} = \pm \sqrt[4]{4^4} = \pm 4$이다. ■

5. 다항식과 인수분해

단항식(monomial)은 $2x^2$나 $-3y^3$처럼 항(term)이 하나만 있는 식이다('항'은 숫자와 문자가 곱해져 있는 덩어리라고 보면 된다). 여기서 2와 -3은 계수(coefficient)라고 한다.

항이 여러 개 있으면 다항식(multinomial), 특히, $2x+1$, $x^3 - 5/y^2$처럼 항이 정확히 두 개가 있으면 이항식(binomial)이라 한다. 앞의 $2x+1$에서 $2x$와 1이 각각 항(term)이고, 여기서 1, 그러니까 숫자로만 구성된 항은 상수항(constant)이라고 한다.

숫자를 다른 숫자의 곱으로 나타낼 수 있는 것처럼, 다항식도 다른 식의 곱으로 나타낼 수 있다. 숫자를 소수의 곱으로 나타내는 것을 소인수분해(prime factorization)라 하고, 다항식을 차수가 낮은 다항식의 곱(인수, factor)으로 나타내는 것을 인수분해(factorization)라고 부른다(기억나는가?). 중고등학교 때 배웠던 것이 가물가물하겠지만, 여러분이 대학에서 공부하기 위해서는 다음의 세 가지면 충분하다.

$$x^2 + (a+b)x + ab = (x+a)(x+b)$$

$$x^2 \pm 2ax + a^2 = (x \pm a)^2$$

$$x^2 - a^2 = (x+a)(x-a)$$

예를 들어, $x^2 + 5x + 6 = 0$이란 방정식이 주어졌을 때 위의 인수분해 공식을 이용하면 이는 $(x+2)(x+3) = 0$과 같으므로 $x = -2, -3$을 구할 수 있다.

연습 삼아 $6(x+y)^2-11(x+y)+3$을 인수분해해 보자. $(x+y)^2$을 전개하는 대신에, 쉽게 갈 방법은 없을까.[16]

$x+y$를 하나의 변수로 보면, 이에 대해 2차식의 형태를 띠므로 이차항의 계수와 상수항을 적절히 분해 조합하면 $x+y$의 계수 -11을 만들 수 있다. 이를 위해 이차항의 계수 6을 2와 3으로, 상수항 3을 -3과 -1로 각각 인수분해 후 대각선으로 곱해 더하면 일차항의 계수 -11을 얻게 된다. 따라서 왼편의 원식은 $(2x+2y-3)(3x+3y-1)$로 인수분해된다.

$$\begin{aligned} 6(x+y)^2-11(x+y)+3 &= (2(x+y)-3)(3(x+y)-1) \\ &= (2x+2y-3)(3x+3y-1) \end{aligned}$$

$$\begin{matrix} 2 & \searrow\!\!\!\nearrow & -3 = -9 \\ 3 & & -1 = -2 \end{matrix}$$

한편, 문제를 풀어나가는 중 분모가 무리수로 정리되어 있는 경우가 있을 수 있는데, 이때는 분모를 **유리화**시키면 문제가 풀리는 경우가 많다. 다음과 같이 말이다.

$$\frac{c}{\sqrt{a}+\sqrt{b}} = \frac{c(\sqrt{a}-\sqrt{b})}{(\sqrt{a}+\sqrt{b})(\sqrt{a}-\sqrt{b})} = \frac{c(\sqrt{a}-\sqrt{b})}{a-b}$$

분모가 $\sqrt{a}-\sqrt{b}$일 때도 비슷하게 할 수 있다(직접 해보라).

아, 미안하다. 위 세 식으로는 살짝 불충분할 수 있다. 가끔 삼차항이 나오는 경우가 있는데, 이때 다음 인수분해 공식은 매우 유용하다.

$$a^3 \pm b^3 = (a \pm b)(a^2 \mp ab + b^2)$$

6. 집합과 명제

고등학교 수학에서 나오는 '집합과 명제'를 복습하자. 경영·경제학에서 등장하는 최적화 문제를 수학적으로 정식화하기 위해서는 집합과 구간의 개념을 명확히 알아둘 필요가 있다.

---

16 수학 문제를 풀 때 단순 작업을 피할 수 있는 방법을 생각해 보는 것은 매우 좋은 습관이다. 학부 수준의 경영·경제학 시험문제에서는 단순 작업을 그리 요구하지 않으니 자신이 단순 작업을 하고 있는 것 같으면 멈추고 다른 방법을 생각해 보라.

집합(set)은 어떤 객체들에 대해 잘 정의된 모음(well-defined collection of objects)이다.[17] 객체 a가 집합 A에 속할 때, a를 집합 A의 **원소**(elements)라고 하며 $a \in A$라고 쓴다. 집합을 나타내기 위해서는 원소나열법(listing method)과 조건제시법(rule method)을 사용한다.

원소나열법은 집합에 해당되는 원소를 일일이 나열하는 것을 말한다.

2에서 100까지의 짝수인 정수의 집합: {2, 4, 6, ⋯, 100}

홀수인 자연수의 집합: {1, 3, 5, ⋯ }

조건제시법은 다음과 같이 원소가 갖는 조건을 제시하는 방법이다.

짝수인 자연수의 집합: $\{x \in \mathbb{N} \mid x$는 짝수$\}$[18]

집합은 포함된 원소의 개수에 따라 **유한집합**(finite set)과 **무한집합**(infinite set)으로 구분된다. 당연히 유한집합은 집합의 원소 개수가 유한한 경우이고, 무한집합은 무한한 경우이다. 무한의 종류에도 여러 가지가 있는데, 자연수나 유리수처럼 하나, 둘, 이렇게 셀 수 있되 무한한 경우와, 실수처럼 아예 셀 수조차 없이 무한한 경우는 서로 다르다.[19]

그리고 집합에 원소가 하나도 없는 경우 이 집합을 공집합(empty set)이라 하고, ϕ로 표시한다. 즉, $\phi := \{\ \}$이다.[20, 21]

집합 A의 모든 원소가 집합 B의 원소가 되는 경우 집합 A를 집합 B의 **부분집합**(subset)이라 하고 $A \subseteq B$ 또는 $A \subset B$로 표시한다.[22] 그래서 당연히 임의의 집합 A는 (A의 모

17 수학에서는 '잘 정의된(well defined)'이라는, 다소 이색한 표현이 종종 등장하는데, 이는 내중 (일정 수준의 지성을 갖춘) 모든 사람이 오해의 소지가 없이 동의할 수 있다는 것으로 이해하면 된다. 가령, '멋지고 잘생긴 교수'라는 조건은 '잘 정의'되었다고 보기는 어려운데, 십중팔구 여러분의 생각과 우리 저자들의 생각이 다를 것이기 때문이다.

18 막대기('|') 대신 콜론(':')을 써도 된다(예: $\{x : x$는 $\cdots\}$). 하지만 세미콜론(';')은 안 된다.

19 수학자들에게 무한의 종류는 매우 중요한 문제이다. 경영·경제학도에게는 딱히 그렇진 않으니 이 정도만 생각해도 좋다. 무한의 개념을 정립한 독일의 수학자 칸토르(Georg Cantor)는 동료 수학자의 인정을 받지 못하고 가난과 우울증에 시달리다가 정신병원에서 쓸쓸하게 사망했다.

20 $a := b$은 'a를 b라고 정의한다'를 의미한다(오타 아니다). (똑똑한) 사람들끼리 의사소통하는 수학에서는 등식과 정의 모두 '='로 표기해도 큰 문제는 없지만, 컴퓨터는 구분하지 못한다. 특히 나중에 여러분이 프로그래밍 언어나 통계패키지를 조금이라도 배운다면 이 두 가지를 구분하는 것은 꽤 중요하다.

21 $\{\phi\}$는 공집합을 의미하지 않는다(그럼 뭘까?).

22 $A \subset B$를 더 많이 쓴다. 이미 한 줄 더 긋기가 번거로워서가 아닌가 싶다.

든 원소는 A에 있을 테니) 자기 자신의 부분집합이고($A \subset A$), 공집합 ϕ은 (ϕ에는 아무런 원소가 없을 테니) 어떤 집합에 대해서도 그 집합의 부분집합이다($\phi \subset A$).[23]

자기가 자신의 부분집합인 밋밋한 경우와 구분하기 위하여, 집합 A의 모든 원소가 집합 B에 속하지만 집합 B는 아닌 경우($A \subset B, A \neq B$), 집합 A를 집합 B의 진짜 부분집합, **진부분집합**(proper subset)이라 한다.

예제 1-4 부분집합의 개수

문제 **집합 A의 원소 개수가 n일 때, A의 부분집합 개수는? 진부분집합의 개수는?**

풀이 A의 각 원소는 포함되거나, 포함되지 않거나 둘 중 하나이다. 따라서 가능한 경우의 수는 $\underbrace{2 \times 2 \times \cdots \times 2}_{n\text{번}} = 2^n$이다. 진부분집합의 개수는 원래 집합 A를 뺀 $2^n - 1$이다. ■

우리는 임의의 두 집합 A, B가 같은지 다른지 어떻게 알 수 있는가? 그러니까, $A = B$라고 하면 무슨 의미일까?(두 숫자 a, b가 '같다'는 것과는 논리적으로 전혀 다름에 유의하라.)

집합은 원소의 모임이므로, 집합 A, B가 동일한 원소를 가지고 있다면 두 집합은 같다고 할 수 있다. 이는 집합 A의 모든 원소가 집합 B에 포함되고, 집합 B의 모든 원소가 집합 A에 포함된다는 것과 같다. 즉, $A = B$라면 $A \subset B$이고 $B \subset A$이다. 아, 당연한 소리다. 여기서 간과할 수도 있는 것은 반대 방향이다. 즉, $A \subset B$이고 $B \subset A$이면 $A = B$이다. 많은 흥미로운 문제가 어떤 두 집합이 같은지를 증명하거나 확인해야 하는 경우인데, 이때 두 집합이 서로의 부분집합임을 차례차례 증명하는 것이 대체로 효과적인 전략이다.

우리가 두 숫자에 대해서 덧셈, 곱셈 등 여러 연산을 했던 것처럼 두 집합에 대해서도 몇 가지 연산을 정의할 수 있다.

우선 **합집합**. 대략 덧셈('+')이라고 할 수 있고, $A \cup B := \{x \mid x \in A \text{ 또는 } x \in B\}$로 정의되며, 집합 A에 속하거나 집합 B에 속하는 모든 원소의 집합이다. **교집합**은 곱셈('×')

23 안다, 약간 말장난 같다는 것을. 하지만 부분집합을 '잘 정의'하기 위해서 필요한 단계이다.

에 해당하며, $A \cap B := \{x \mid x \in A \text{ 이고 } x \in B\}$로 집합 A에도 속하고 동시에 집합 B에도 속하는 원소들의 집합이다.

차집합 $A - B := \{x \mid x \in A, x \notin B\}$은 집합 A에는 속하지만 집합 B에는 속하지 않는 원소들의 집합이다($A \backslash B$로 표기하기도 한다[24]). 그리고 **여집합** $A^c := \{x \mid x \in U, x \notin A\}$은 x는 A에 속하지 않는 모든 원소의 집합이다. 여기서 U는 전체집합을 말한다.

숫자의 덧셈과 곱셈에 대해서 교환법칙, 결합법칙, 배분법칙이 성립했던 것처럼, 집합의 합집합과 교집합에 대해서도 다음이 성립한다.[25]

- 교환법칙: $A \cup B = B \cup A$, $A \cap B = B \cap A$
- 결합법칙: $A \cup (B \cup C) = (A \cup B) \cup C$, $A \cap (B \cap C) = (A \cap B) \cap C$
- 배분법칙: $A \cap (B \cup C) = (A \cap B) \cup (A \cap C)$,
  $A \cup (B \cap C) = (A \cup B) \cap (A \cup C)$

이 외에도 여집합과 관련해서는 다음의 드 모르간(de Morgan) 법칙이 성립한다.

$$(A \cap B)^c = A^c \cup B^c, (A \cup B)^c = A^c \cap B^c$$

예제 1-5 집합의 계산

문제 **전체집합이** $U = \{1, 2, 3, \cdots, 10\}$, $A = \{1, 4, 6\}$, $B = \{2, 9\}$ **라고 하자.** $A \cap B$, $A \cup B$, B^c**을 구하시오.**

풀이 $A \cap B = \phi$, $A \cup B = \{1, 2, 4, 6, 9\}$, $B^c = \{1, 3, 4, \cdots, 7, 8, 10\}$이다. ■

이제 유한집합의 원소 개수에 대해 알아보기로 하자. $n(A)$를 유한집합 A의 원소 개수라고 하면, 두 개의 집합 A와 B의 합집합에 대해서는 다음이 성립한다.

$$n(A \cup B) = n(A) + n(B) - n(A \cap B)$$

---

24 A/B가 아니다.

25 증명은 모두 합집합, 교집합, 여집합의 정의에 따라 (어렵지 않게) 할 수 있다. 아니면 벤 다이어그램을 그려보고 확인하기만 해도 괜찮다. 다만, '그렇군, 맞는 거 같네'하고 넘어가지 말고, 구구단처럼 익숙해지기를 바란다.

쉽다. 집합 $A \cup B$의 원소 개수는 집합 A 원소와 집합 B원소를 따로 카운트한 다음, 두 번 카운트한 걸 빼주면 된다(벤 다이어그램으로 확인하라).

세 개의 집합 A, B와 C의 합집합에 대해서도 비슷하게 할 수 있다.

$$n(A \cup B \cup C) = n(A) + n(B) + n(C) - n(A \cap B) - n(A \cap C) \\ - n(B \cap C) + n(A \cap B \cap C)$$

각 집합에 있는 것을 카운트하고, 두 집합에서 중복으로 카운트된 것을 빼준다. 그런데 집합이 세 개다 보니 세 번 카운트된 것들이 있었고, 세 번 빼다 보니 아예 제외되었다. 그래서 다시 카운트해주면 된다(다시, 벤 다이어그램)

집합 네 개의 합집합 $A \cup B \cup C \cup D$는 어떨까? 아니, 집합 k개의 합집합 $\bigcup_{i=1}^{k} A_i := A_1 \cup A_2 \cup \cdots \cup A_k$은 어떨까? 잘 생각해 보면,[26] 다음을 얻을 수 있다.

$$n(\bigcup_{i=1}^{k} A_i) = \sum_{i=1}^{k} n(A_i) - \sum_{\substack{i=1 \\ i<j}}^{k} n(A_i \cap A_j) + \cdots + (-1)^{k-1} n(\bigcap_{i=1}^{k} A_i)$$

대략, 기본적인 아이디어는 더했다가, 중복으로 카운트된 부분을 빼고, 다시 더해주며, 집합 개수를 늘려가면서 이 과정을 반복하는 것이다.

한편, 경영·경제학에서 우리가 관심을 갖는 많은 경우가 집합의 원소가 실수(real numbers)인 경우이다. 특히, 두 실수 a와 b 사이에 있는 숫자의 집합을 다루는데, 이를 **실구간**(real interval) 또는 그냥 **구간**(interval)이라고 한다.[27] 경계 포함 여부에 따라 개구간(open interval), 폐구간(closed interval), 반개구간(half-open interval)이 있는데, 이에 대한 정의는 다음과 같다(표시도 직관적이니 특별히 어려움은 없다).

- 개구간: $(a, b) := \{x \mid a < x < b\}$
- 폐구간: $[a, b] := \{x \mid a \le x \le b\}$
- 반개구간: $(a, b] := \{x \mid a < x \le b\}$, $[a, b) := \{x \mid a \le x < b\}$

---

26 '잘 생각해 보면'은 사람마다 다를 수 있다. 식을 도출하지 못했다고 해도 괜찮다.

27 수학에서 '구간'이라고 하면 '실구간'을 의미한다고 생각해도 좋다.

그리고 다음과 같이 경계가 없는 구간(unbounded interval)도 있다.

$$(a, \infty) := \{x \mid x > a\},\ (-\infty, b) := \{x \mid x < b\},$$
$$[a, \infty) := \{x \mid x \geq a\},\ (-\infty, b] := \{x \mid x \leq b\}$$ [28]

끝으로 **명제**(proposition)에 대해 복습하자. 명제는 참과 거짓을 명확하게 판단할 수 있는 식이나 진술을 말한다. 예를 들어, '1은 홀수다'라는 명제는 참인 명제이고, '2는 1보다 작다'라는 명제는 거짓인 명제이다. '한라산은 높다'거나 '$x-1<3$'은 명제가 아니다.

'$x-1<3$'은 그 자체로 참, 거짓을 판별할 수 없어 명제는 아니지만, x값이 정해지면 참, 거짓을 판별할 수 있으므로 명제가 된다. 이와 같이 변수의 값에 따라 참, 거짓을 판별할 수 있는 문장이나 식을 **조건**(condition)이라고 하며, x를 포함하는 조건을 $p(x)$, $q(x), \cdots$ 또는 간단히 $p, q, \cdots$와 같이 나타낸다. 그리고 전체집합 U의 원소 중에 조건 p가 참이 되게 하는 집합을 조건 p의 **진리집합**(truth set)이라고 한다.

예제 1-6 진리집합의 계산

문제 **$p(x)$가 'x는 4의 약수이다'라고 하자. 다음의 집합 U에 대한 진리집합은?**

(1) $U=\mathbb{Z}$　　　(2) $U=\mathbb{N}$

풀이 (1)의 답은 $\{\pm 1, \pm 2, \pm 4\}$, (2)의 답은 $\{1, 2, 4\}$이다. ■

명제 p에 대해 'p가 아니다'를 명제 p의 **부정**(negation)이라고 하고, 이것을 기호로 $\sim p$와 같이 나타낸다. 그리고 어떤 명제가 'p이면 q이다'의 조건문 형태라면[29]($p \to q$로 표기), p를 가정, q를 결론이라고 한다. 그리고 이 명제가 참일 때,[30] p를 q의 **충분조건**(sufficient condition), q를 p의 **필요조건**(necessary condition)이라고 한다. p와 q의 진리

---

28 $(a, \infty]$나 $[-\infty, b]$처럼 쓰지 않는 것에 유의하라. ∞나 $-\infty$는 '숫자'가 아니며, 따라서 '포함'시킬 수 없다. 혹시 여러분이 나중에 '볼록해석학(convex analysis)'을 배운다면 닫힌 괄호를 사용할 수 있게 된다. 무한을 품는다니, 멋진 일이다.

29 '조건'과 '조건문'은 다르다. 구분하라.

30 $p \to q$가 참일 경우, 명확히 구분하기 위하여 $p \Rightarrow q$와 같이 두 줄 화살표를 쓰기도 한다.

집합을 각각 P와 Q로 나타낸다면, $p \rightarrow q$가 참일 때 $P \subset Q$가 성립한다(매우 중요하다!). 그리고 양방향 $p \leftrightarrow q$가 참이면, p와 q는 **필요충분조건**이고, 서로 **동치관계**(equivalence relation)에 있다고 한다.

명제 'p이면 q이다'의 가정과 결론을 바꾼 명제 'q이면 p이다($q \rightarrow p$)'를 원래 명제의 **역**(converse)이라고 한다. 명제 'p이면 q이다'에 대해 'q가 아니면 p도 아니다($\sim q \rightarrow \sim p$)'를 원래 명제의 **대우**(contraposition)라 한다. 그리고 명제 'p가 아니면 q도 아니다($\sim p \rightarrow \sim q$)'를 원래 명제의 **이**(inverse)라고 한다. 역, 이, 대우에 대한 상호 관계는 다음 그림에 주어져 있다.

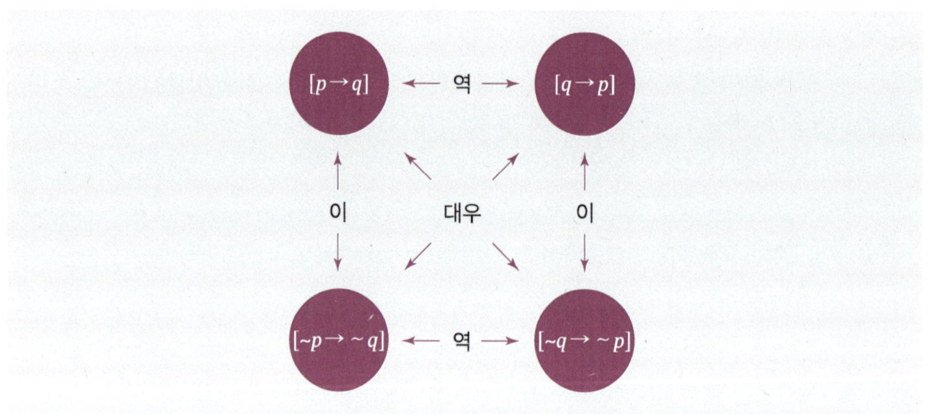

그림 1-2 명제의 역 · 이 · 대우관계

논리적으로, 명제 $p \rightarrow q$가 참이면 그 대우 $\sim q \rightarrow \sim p$도 반드시 참이고, 명제 $p \rightarrow q$가 거짓이면 그 대우 $\sim q \rightarrow \sim p$도 반드시 거짓이다. 반면 명제 $p \rightarrow q$가 참일 때, 역 $q \rightarrow p$이나 이 $\sim p \rightarrow \sim q$는 반드시 참이라고 할 수 없다. 예를 들면, '3의 약수는 12의 약수이다'란 명제의 역은 '12의 약수는 3의 약수이다'인데, 원 명제는 참이지만 역은 거짓이다.

복잡하면 두 가지만 기억하자.

첫째, 명제 'p이면 q이다'가 참일 때, p는 충분조건, q는 필요조건이라고 한다.

둘째, 원 명제와 대우 명제는 참, 거짓이 항상 일치하지만, 역이나 이의 참, 거짓은 따져봐야 한다. 그래서 원 명제의 참, 거짓을 확인하고 싶으면 대우의 참, 거짓을 살펴보면 된다.

마지막으로, 이 문제를 풀 수 있다면(혹은 힌트를 보고 이해한다면), 경영경제수학을 공부하는 데 필요한 논리에 관한 지식은 대략 충분하다.

예제 1-7 명제의 부정

문제 **명제 $p \to q$의 부정은 무엇일까?**

풀이 스스로 생각해 보자. 바로 답이 나오지 않아도 괜찮다.

- 힌트 1: $\sim p \to \sim q$은 답이 아니다. $p \to \sim q$도 아니다. 그러니까, 화살표 따위는 잊고 논리적으로 생각해 보라.
- 힌트 2: '경영경제수학 저자는 정말 멋질 거야'라는 친구의 의견을 반박한다면?

연습문제

1.1 $\dfrac{6}{x^2y}+\dfrac{5}{xy^3(x+y)}$를 간단히 하시오.

1.2 $3(2x-y)^2-5(2x-y)-2$를 인수분해하시오.

1.3 다음의 각 조건문이 (i) 참인지 판정하고, (ii) 그 역이 참인지도 판정하시오.

(1) $x=2,\ y=5 \rightarrow x+y=7$

(2) $xy=xz \rightarrow y=z$

(3) $x^2+y^2=0 \rightarrow x=0$ 또는 $y=0$

1.4 다음을 유리화하시오.

(1) $\dfrac{\sqrt{5}-\sqrt{3}}{\sqrt{5}+\sqrt{3}}$

(2) $\dfrac{1-\sqrt{z+1}}{1+\sqrt{z+1}}$

(3) $\dfrac{y}{\sqrt{x+y}-\sqrt{x}}$

1.5 다음 각 진술에 대한 부정을 쓰시오.

(1) $x \geq 0$ 이고 $y \geq 0$

(2) 아무도 수학을 좋아하지 않는다.

(3) 모든 $\epsilon > 0$에 대해 P를 만족하는 $\delta > 0$이 존재한다.

1.6 다음을 간단히 하시오.

(1) $(243)^{1/5}$ (2) $\left(\dfrac{1}{2^{-2}}\right)^{-2}$

(3) $\sqrt[3]{0.008}$

1.7 "$\Rightarrow$", "$\Leftarrow$", 또는 "$\Leftrightarrow$"을 채워 다음의 각 조건문을 완성하시오.

(1) $x(x+3) < 0$ ____ $x > -3$

(2) $x > y^2$ __________ $x > 0$

(3) $x^2 < 4$ __________ $x < 2$

CHAPTER 02

방정식과 부등식

$f(x)$를 x에 대한 임의의 식이라고 하자(예: $x+1, x(x-4), \cdots$). 방정식을 푼다는 것은 $f(x)=0$을 만족하는 x를 찾는 것이고, 부등식을 푼다는 것은 $f(x) \geq 0$ 또는 $f(x)>0$을 만족하는 x를 찾는 것이다.*

경영·경제학에서의 많은 문제는 수학적으로 표현했을 때 이러한 방정식이나 부등식의 형태를 가진다. 방정식과 부등식을 풀 때는 $y=f(x)$를 그림으로 나타내었을 때['그래프(graph)'], 그 모양이 어떻게 생겼는지 생각해 보는 것이 항상 도움이 된다. 식 $f(x)$가 매우 복잡할 때는 어차피 컴퓨터가 풀어줄 테니 걱정하지 말고, $f(x)$가 특정한 형태를 가지는 몇 가지 경우만 이해해도 충분하다.

이 장에서는 $f(x)$가 일차식 그리고 이차식일 때, 즉 ① 일차방정식 ② 이차방정식 ③ 일차부등식 ④ 이차부등식의 네 가지 경우를 복습한다.

이 장이 끝났을 때, 각 경우의 해가 그래프상에서 무엇인지 스스로 머릿속에 그려볼 수 있기를. 자기 전에 누워서 눈 감고 몇 번 해보면 충분하다.

* 미지수를 나타내는 문자로 알파벳 x를 사용하는 관습은 프랑스의 철학자·수학자 르네 데카르트(René Descartes)의 저서 『방법서설(Discours de la méthode)』에서 기인한다. 그가 왜 x를 사용했는지에 대한 설은 분분하다.

1. 일차방정식

다음 형태의 방정식을 **일차방정식**(linear equation)이라고 한다.

$$3x - 2 = x + 6$$

'일차방정식'인 이유는 변수 x에 대한 일차항, 그러니까 $3x$와 x만 있기 때문이다. 일차방정식을 선형 방정식(linear equation)이라고 하는데, 일차식을 그림으로 그리면 선(line)이 되기 때문이며, 앞으로 남은 대학 생활 동안은 '일차 = 선형'이라고 생각해도 된다.[1]

일차방정식을 풀기 위해서는 변수는 변수대로 정리하여 좌변에, 상수는 상수대로 정리한다. 즉, 다음과 같이 앞서 말한 형태 $f(x)=0$로 바꾼다. 이는 방정식의 양변에 $-x$와 -6을 더하는 것과 같다.

$$\underbrace{2x - 8 = 0}_{f(x)=0}$$

그럼 $2x = 8$이 되고, 4로 나누면 $x = 4$란 답을 얻게 된다.

일차 또는 선형방정식의 기본 형태(standard form)는 다음과 같다.

$$ax + b = 0 \quad (a \neq 0)$$

여기서, a와 b는 임의의 상수인데, $a \neq 0$이라는 조건은 매우 중요하다. $a = 0$이면 일차항이 없게 되어 일차방정식이 되지 않는다! 괄호 안에 있다고 대충 넘기지 마시길. 그리고 $a \neq 0$이어야 방정식의 해 $x = -b/a$를 얻을 수 있다.

일차식의 형태는 경영 · 경제학에서 많이 나타난다. 예를 들어, 이자율이 i일 때, 현재의 금액 P에 대한 1년 후의 미래가치 F는 다음과 같다.

$$F = P + P_i = P(1+i)$$

즉, 1년 후 P의 가치는 이자율 i에 대한 일차식으로 나타난다. 그렇다면 2년 후 P의 가치는 이차식이 될 것이다. 이차식으로 넘어가자.

---

1 앞으로 전공과목에서 '선형(linear)'이라는 단어가 등장할 것이다. 어렵게 생각하지 말고 그냥 '일차항만 있구나'로 받아들이면 된다. '비선형(nonlinear)'이라는 단어도 들을 텐데, 이는 일차식 외 다른 모든 식을 의미한다. 대략 '아, 복잡한 식인가 보구나'로 이해하면 된다.

2. 이차방정식

이차방정식(quadratic equation)은 변수 x에 대한 이차식으로 표시되는 방정식을 말하는데, 이차방정식의 기본 형태는 다음과 같다.

$$ax^2 + bx + c = 0 \quad (a \neq 0)$$

여기서, a, b와 c는 상수이다. 그리고 다시 한 번 괄호 안의 조건 $a \neq 0$, 그러니까 이차항의 계수가 0이 아니어야 함을 주목하라($a = 0$이면 이차식이 아니다).

위의 식에서 해 x를 구하는 첫 번째 방식은 인수분해를 하는 것이다. 만약, 위의 식이 다음과 같이 인수분해되었다고 하면 x는 $-\alpha$ 또는 $-\beta$가 될 것이다.

$$\begin{aligned} & a(x+\alpha)(x+\beta) = 0 \\ \Leftrightarrow \ & x+\alpha = 0 \text{ 또는 } x+\beta = 0 \\ \Leftrightarrow \ & x = -\alpha \text{ 또는 } x = -\beta \end{aligned}$$

만일 인수분해를 해보다가 잘되지 않으면,[2] 식을 $(x+\bigcirc)^2 = \triangle$ 와 같은 형태로 바꾸면 된다. 계산은 다소 귀찮을 수 있는데, 항상 성립하는 방법이다.

다음의 예를 보자.

$$\begin{aligned} & x^2 + 4x - 1 = 5 \\ \Leftrightarrow \ & x^2 + 4x + \mathbf{4} - 1 = 5 + \mathbf{4} \\ \Leftrightarrow \ & (x+2)^2 = 10 \\ \Leftrightarrow \ & x + 2 = \pm\sqrt{10} \\ \Leftrightarrow \ & x = -2 \pm \sqrt{10} \end{aligned}$$

위 과정에서 가장 중요한 것은 두 번째 줄에서 양변에 4를 더하는 것이다. 그건 1장에서 배운 인수분해 공식 $a^2 + 2ab + b^2 = (a+b)^2$을 이용해 상수항을 조정하여 $x^2 + 4x$를 $(x+2)^2 + \bigstar$ 의 형태로 만들어 주기 위함이다. 그다음 중요한 것은 네 번째 줄에서 $\square^2 = A \ (A \geq 0)$이면 $\square = \pm\sqrt{A}$ 임을 이용한 것이다.

2 남들은 되는데 나만 잘 안 되는 것일 수도 있다. 중고등학교 때는 문제가 되지만, 대학에서는 크게 걱정할 필요 없다.

사실 우리가 잘 알고 있는 다음의 근의 공식(quadratic formula)은 위에서처럼 이차식을 $(x+\bigcirc)^2=\Delta$ 의 형태로 바꿔 x를 찾아내는 방식을 사용하여 도출한다.

$$x=\frac{-b\pm\sqrt{b^2-4ac}}{2a}$$

복습 삼아 근의 공식을 유도해 보자.

$$\begin{aligned}
& ax^2+bx+c=0 \\
\Leftrightarrow\ & ax^2+bx=-c \\
\Leftrightarrow\ & x^2+\frac{b}{a}x=-\frac{c}{a} \\
\Leftrightarrow\ & x^2+\frac{b}{a}x+\left(\frac{b}{2a}\right)^2=-\frac{c}{a}+\left(\frac{b}{2a}\right)^2=\frac{-4ac+b^2}{4a^2} \\
\Leftrightarrow\ & \left(x+\frac{b}{2a}\right)^2=\frac{-4ac+b^2}{4a^2} \\
\Leftrightarrow\ & x+\frac{b}{2a}=\pm\sqrt{\frac{b^2-4ac}{4a^2}}=\pm\frac{\sqrt{b^2-4ac}}{2a} \\
\Leftrightarrow\ & x=\frac{-b\pm\sqrt{b^2-4ac}}{2a}
\end{aligned}$$

다시 한 번 강조하지만, 가장 중요한 단계는 네 번째 줄에서 양변에 $\left(\frac{b}{2a}\right)^2$를 더해서 $\left(x+\frac{b}{2a}\right)^2$와 같이 완전제곱 형태로 만드는 것이다.[3] 그리고 무심코 넘어갈 수 있는 단계가 세 번째 줄에서 양변을 a로 나누어 준 것인데, 이는 $a\neq0$이기 때문에 가능하다.[4]

그리고 근의 공식에서 제곱근 안에 있는 b^2-4ac를 **판별식**(discriminant)이라 한다. 판별식이라는 이름이 붙은 이유는 이 값에 따라 근의 개수가 두 개일 수도, 하나일 수도, 실수해(real solution)가 없을 수도 있기 때문이다. 판별식을 D라고 하면 D의 부호에 따라 다음과 같이 x의 값에 대해 세 가지 경우가 발생한다.

---

3 이 테크닉은 생각보다 많이 쓰인다. 기억하면 좋다.

4 인생에서 하지 말아야 하는 일이 몇 가지 있다. 예를 들면, 무기 밀매, 도박, 불륜 같은 것들. 0으로 나누는 것도 그중 하나이다. 당신이 나누기를 하고 있다면 혹시 0으로 나누고 있는 것은 아닌지 항상 스스로 점검하라.

- $D > 0$이면 두 개의 서로 다른 해
- $D = 0$이면 하나의 해
- $D < 0$이면 실수인 해는 없음[5]

예제 2-1 이차방정식 풀기

문제 **다음을 푸시오.**

(1) $x^2 - x - 5 = 0$를 만족하는 x는?

(2) $x - 4\sqrt{x} - 5 = 0$를 만족하는 x는?

(3) $\frac{1}{x^2} - 3\frac{1}{x} + 2 = 0$를 만족하는 x는?

(4) $2\sqrt{x} = x - 8$를 만족하는 x는?

풀이 각 문제의 해는 다음과 같다.

(1) 인수분해가 잘 안 되는 듯하다.

근의 공식을 이용하면 $x = \frac{1 \pm \sqrt{1+20}}{2} = \frac{1 \pm \sqrt{21}}{2}$을 얻는다.

(2) $t := \sqrt{x}$라 하자. 주어진 식은 $t^2 - 4t - 5 = 0$으로 나타낼 수 있으며, $(t+1)(t-5) = 0$이므로, $t = -1$ 또는 5이다. 그러나 $t \geq 0$이어야 하므로 $t = 5$이며, $x = t^2 = 25$이다.

(3) $t := 1/x$이라 하자. 주어진 식은 $t^2 - 3t + 2 = 0$으로 나타낼 수 있으며, $(t-1)(t-2) = 0$이므로, $t = 1$ 또는 2이다. 따라서 $x = 1$ 또는 $1/2$이다.

(4) 양변을 제곱하면 $4x = x^2 - 16x + 64$가 되며, $(x-4)(x-16) = 0$이므로, $x = 4$ 또는 16이다. 하지만 좌변이 0보다 크거나 같으므로, 우변은 $x - 8 \geq 0$이어야 한다. 따라서 $x = 16$이다.[6] ■

---

5 허근(imaginary solution)을 경영·경제학에서 다룰 일은 없을 것이다.

6 다른 변수로 치환해서 푼 다음 원래 변수로 '돌아온 후', 원래 방정식에서 성립하는지 점검하는 것은 매우 좋은 습관이다.

이차방정식 역시 경영·경제학에서 자주 나타난다. 예를 들면, 미시경제학에서 기업의 수입(revenue)은 단위당 판매가격 p와 판매량 q의 곱인 $p \times q$로 정의되는데, 수요함수가 $p = a - bq$라면,[7] 수입은 $p \times q = (a - bq)q$가 되어 q에 대한 이차식의 형태를 띤다.

다른 예로, 현재의 금액 P가 2년 후에 갖는 미래가치 F는 다음과 같이 이차식으로 주어진다.

$$F = P(1+i)^2$$

이 식은 현재의 금액 P는 1년 후 미래가치 $F = P(1+i)$가 되고, 이를 새로운 원금으로 간주하고 한 번 더 이자율 i를 적용하면 얻어진다. 좀 더 생각해 보면, n년 후의 미래가치 F는 다음과 같이 주어짐을 알 수 있다.

$$F = P(1+i)^n$$

재무관리에서는 저축이나 연금 등의 문제가 나오는데, 위의 식이 반복적으로 사용되므로 다음의 등차수열(arithmetic sequence)과 등비수열(geometric sequence)에 대한 몇 가지 사실을 알아두는 것은 앞으로 매우 도움이 된다.[8] 먼저 등차수열에 대해 알아보자.

등차수열은 어떤 항과 앞선 항 사이의 차이가 d로 일정한 수열로, 첫째 항을 a라고 하면 다음과 같다.[9]

$$a, \quad a+d, \quad a+2d, \ \cdots$$

이 경우 n번째 항은 $a_n = a + (n-1)d$ 가 된다.

등차수열의 합은 다음과 같이 구한다. n번째 항까지의 합 S_n은 원래 순서대로, 그리고 역순으로 나타낼 수 있는데 이 둘을 합하자.

$$\begin{array}{rl} S_n &= a + (a+d) + (a+2d) + \cdots + (l-d) + l \\ + \quad S_n &= l + (l-d) + (l-2d) + \cdots + (a+d) + a \\ \hline 2S_n &= (l+a) + (l+a) + (l+a) + \cdots + (l+a) + (l+a) \end{array}$$

7 정확히 말하면 역수요함수(inverse demand function)이다. 수요함수와 역수요함수의 구분은 다음 장에서 배운다.

8 수열(sequence)은 그냥 숫자를 쭉 배열한 것이다. 수열의 종류는 하늘의 별만큼 많으나, 경영·경제학도 여러분은 등차, 등비수열만 알고 있으면 충분하다.

9 인접하는 두 숫자의 차이가 같아서 '등차(等差)'이다.

$2S_n = n(l+a)$이므로, $S_n = \frac{n}{2}(l+a) = \frac{n}{2}(a+(n-1)d+a) = na + \frac{n(n-1)d}{2}$

이다.

등비수열은 각 항과 앞선 항의 비율이 r로 일정한 수열로, 첫째 항을 a라고 하면 다음과 같다.[10]

$$a,\ ar,\ ar^2,\ \cdots$$

이 경우 n번째 항은 $a_n = ar^{n-1}$가 된다.

등비수열의 합 S_n은 다음과 같이 구할 수 있다.

n번째 항까지의 합 S_n과 이를 r배 한 rS_n은 각각 다음과 같다.

$$S_n = a + ar + ar^2 + \cdots + ar^{n-1}$$

$$rS_n = ar + ar^2 + ar^3 + \cdots + ar^n$$

이 둘을 빼면

$$\begin{array}{rl} S_n &= a + ar + ar^2 + \cdots + ar^{n-1} \\ - \quad rS_n &= ar + ar^2 + ar^3 + \cdots + ar^n \\ \hline (1-r)S_n &= a - ar^n \end{array}$$

따라서 $r \neq 1$이면,[11] $S_n = \frac{a(1-r^n)}{1-r} = \frac{a(r^n-1)}{r-1}$이 된다.[12]

만약 $r=1$이면, $S_n = \underbrace{a+a+\cdots+a}_{n} = na$이다.

$-1 < r < 1$이라면,[13] $\lim_{n\to\infty} r^n = 0$이므로, **무한 등비수열의 합** 또는 **무한 등비급수**는[14] 다음과 같다.

10 인접하는 두 숫자의 비율이 같아서 '등비(等比)'이다.

11 다시 한 번, 나눌 때는 0인지 아닌지 점검하라. $1-r \neq 0$이어야 양변을 나눌 수 있다.

12 $\frac{a(1-r^n)}{1-r}$와 $\frac{a(r^n-1)}{r-1}$ 중 어느 것을 쓸 것인지는 통상 r이 1보다 큰지 아닌지에 달려 있다. 아무거나 써도 상관없지만, 당신의 교수님은 분모를 음(-)으로 두는 것을 아마 불편해할 것이다.

13 약한 부등호($\leq$)가 아님에 유의하라. $r=-1$이거나 1인 경우에는 성립하지 않는다.

14 급수(series)는 수열(sequence)의 합이다. '급수의 합'이라는 표현은 틀렸다.

$$\lim_{n\to\infty} S_n = a + ar + ar^2 + \cdots = \frac{a}{1-r}, \quad (-1 < r < 1)$$

무한 등비수열의 합은 생각보다 자주 나온다. 꼭 기억하자.

예제 2-2 무한 등비급수

문제 **다음의 무한 등비급수를 구하시오.**

(1) $1 + \frac{1}{4} + \frac{1}{4^2} + \frac{1}{4^3} + \cdots$

(2) $a + \frac{a}{(1+a)} + \frac{a}{(1+a)^2} + \frac{a}{(1+a)^3} + \cdots$ (단, $a > 0$)

풀이 각 문제의 해는 다음과 같다.

(1) 첫째 항 1, 공비 1/4인 등비급수이므로, $\frac{1}{1-1/4} = 4/3$이다.

(2) 첫째 항이 a, 공비가 $1/(1+a)$인 등비급수이므로, $\frac{a}{1-\frac{1}{1+a}} = 1 + a$이다. ■

이제 재무관리에서 자주 사용되는 예들을 들어보자.

매년 초 A씩 불입하는 경우 n년 후 총불입액의 미래가치를 구해 보자. 여기서는 n년도 초에도 A를 불입해야 하는 것으로 가정하자. 이 문제를 그림으로 나타내면 다음과 같다.

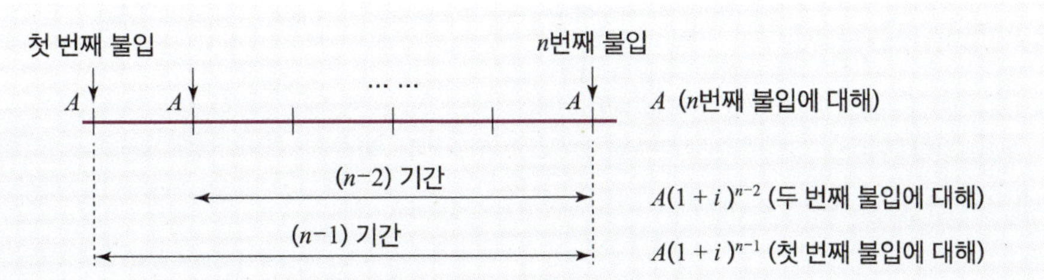

그림 2-1 미래가치의 예

따라서 미래가치는 다음과 같다.

$$\begin{aligned} F &= A(1+i)^{n-1} + A(1+i)^{n-2} + \cdots + A(1+i) + A \\ &= \frac{A[(1+i)^n - 1]}{(1+i)-1} \\ &= \frac{A}{i}[(1+i)^n - 1] \end{aligned}$$

한편, 향후 n년간 매년 A의 연금(annuity)을 받으려면(연금은 1년 말부터 지급받는 것으로 가정) 현재 얼마의 금액을 입금해야 하는지를 알아보자.

이 문제를 풀기 위해서는 다음과 같이 해마다 연말에 받는 금액 A의 현재가치를 구하면 된다.

$$\begin{aligned} P &= A(1+i)^{-1} + A(1+i)^{-2} + \cdots + A(1+i)^{-n} \\ &= \frac{A(1+i)^{-1}[1-(1+i)^{-1\times n}]}{1-(1+i)^{-1}} \\ &= \frac{A[1-(1+i)^{-n}]}{(1+i)-1} \\ &= \frac{A}{i}[1-(1+i)^{-n}] \end{aligned}$$

물론 이 식은 할부상환(amortization)에도 적용될 수 있다. 예를 들어, 당신이 졸업 후 근사한 스포츠카를 사기 위해 연이율 5%, 60개월 상환 조건으로 2억 원을 빌렸다면 매달 얼마나 갚아야 하는지 같은 문제 말이다(그런 비싼 차는 처음부터 아예 안 사는 게 좋긴 하다).

3. 일 · 이차부등식

때때로 우리의 관심 사항은 하나의 값이 아니라 범위인 경우가 있다. 예를 들어, 곧 다룰 손익분기점(break-even point) 분석에서 손익분기점, 즉 이익이 0이 되는 점도 중요하지만, 이익이 발생하는 구간 또는 손실이 발생하는 구간이 필요할 때도 있다. 또한 두 가지 가능한 투자안이 있을 때 한 투자안이 다른 투자안보다 매력적인 구간을 나타내 주어야 할 경우도 있다. 이 경우에는 부등식을 풀어야 한다.

가장 간단한 형태의 부등식은 **일차부등식** 혹은 **선형부등식**(linear inequality)으로 다음과 같은 형태로 주어진다.

$$ax + b > 0 \text{ (또는 } <0,\ \geq 0,\ \leq 0\text{)}$$

여기서, a와 b는 임의의 상수이며, $a \neq 0$이어야 한다.

또한 일차부등식을 풀 때는 일차방정식을 풀 때와는 달리 a의 부호까지 중요하다. 양변을 음수로 곱하거나 나누면 부등식의 방향이 바뀌게 됨을 명심하자. 부등식을 풀 때 여러분이 하는 실수는 주로 여기서 발생한다.

다음의 선형부등식을 풀어보자.

$$2x + 5 > 4x - 1$$

먼저 일차방정식에서처럼 변수는 왼쪽에 상수는 오른쪽에 다음과 같이 정리한다.

$$\begin{aligned} & 2x - 4x > -1 - 5 \\ \Leftrightarrow\ & -2x > -6 \\ \Leftrightarrow\ & x < 3 \end{aligned}$$

세 번째 줄로 넘어가면서 양변을 -2로 나누었고, 이때 부등호 방향이 바뀌었다.

한편, **이차부등식**(quadratic inequality)은 다음의 형태를 갖는다.

$$ax^2 + bx + c > 0 \text{ (또는 } <0,\ \geq 0,\ \leq 0\text{)}$$

여기서, a, b와 c는 상수이다. 그리고 (다시 한 번) $a \neq 0$이다.

다음의 부등식을 만족하는 해를 구해보자.

$$x^2 - x < 6$$

먼저 $x^2 - x - 6 < 0$로 정리한 후 인수분해를 다음과 같이 한다.

$$(x+2)(x-3) < 0$$

따라서 이를 만족하는 답은 다음과 같다.

$$-2 < x < 3$$

4. 절댓값

방정식과 부등식이 절댓값(absolute value)을 포함하는 경우도 있다. 절댓값 $|\cdot|$은 다음과 같이 정의된다.

$$|x| = \begin{cases} x, & x \geq 0 \\ -x, & x < 0 \end{cases}$$

즉, $x = 2$이면 $|x| = 2$이고, $x = -2$이면 $|x| = -(-2) = 2$이다. 직관적으로는, 절댓값을 원점으로부터 거리라고 생각하면 된다(수직선상에서 원점으로부터 거리가 2인 점은 ± 2이다).

숫자일 때는 어렵지 않은데, 절댓값 두 막대기 사이에 있는 것이 문자일 때 이려움을 느끼는 경우가 있다. 절댓값을 다루는 원칙은 매우 단순하다. 두 막대기 사이에 있는 것이 양(+)인 경우와 음(−)인 경우만 나누어서 생각하면 된다.

다음 절댓값의 성질을 보고, 맞는지 스스로 점검해 보라. 그리고 자연스럽게 사용하자.

- 성질 1: $|x| = |-x|$ 예 $|2| = |-2| = 2$
- 성질 2: $|ab| = |a||b|$ 예 $|3 \cdot (-4)| = |3||-4| = 12$
- 성질 3: $\left|\frac{a}{b}\right| = \frac{|a|}{|b|}$ $(b \neq 0)$ 예 $\left|\frac{3}{-4}\right| = \frac{|3|}{|-4|} = \frac{3}{4}$
- 성질 4: $|x| = |y|$이면, $x = \pm y$ 예 $|x| = |-3| \Rightarrow x = \pm(-3) = \pm 3$

그리고 절댓값과 제곱근 사이에는 다음의 관계가 성립한다(사실은 절댓값을 이렇게 정의할 수도 있다).

$$|x| = \sqrt{x^2} \qquad \text{예 } |-2| = \sqrt{(-2)^2} = 2$$

수직선상의 두 점 x와 y에 대해 $|x-y|$는 두 점 사이의 거리를 의미하며, 다음이 성립한다.

$$|x-y| = |y-x|$$

부등식에 대해 다음의 관계도 성립한다. 약한 부등식($\geq, \leq$)일 때도 동일하다.

$$|x| < a \quad \Leftrightarrow \quad -a < x < a$$

$$|x| > a \quad \Leftrightarrow \quad x > a \text{ 또는 } x < -a$$

예제 2-3 절댓값 방정식의 해

문제 **다음 문제의 해를 구하시오.**

(1) $|3x-2|=7$를 만족하는 x는?

(2) $|3x-2|=|2x+7|$를 만족하는 x는?

풀이 각 문제의 해는 다음과 같다.

(1) $3x-2=7$ 또는 $3x-2=-7$이므로, $x=3$ 또는 $x=-5/3$

(2) $3x-2=2x+7$ 또는 $3x-2=-(2x+7)$이므로, $x=9$ 또는 $x=-1$

연습문제

2.1 다음 이차방정식을 푸시오.

(1) $z^2 = 8z$

(2) $y^2 - 15 = 8y$

(3) $x^2 + 2x - 35 = 0$

2.2 다음 방정식을 지시하는 변수에 대해 푸시오.

(1) $3K^{-1/2}L^{1/3} = 15$를 L에 대해 푸시오.

(2) $[(1-\lambda)a^{-\rho} + \lambda b^{-\rho}]^{-1/\rho} = c$를 a에 대해 푸시오.

(3) $(1 + r/12)^t = 2$를 r에 대해 푸시오.

(4) $p_1 x + p_2 y = m$ 를 y에 대해 푸시오.

2.3 다음의 부등식을 증명하시오(단, a, b는 실수).

$$|a+b| \le |a| + |b|$$

2.4 $x = -1, 2, 4$일 때 $|5-2x|$의 값은? $|5-2x| = 5$를 만족하는 x는?

2.5 다음 부등식을 만족하는 x를 구하시오.

(1) $|x| > \sqrt{2}$

(2) $|x-2| \le 1$

(3) $|3-8x| \le 5$

(4) $|x^2-2| \le 1$

2.6 다음을 간단히 하시오.

(1) $\sqrt[3]{125}$

(2) $\sqrt[3]{0.008}$

(3) $\left(\dfrac{1}{3^{-2}}\right)^{-2}$

CHAPTER 03

함수와 그래프

함수(function)는 매우 중요한 개념이다. 그런데 그 이름부터 생경하고, 그래서 어렵게 느껴진다(수포자가 되는 백만 스무 가지의 단계 중 하나이기도 하다). 하지만 이건 여러분 탓이 아니다. 우리가 사용하는 '함수'라는 명칭은 중국어 '函數'를 한글로 표기한 것인데, '函數'는 'function'을 중국에서 음역, 그러니까 소리 나는 대로 적은 것이라고 한다.*

즉, '함수'라는 명칭 자체는 원래 'function'의 의미와는 큰 관련이 없다. 사실 영어권에서는 'function'이라는 단어를 일상생활에서도 쓰지만, 한국어에서는 '함수'라는 단어를 수학 말고는 쓸 일이 없다.

여전히 '함수'라는 단어가 어색하게 느껴질지 모르지만, 일단 마음을 열고 받아들이자. 20세기 최고의 수학자, 물리학자, 컴퓨터 과학자, 경제학자인 폰 노이만(John von Neumann)은 "젊은이, 수학은 이해하는 것이 아니라 익숙해지는 것이라네"라고** 충고한 바 있다.

이번 장에서는 함수와 그래프를 배운다.

---

* 중국인 친구에게 부탁하거나 인터넷에서 '函數'의 중국어 발음을 확인해 보라(개인적으로는 'function'처럼 들리지는 않는다).

** "Young man, in mathematics you don't understand things. You just get used to them."

1. 함수

집합 X, Y가 있다고 하자.[1] 그리고 **X에서 Y로의 함수** $f : X \to Y$는[2] X에 속하는 **모든 원소** x에 대해 Y에 속하는 **하나의 y를 대응**시키는 규칙을 말한다. 여기서 중요한 것은 첫째, 모든 x를 대응시켜야 하고('모든 x에서 화살표가 나가야 하고'), 둘째, 대응되는 y가 유일해야 한다는 것이다('화살표는 한 개만 나가야 한다').[3]

집합 X를 함수 f의 **정의역**(domain)이라 하고, 집합 Y를 함수 f의 **공역**(codomain)이라 한다. $f(x)$는 함수 f가 x에 대응시키는 값을 나타낸다.[4] 그리고 공역 중 x에 대응되는 y의 집합 $\{f(x) \mid x \in X\}$을 **치역**(range)이라 하고, $f(X)$로 표기한다(소문자 x가 아니다).[5] 이를 그림으로 나타내면 다음과 같다.

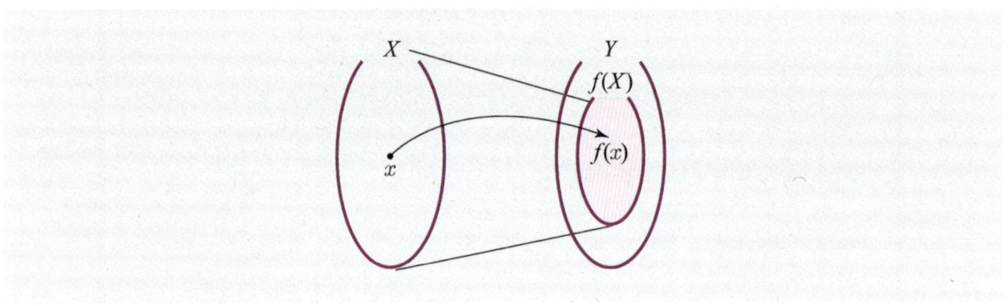

그림 3-1 공역과 치역

함수의 정의에 따라 그림 3-2의 두 경우를 보면 (a)는 함수가 아니고, (b)는 함수이다. (a)의 경우 정의역상 한 원소에 대해 세 개의 원소가 대응되기 때문이며, (b)의 경우 정의역상 세 원소가 하나의 원소에 대응되었을 뿐 함수의 정의를 위반한 것은 아니다.

---

1 집합 X, Y는 뭐든 가능하다. 자연수, 실수, 재화, 아이돌 그룹 등등.

2 $f : X \to Y$는 함수를 표기하는 전형적인, 그리고 경제적인 방식이다.

3 함수의 가장 자연스러운 예는 자동판매기이다. 각 버튼을 누르면 무언가는 나오고, 나올 때 하나만 나와야 한다(고장 난 게 아니라면).

4 영어로 'f of x'라고 읽는다. '에프엑스'가 아니다.

5 치역과 공역이 일치할 필요는 없다. 즉, $f(X) \subset Y$.

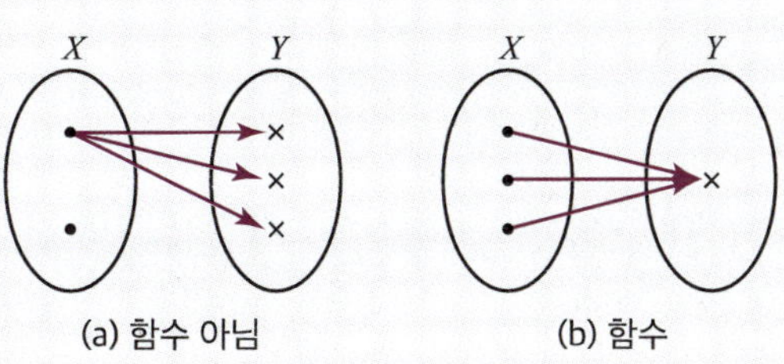

그림 3-2 함수와 비함수의 예

함수는 여러 영문자 혹은 그리스 문자 $f, g, h, \Xi \cdots$ 등으로 나타낸다.[6] 그리고 그 대응되는 값은 주로 y로 표시한다. 즉, $y = f(x)$이다. 이때, x를 f의 인수(argument) 또는 독립변수(independent variable)라 하고, y는 종속변수(dependent variable)라 한다.

예제 3-1 함수의 계산

문제 $g(x) = 3x^2 - 5x + 1$ **일 때,** $g(1+h)$**와** $g(1) + g(h)$**를 구하시오.**

풀이 각 문제의 해는 다음과 같다.

$g(1+h) = 3(1+h)^2 - 5(1+h) + 1 = 3h^2 + h - 1$

$g(1) + g(h) = 3 \times 1^2 - 5 \times 1 + 1 + (3h^2 - 5h + 1) = 3h^2 - 5h$ ■

주어진 함수의 정의역을 찾을 때 다음의 두 조건을 기억하면 도움이 된다.

- 제곱근 안의 값은 음수가 될 수 없다.
- 어떤 함수의 분모도 0이 될 수 없다.[7]

6 Ξ는 '크시' 또는 '크사이'라고 읽는다. 자주 사용하는 문자는 아니다.

7 다시 한 번 말하지만, 분모가 0이어서는 안 된다. 분수를 보면 분모가 0인지 아닌지부터 보자!

예제 3-2 함수의 정의역 구하기

문제 **다음 각 함수의 정의역을 구하시오.**

(1) $f(x) = \dfrac{x+2}{x-1}$　　　　(2) $f(x) = \sqrt{x-2}$

(3) $f(x) = \dfrac{x}{(x-3)\sqrt{x-1}}$

풀이 각 문제의 해는 다음과 같다.

(1) 분모는 0이 될 수 없으므로, f의 정의역은 $\{x \in \mathbb{R} \mid x \neq 1\}$이다.

(2) 제곱근 안의 값은 음수가 될 수 없으므로, f의 정의역은 $\{x \subset \mathbb{R} \mid x \geq 2\}$이다.

(3) 분모는 0이 될 수 없으므로 $x \neq 1, 3$이어야 한다. 또한 제곱근 안의 값이 음수가 될 수 없으므로 $x \geq 1$이어야 한다. 이 조건을 모두 만족하는 구간은 $\{x \in \mathbb{R} \mid x > 1, x \neq 3\}$이다. ■

이제 몇 가지 함수를 살펴보자.

먼저 상수함수(constant function)는 다음과 같다.

$$f(x) = b$$

정의역 $X = \mathbb{R}$ (모든 실수의 집합), 치역 $f(X) = \{b\}$

선형함수 혹은 일차함수(linear function)는 다음과 같다.

$$f(x) = mx + b \quad (m \neq 0)$$

정의역 $X = \mathbb{R}$, 치역 $f(X) = \mathbb{R}$

n차 다항함수(polynomial function of degree n)는 다음과 같다.

$$f(x) = a_n x^n + a_{n-1} x^{n-1} + \cdots + a_1 x + a_0 \quad (a_n \neq 0)$$

정의역 $X = \mathbb{R}$, 치역은 차수 n과 최고차 계수 a_n의 부호에 따라 달라진다.

유리함수(rational function)는 다음과 같다.

$$f(x) = \frac{p(x)}{q(x)} \ [p(x), q(x)\text{는 다항함수}]$$

$$정의역\ X = \{x \in \mathbb{R} \mid q(x) \neq 0\}$$

그 외에도 다음 장에서 다룰 로그함수와 지수함수가 있으며, 이는 초월함수(transcendental function)에 해당한다.[8]

2. 함수의 그래프

중학교 때 배운 걸 떠올려 보면, **데카르트 좌표계**[9] 혹은 **직교 좌표계**는 서로 직각으로 교차하는 두 직선을 그려서 만든다. 이 두 직선을 좌표축(coordinate axis)이라 하고, 가로로 그어진 선은 x**축**(x-axis), 세로로 그어진 선은 y**축**(y-axis)이다. 그리고 두 축이 만나는 점은 **원점**(origin)이라고 한다. 그림 3-3처럼, 각 축 위에 숫자를 표시할 수 있다. 데카르트 좌표계는 xy-**평면**이라고도 하며, 두 개의 좌표축은 평면을 네 구역으로 나누는데, 각 구역을 **사분면**(quadrant)이라고 한다. $x > 0$, $y > 0$인 구역을 1사분면이라 하고, 시계 반대 방향으로 2사분면, 3사분면, 4사분면이라고 부른다.

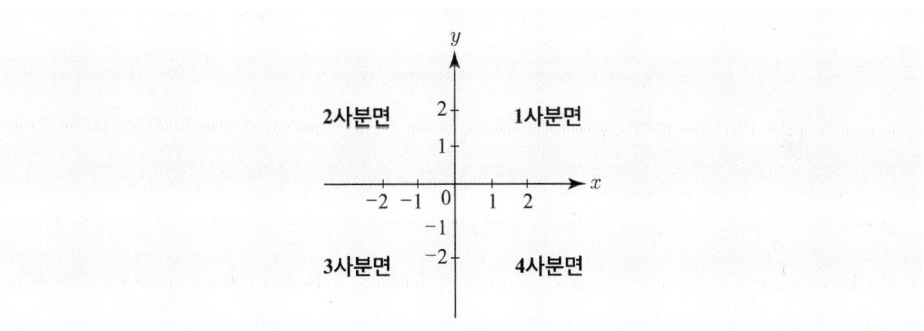

그림 3-3 좌표평면과 사분면

---

8 초월함수는 대수함수(algebraic function)가 아닌 함수이다. 대수함수는 '덧셈, 뺄셈, 곱셈, 나눗셈 그리고 상수 지수로 거듭제곱하는 일반적인 대수적 연산(algebraic operation)을 통해 만들어질 수 있는 함수'이다(아, 그렇구나). '초월'이라는, 뭔가 종교적인 느낌의 이름은 대수적 연산의 범위를 넘어선다는 의미에서 붙었다. 경영·경제학도는 로그, 지수, 삼각함수처럼 복잡해 보이는 함수려니 하면 된다.

9 직교 좌표계를 고안해낸 르네 데카르트(René Descartes)의 이름을 딴 명칭이다. 데카르트는 철학자들에게는 'Cogito, ergo sum(나는 생각한다. 고로 존재한다)'으로 합리론의 틀을 마련해 주었고, 수학자들에게는 방정식을 그림으로 시각화할 수 있는 틀을 만들어 주었다. 경제학에서는 데카르트 덕분에 수요 공급 이론을 네 개의 선으로 간단히 나타낼 수 있게 되었다.

xy-평면 위의 임의의 점 P는 $(x,\ y)$라는 두 숫자의 순서쌍(ordered set)[10]으로 나타낼 수 있다. 점선으로 수직선을 그려보면 그 점의 좌표를 알 수 있는데, 예를 들어, $(a,\ b)$가 나타내는 점은 $x=a$인 직선과 $y=b$인 직선이 만나는 위치에 있다. 거꾸로, 어떤 두 숫자를 주면 평면 위의 점 하나를 정할 수 있다. 예를 들어, (2, 3)이라는 순서쌍이 주어지면, 그 점 P는 두 직선 $x=2$과 $y=3$가 교차하는 곳에 있다. 즉, P는 y축에서 오른쪽으로 2만큼, x축에서 위쪽으로 3만큼 떨어져 있다. 그래서 순서쌍 (2, 3)을 점 P의 **좌표**(coordinate)라고 한다. 또 다른 예로, 점 Q가 y축에서 왼쪽으로 3만큼, x축에서 아래쪽으로 5만큼 떨어져 있다면, Q의 좌표는 $(-3, -5)$가 된다.

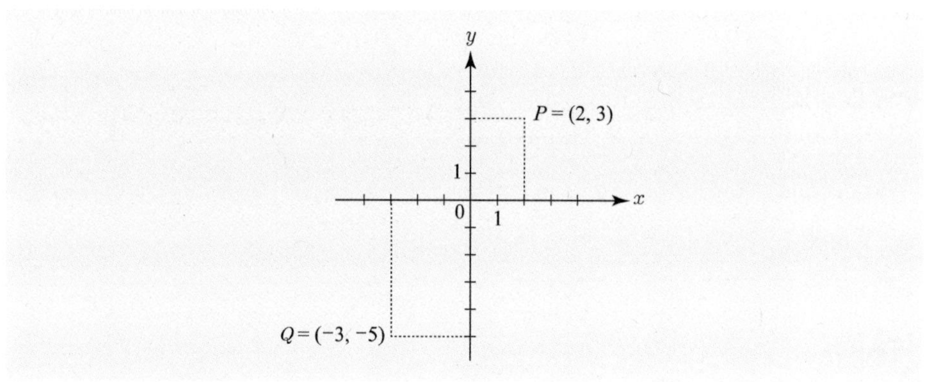

그림 3-4 점의 좌표 표현

중고등학교 시절, 여러분은 함수를 xy-평면에 그리는 방식을 배웠을 테고, 이 직선 혹은 곡선을 해당 함수의 그래프라고 알고 있을 것이다. 그런데 사실 그래프는 엄밀히 말하면 그림이 아니라 집합이다. 정확히는, **함수 $f: X \to Y$의 그래프**(graph)는 집합 $\{(x, f(x)) \mid x \in X\}$으로 정의된다. 즉, 함수 f의 그래프는 정의역상 각 x와 그에 상응하는 $f(x)$로 구성되는 순서쌍 $(x, f(x))$를 모아둔 것이다. 그리고 이 순서쌍을 좌표로 xy-평면에 모두 표시하면 비로소 '그림'이 된다.

함수를 그래프로 나타낸 다음 예제를 보자. 예제에서 보듯이 그래프로 나타내는 가장 간단한 방법은 x의 값들에 대응하는 y의 값들을 찾아 이 대응되는 $(x,\ y)$를 xy-평면에 표시하는 것이다.

10 '순서쌍'이라 하는 이유는 순서가 중요하기 때문이다. (a, b)와 (b, a)가 나타내는 점은 다르다.

예제 3-3 일차식의 그래프

문제 $6x-3y-3=0$을 **그래프로 나타내시오.**

풀이 y에 대해 정리하면 $y=2x-1$이고, 아래와 같이 몇 개의 점에 대응시키면 오른쪽의 그래프를 그릴 수 있다.

$x=\cdots\ -1\quad 0\quad 1\quad \cdots$

$y=\cdots\ -3\quad -1\quad 1\quad \cdots$ ■

또 다른 예를 보자. 이 경우도 마찬가지로 x에 대응하는 y의 값들을 찾아 xy-평면상에 나타내면 된다.

예제 3-4 이차식의 그래프

문제 $y=1-x^2$을 **그래프로 나타내시오.**

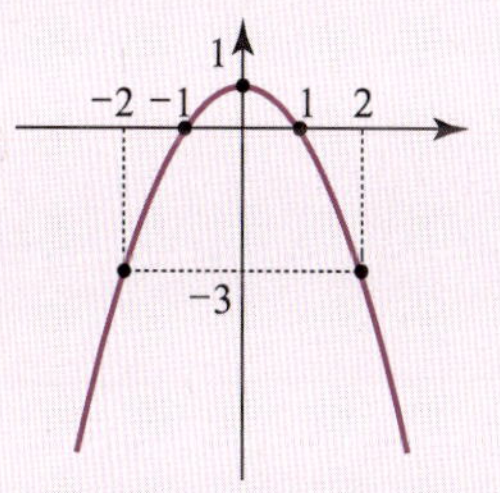

풀이 $x=0\ \pm1\ \pm2\ \cdots$

$y=1\quad 0\ -3\ \cdots$ ■

이제 수요함수에 대해 살펴보기로 하자. 수량을 q, 가격을 p라고 할 때, 여러분이 앞으로 수업 시간에 보게 될 수요함수는 대체로 $q=a-bp$처럼 (p에 대한) 선형함수로 주어질 것이다($a, b>0$). 그런데 이를 그래프로 나타낼 때는 유의할 필요가 있는데, 경제학에서는 x축에 q, y축에 p를 표시하는 것이 관행이기 때문이다.[11] 따라서 그래프로 나타내기 위해서는 수요함수를 $p=(a-q)/b$와 같이 바꾸는 것이 편하다.

11 종속변수와 독립변수를 엄밀히 구분하는 학생이라면 'x축 수량, y축 가격'이라는 관행이 이상하게 보일 수 있다. 미안한데, 그냥 받아들이자.

예제 3-5 수요함수의 그래프

문제 **수요함수 $q = 10 - p/3$를 그래프로 나타내시오.**

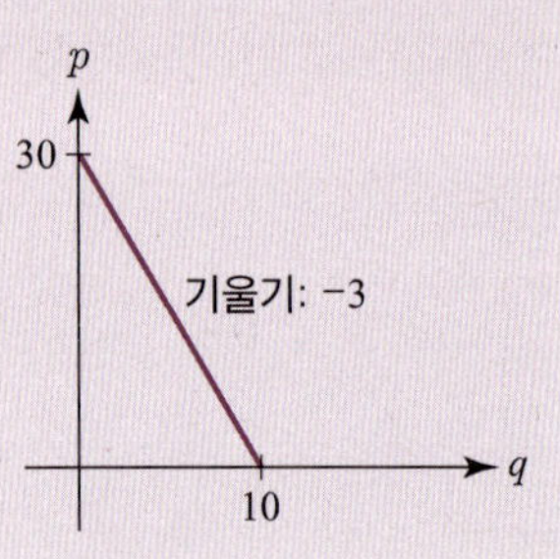

풀이 위 식을 가격에 대해 나타내면 $p = 30 - 3q$가 된다. 이를 그래프로 나타내면 오른쪽과 같다. ■

xy-평면에 그려진 선이 '함수의 그래프'인지 아닌지를 알 수 있는 간단한 방법이 있다.

xy-평면에 임의의 수직선을 그렸을 때 그 선과 기껏해야 한 점에서 만난다면(안 만날 수도 있다), 해당 선은 어떤 함수의 그래프라고 할 수 있다(왜일까?). 이를 수직선 테스트(vertical-line test)라고[12] 한다(물론 함수의 정확한 식을 알지는 못한다).

그림 3-5 (a)는 수직선 테스트를 통과한 경우이고, (b)는 통과하지 못한 경우이다. (b)의 경우 수직선이 그래프와 두 점에서 만나기 때문이다.

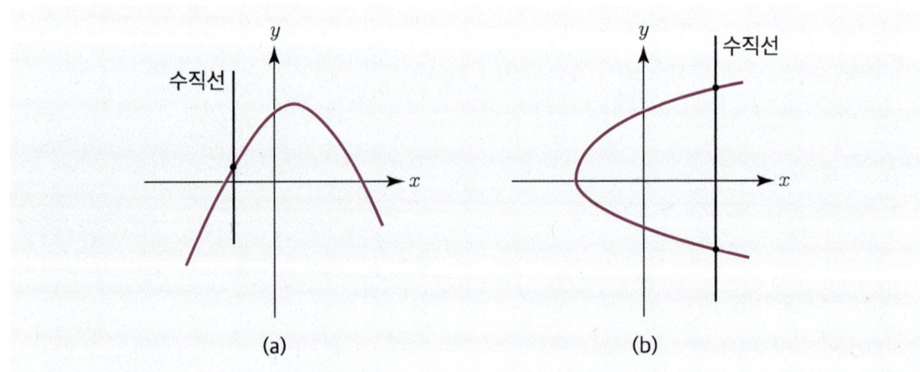

그림 3-5 수직선 테스트와 함수의 그래프

12 물론 '수직선 테스트'라는 명칭 자체는 그리 중요하지 않다. 원리만 이해하면 된다.

3. 일차함수의 그래프

일차함수 또는 선형함수의 그래프는 직선이다(식 → 그림). 그렇다면, 직선이 있을 때 식 $y = mx + b$은 어떻게 구할까(그림 → 식)?

여러분이 직선을 그리기 위해서는 아래 둘 중 하나를 알아야 한다.

- 직선 위의 한 점, 그리고 기울기
- 직선 위의 서로 다른 두 점

기울기(slope)는 x가 증가할 때 y는 얼마나 증가하는지를 나타내며, 직선의 특성은 기울기가 어느 점에서든 일정하다는 것이다. 아래 그림에서 보듯이 두 점 $P = (x_1, y_1)$와 $Q = (x_2, y_2)$가 주어지면 직선의 기울기 m은 두 점 P와 Q 간 y 좌표의 변화를 x 좌표의 변화로 나눈 $\frac{y_2 - y_1}{x_2 - x_1}$이 된다. 분자와 분모에 -1을 곱한 $\frac{y_1 - y_2}{x_1 - x_2}$도 기울기이다.[13]

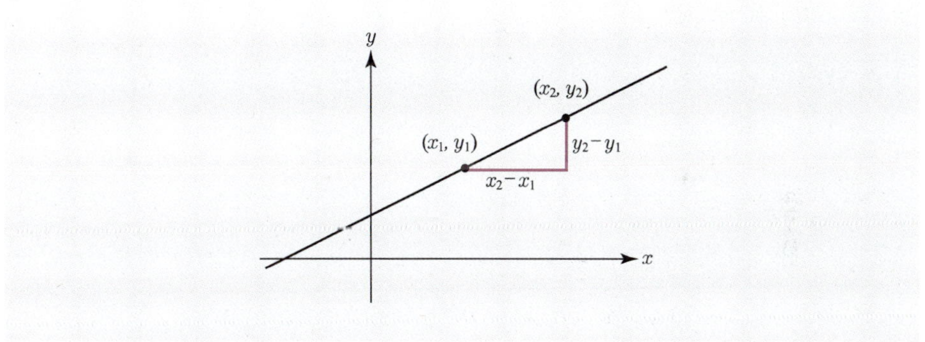

그림 3-6 두 점을 지나는 직선

$$\text{직선의 기울기 } m = \frac{y_2 - y_1}{x_2 - x_1} = \frac{y_1 - y_2}{x_1 - x_2}$$

기울기는 직선의 형태를 결정한다. 양(+)이면 우상향이고, 음(−)이면 우하향이다. 그리고 절댓값이 크면 가파른 직선이고, 작으면 완만하다. 기울기가 0이면 x축에 평행인 수평선이 되고, 기울기가 무한대인 경우($x_1 = x_2$) 직선은 y축에 평행인 수직선이 된다.

13 중요한 것은 분자, 분모의 좌표 성분 순서를 맞추는 것이다. 예를 들면, $\frac{y_2 - y_1}{x_1 - x_2}$은 안 된다.

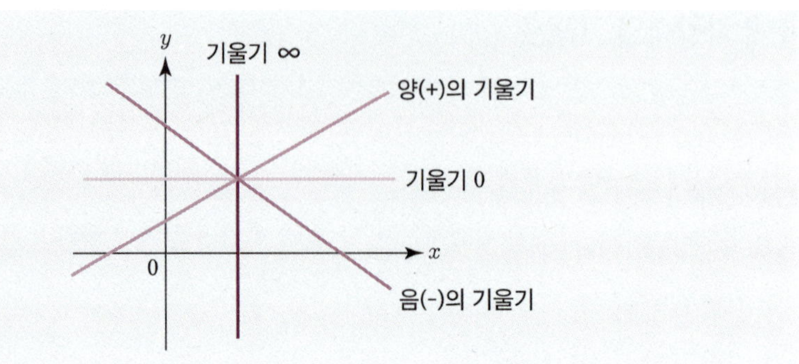

그림 3-7 직선의 기울기

이제 **직선 위의 한 점 $(x_1,\ y_1)$과 기울기 m이 주어진 경우,** 직선의 방정식을 구하는 법을 알아보자. 직선 위 임의의 한 점 (x, y)와 주어진 점 $(x_1,\ y_1)$를 잇는 직선의 기울기는 정의상 m이다. 즉, $m = \dfrac{y-y_1}{x-x_1}$이 성립한다. 이를 y에 대해 정리하면 다음의 **한 점-기울기 식** (point-slope formula)을 얻는다.

$$y - y_1 = m(x - x_1) \text{ 또는 } y = mx + y_1 - mx_1$$

여기서 y, x는 변수이고 y_1, x_1, m은 주어진 숫자이다. 잘 구분하라.

예제 3-6 기울기와 한 점을 이용한 직선의 방정식

문제 **점 $(-2, 3)$을 지나는 기울기가 5인 직선을 나타내는 식을 구하시오.**

풀이 $y - 3 = 5(x - (-2))$이 되며, 정리하면 $y = 5x + 13$을 얻는다. ■

두 점 $(x_1,\ y_1)$과 $(x_2,\ y_2)$가 주어진 경우, 직선의 방정식을 구하는 법을 알아보자. 두 점을 잇는 직선의 기울기는 $m = \dfrac{y_2-y_1}{x_2-x_1}$이므로, 앞선 한 점-기울기 식을 이용하면 다음을 얻을 수 있다.

$$y - y_1 = \frac{y_2 - y_1}{x_2 - x_1}(x - x_1)$$

이를 **두점 식**(two points formula)이라고 한다.

예제 3-7 두 점을 지나는 직선의 방정식

문제 **10개의 제품을 생산하는 비용은 3,500원이고, 20개의 제품을 생산하는 비용은 6,000원이다. 제품을 추가로 생산하는 데 드는 비용이 일정하다면, 제품 x개 생산에 드는 비용 y를 식으로 나타내시오.**

풀이 '제품을 추가로 생산하는 데 드는 비용이 일정하다'는 조건은 기울기가 일정함을 의미한다(왜?). 따라서 두 점 $(10,\ 3{,}500)$과 $(20,\ 6{,}000)$을 지나는 직선을 구하면 된다. 두 점 공식을 적용하면 다음을 얻는다.

$$y - 3{,}500 = \frac{6{,}000 - 3{,}500}{20 - 10}(x - 10) = 250(x - 10)$$

즉, $y = 250x + 1{,}000$이다. ■

마지막으로 **기울기 m과 y 절편 b가 주어진 경우,** y 절편을 나타내는 점 $(0, b)$와 기울기 m이 주어진 것으로 생각할 수 있다. 이를 위의 한 점-기울기 식에 대입하면 $(y - b) = m(x - 0)$이 되고, 이를 y에 대해 풀면 $y = mx + b$가 된다. 이를 **기울기-절편 식**(slope-intercept formula)이라 한다.

일반적으로, 두 변수 x와 y로 이루어진 직선의 식은 다음과 같이 주어진다.

$$ax + by + c = 0$$

이 방정식은 a와 b가 0인지 아닌지에 따라 다음의 세 가지 경우가 존재한다.[14]

---

14 $a - b - 0$인 경우는 관심사항이 이니디.

- $a \neq 0, \quad b \neq 0: y = -\dfrac{a}{b}x - \dfrac{c}{b}$

- $a \neq 0, \quad b = 0: x = -\dfrac{c}{a}$ (수직선)

- $a = 0, \quad b \neq 0: y = -\dfrac{c}{b}$ (수평선)

이제 두 직선 간 관계가 특별한 두 가지 경우를 알아보자. 첫째, 두 직선이 평행하면 두 직선의 기울기가 같다. 둘째, 직선이 서로 수직으로 교차하면 두 직선의 기울기의 곱은 -1이다.[15]

직선의 평행과 수직 조건

- 평행한 두 직선: $m_1 = m_2$ (두 직선의 기울기 일치)
- 수직으로 교차하는 두 직선: $m_1 \cdot m_2 = -1$ (두 직선의 기울기 곱이 -1)

서로 수직인 두 직선의 곱이 -1이 되는 이유를 알아보자. 그림 3-8에서 서로 수직으로 교차하는 두 직선 L과 M의 기울기를 각각 m과 m'라 하자. 두 직선의 교차점을 편의상 원점으로 평행 이동하였다. 삼각형 OAB는 직각삼각형, A의 좌표는 $(1, m)$, B의 좌표는 $(1, m')$이다. 피타고라스 정리에 따라 $\overline{AB}^2 = \overline{OA}^2 + \overline{OB}^2$이 성립하므로, 다음을 얻는다.

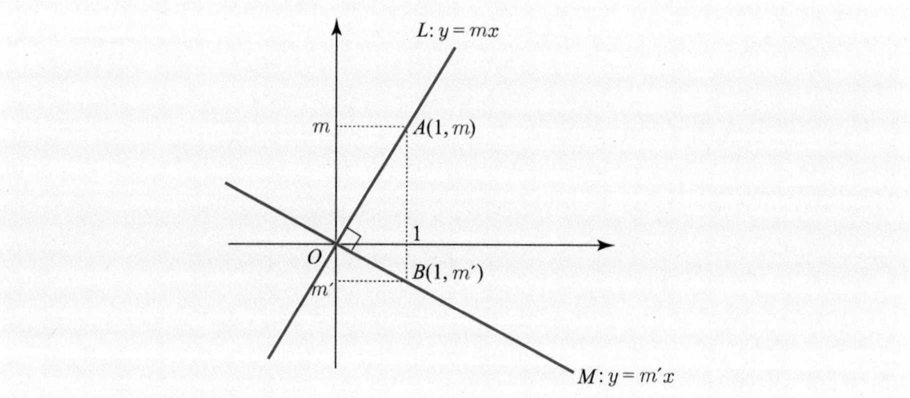

그림 3-8 수직으로 교차하는 두 직선

15 외워두자. 나중에 요긴하게 쓰인다(아마도).

$$(m-m')^2 = (1^2+m^2)+(1^2+m'^2)$$

$$\Rightarrow m^2 - 2mm' + m'^2 = m^2 + m'^2 + 2$$

$$\Rightarrow mm' = -1$$

직선의 방정식은 앞에서 언급한 수요함수 외에도 많이 활용된다. 먼저 직선 형태의 **비용함수**를 고려하자. 총비용(total cost)은 고정비용(fixed cost)과 변동비용(variable cost)으로 구성되는데, 고정비용은 생산량에 관계없이 발생하는 비용, 변동비용은 생산량에 따라 발생하는 비용이다. 변동비용이 생산량 q에 선형 비례한다면, 총비용 C는 직선의 방정식 형태로 주어진다.

$$\text{총비용(total cost)} = \text{고정비용} + \text{변동비용}$$

$$C = F + vq \quad (\text{단, } F, v > 0)$$

경영학에서 주로 활용되는 **손익분기점 분석**(break-even point analysis)을 간단히 살펴보자. 손익분기점이란 제품을 만드는 데 드는 비용과 수익이 같아지는 점이다. 제품 단위당 가격이 p일 때, 수익(revenue)은 $R = pq$이므로, 수익과 비용의 차인 이윤(profit) π는[16] 다음과 같이 주어진다.

$$\pi = R - C = pq - (F + vq)$$

손익분기점 q_{BEP}는 이윤 $\pi = 0$, 즉 비용과 수익이 같아지는 생산량으로

$$pq - (F + vq) = 0$$

을 만족한다. 즉, 다음과 같이 주어진다.

$$q_{BEP} = \frac{F}{p - v}$$

다음의 예제를 보자.

16 경영·경제학에서 π는 원주율이 아닌, 이윤(profit) 혹은 보수(payoff)를 나타내는 변수로 수도 사용된다.

예제 3-8 손익분기점의 계산과 그래프

문제 **장난감 생산 시 고정비용은 2억, 개당 변동비용은 15,000원, 그리고 개당 가격은 20,000원이다. 손익분기점을 구하시오.**

풀이 비용은 $15,000q+2$억, 수입은 $20,000q$이며, 손익분기점은 $15,000q+2억 = 20,000q$를 만족시키는 q로, 이를 풀면 $q_{BEP}=40,000$이다. 이는 생산량이 40,000보다 큰 경우는 이익이 발생하고, 이보다 적은 양에서는 손실이 발생함을 의미한다. $q_{BEP}=40,000$에서 이익과 비용은 모두 8억이고, 이윤은 0이 된다. 이를 그림으로 나타내면 다음과 같다. ■

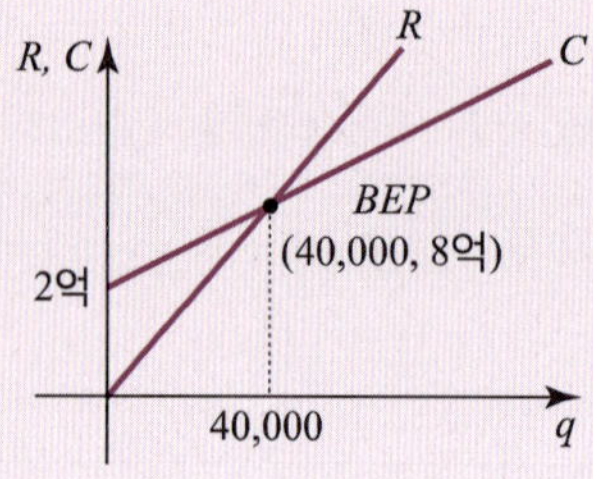

4. 연립 선형방정식

이제 두 변수 x, y로 이루어진 다음 형태의 연립 선형방정식(system of linear equations)에 대해 살펴보자.

$$a_1x+b_1y=c_1 \quad \cdots\cdots ①$$

$$a_2x+b_2y=c_2 \quad \cdots\cdots ②$$

여기서, x, y가 변수이며, $a_1, a_2, b_1, b_2, c_1, c_2$는 모수이다(문자가 많이 등장할 때 마음속으로 변수와 모수를 구분하는 것이 매우 중요하다[17]).

17 데카르트는 알파벳 뒤쪽에 있는 영문자(x, y, z 등)를 변수로 썼다. 이후 관습으로 굳어졌다. 물론 아닌 경우도 있다.

위의 두 방정식 ①과 ②에 의해 정의된 연립 선형방정식의 해는 두 방정식 ①과 ②를 모두 만족시키는 x와 y의 집합이다. 따라서 방정식의 해는 두 일차방정식이 나타내는 두 직선이 만나는 점이 된다. 식 ①과 ②가 나타내는 직선을 각각 L과 M이라고 하면, 다음의 세 가지 경우가 가능하다.

1) 직선 L과 M이 서로 교차하는 경우

두 직선은 하나의 점에서만 만나며, 해당 교점이 연립 선형방정식의 유일한 해가 된다.

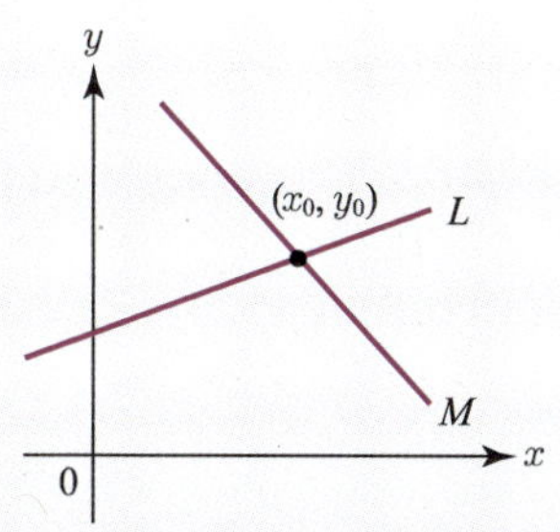

그림 3-9 교차하는 두 직선

2) 직선 L과 M이 평행한 경우

두 식선이 만나지 않으며, 연립 선형방정식의 해가 존재하지 않는다.

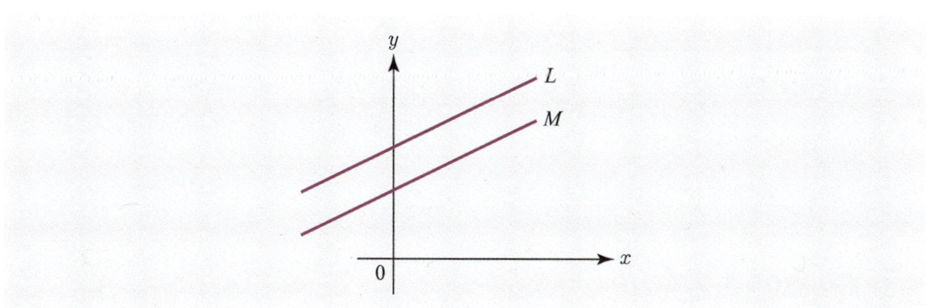

그림 3-10 평행한 두 직선

예를 들면, 다음과 같은 경우이다.

$$2x - 3y = 6$$
$$4x - 6y = 8$$

해가 존재한다고 하자. 그렇다면 첫 번째 식을 두 배한 후, 두 번째 식을 빼면 $0 = 12 - 8$이 되어 모순이 발생한다. 즉, 두 직선이 평행한 경우 연립방정식의 해는 존재하지 않는다.

3) 직선 L과 M이 일치하는 경우

두 직선이 일치하면 '교점'이 무한대가 되며, 연립 선형방정식은 무수히 많다.

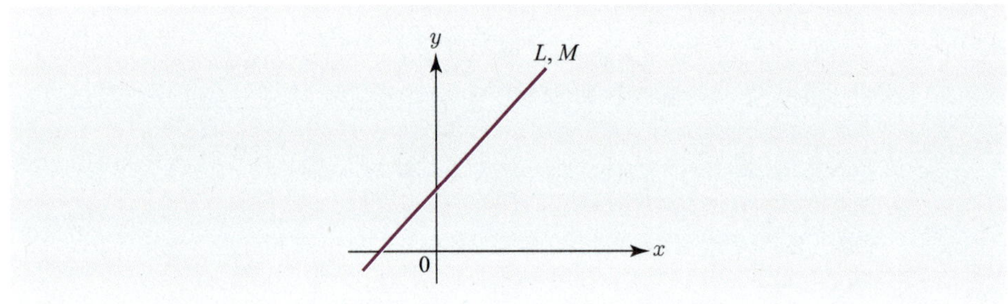

그림 3-11 일치하는 두 직선

예를 들면, 다음과 같은 경우이다.

$$2x - 3y = 8$$
$$4x - 6y = 16$$

두 번째 식은 첫 번째 식을 두 배 하면 얻어지는 것으로, 사실상 두 식이 같은 경우이다. 이 경우, 두 식은 같은 직선을 나타내며, 따라서 연립 선형방정식의 해는 무수히 많다.

5. 이차함수의 그래프

가장 간단한 이차함수는 $f(x) = ax^2$으로 이차항 a의 부호에 따라 그림 3-12의 두 경우가 있다.

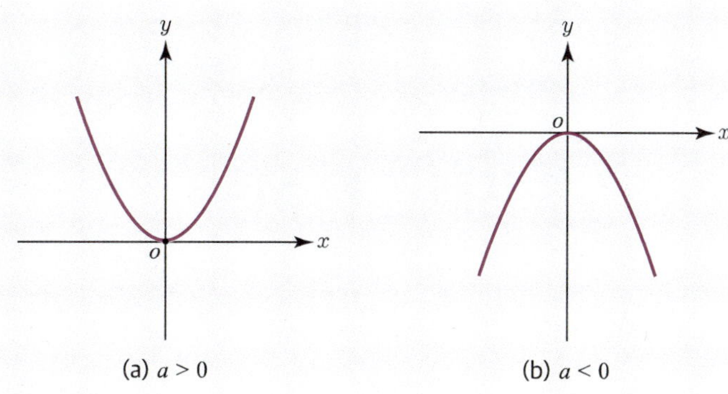

그림 3-12 이차함수의 그래프

일반적으로 이차함수는 다음과 같이 주어진다.

$$f(x) = ax^2 + bx + c \quad (a \neq 0)$$

그래프는 꼭짓점이 $\left(-\dfrac{b}{2a}, \dfrac{4ac-b^2}{4a}\right)$인 포물선(parabola)이며, $a > 0$인 경우 위로 열려 있는 포물선, $a < 0$인 경우는 아래로 열려 있는 포물선이 된다. 꼭짓점의 좌표는 다음과 같이 도출할 수 있다.[18]

$$\begin{aligned} f(x) &= ax^2 + bx + c \\ &= a\left(x^2 + \frac{b}{a}x\right) + c \\ &= a\left(x^2 + \frac{b}{a}x + \frac{b^2}{4a^2} - \frac{b^2}{4a^2}\right) + c \\ &= a\left(x + \frac{b}{2a}\right)^2 + c - \frac{b^2}{4a} \\ &= a\left(x + \frac{b}{2a}\right)^2 + \frac{4ac-b^2}{4a} \end{aligned}$$

꼭짓점은 $(\,.\,)^2$ 의 안이 0이 되는 경우이다. 따라서 $\left(-\dfrac{b}{2a}, \dfrac{4ac-b^2}{4a}\right)$이다.

18 핵심은 근의 공식을 도출할 때처럼 $a(x+\triangle)^2 + \bigcirc$ 형태로 만들어 주는 것으로, 이를 위하여 세 번째 등호에서 똑같은 수를 더했다 뺐다.

$a > 0,\ b^2 - 4ac > 0$인 경우, 그래프는 다음과 같다.[19]

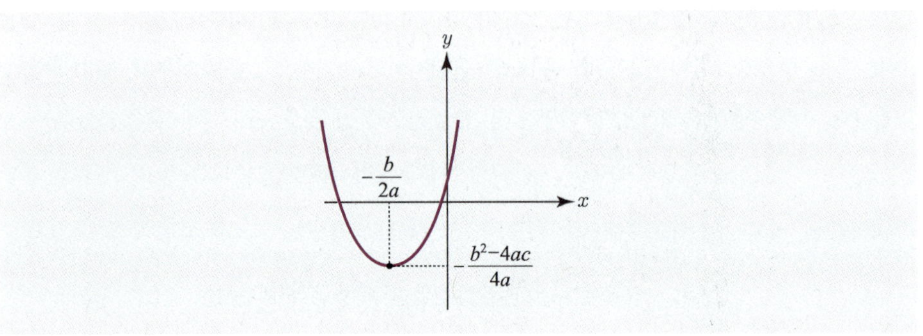

그림 3-13 이차함수 그래프 예

6. 기타 함수와 그래프

거듭제곱 함수(power function)는 다음과 같은 형태로 주어진다.

$$f(x) = ax^n \quad (a \neq 0,\ n \neq 0)$$

$x \to \infty$인 경우 $f(x) \to 0$이면 x축이 이 그래프에 대한 수평점근선(horizontal asymptote)이 되고, $x \to 0$인 경우 $f(x) \to \pm\infty$이면 y축이 이 그래프에 대한 수직점근선(vertical asymptote)이 된다.

몇 가지 간단한 거듭제곱 함수의 예를 들어보면 다음과 같다.

- $n = 2$: $f(x) = ax^2$

  앞서 다룬 이차 함수이다.

- $n = \frac{1}{2}$: $f(x) = ax^{\frac{1}{2}} = a\sqrt{x}$ (단, $x \geq 0$)

  이 함수의 그래프는 a의 부호에 따라 그림 3-14와 같이 두 가지 경우로 그려지며, 정의역은 음이 아닌 모든 실수이다.

19 나머지 세 경우는 스스로 그려보아라. ① $a > 0, b^2 - 4ac < 0$, ② $a < 0, b^2 - 4ac > 0$, ③ $a < 0, b^2 - 4ac < 0$

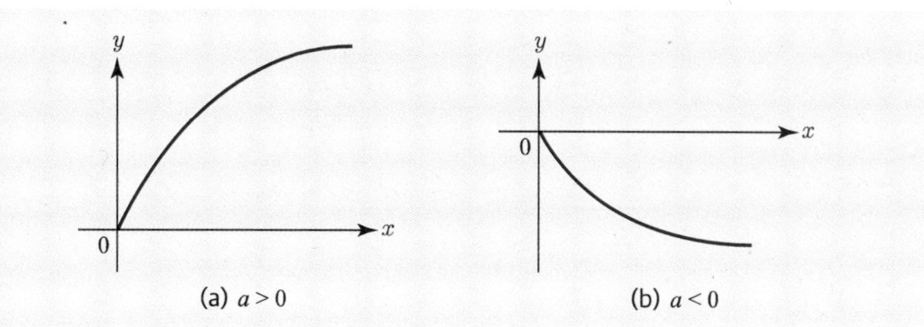

그림 3-14 $y = a\sqrt{x}$ 의 그래프

- $n = -1: \quad f(x) = \dfrac{a}{x}$ (단, $x \neq 0$)

  이 경우는 직각쌍곡선(rectangular hyperbola)으로, 그래프는 a의 부호에 따라 그림 3-15와 같이 두 가지 경우가 있다. 정의역은 0을 제외한 모든 실수의 집합이다.

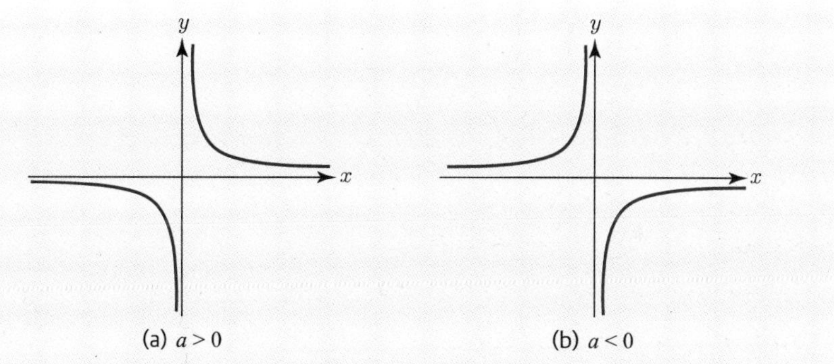

그림 3-15 $y = \dfrac{a}{x}$ 의 그래프

- $n = 3: \quad f(x) = ax^3$

  이 경우도 a의 부호에 따라 그림 3-16과 같이 두 가지 경우가 있다.

경영 · 경제학에서 $y = ax^n\,(a > 0)$는 $x \geq 0$인 경우를 주로 다룬다. n의 값에 따른 여러 함수의 형태가 그림 3-17에 주어져 있다.[20]

---

20 그림은 복잡해 보이지만, 꼭 직접 각 경우를 따져보아라. n에 대해 0과 1을 기준으로 생각하라.

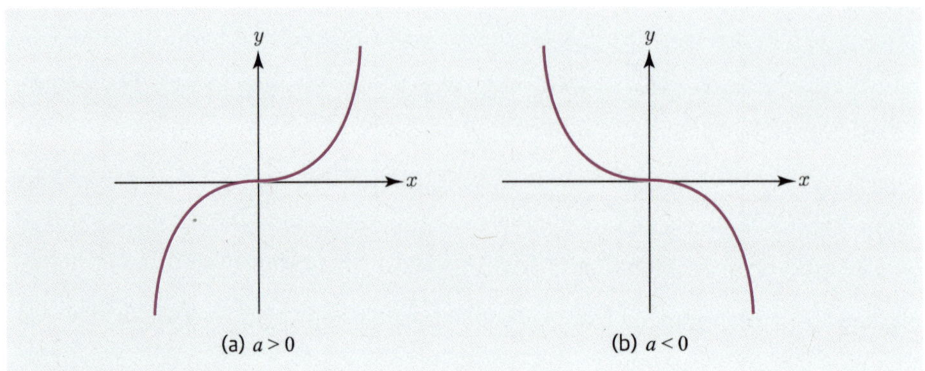

그림 3-16 $y=ax^3$의 그래프

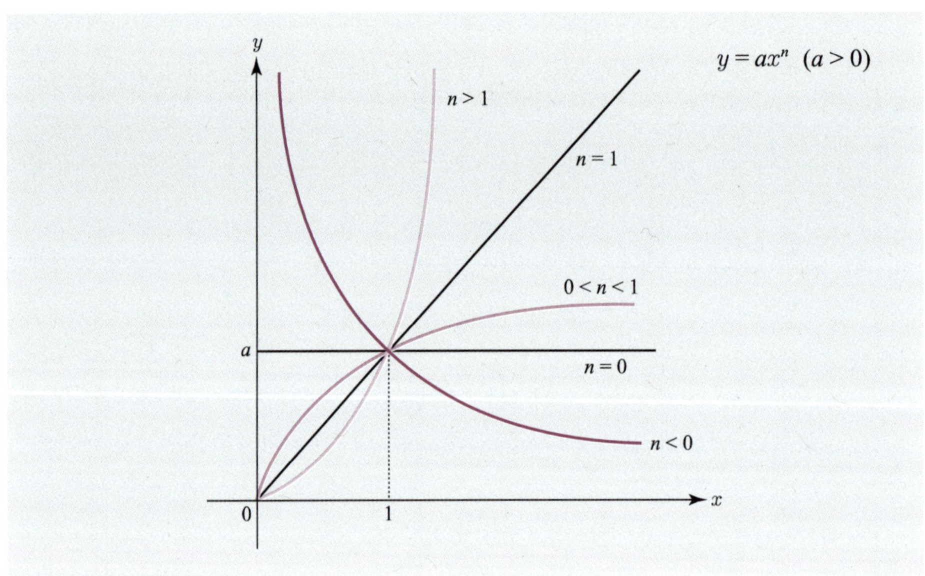

그림 3-17 지수 n값에 따른 거듭제곱 함수의 그래프 변화

이제 원(circle)의 방정식과 그래프에 대해 살펴보자.

원은 주어진 점 (a, b)로부터 거리 r에 있는 점들의 집합으로 정의된다. 이때 r을 원의 반지름(radius)이라고 한다. 원은 다음의 식으로 주어진다.

$$(x-a)^2+(y-b)^2=r^2$$

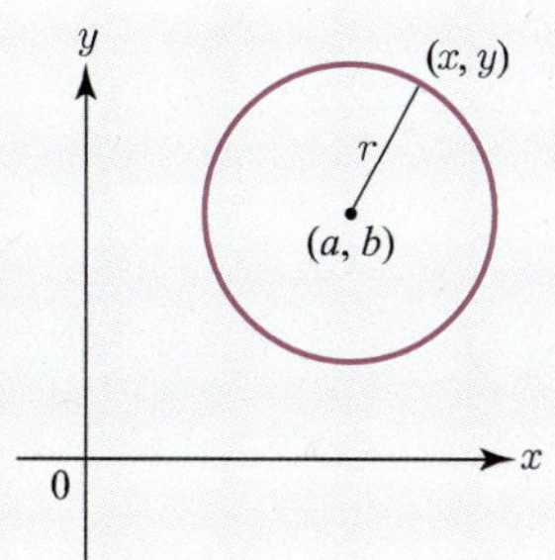

그림 3-18 원의 그래프

원을 나타내는 방정식의 일반적인 형태는 다음과 같다.

$$x^2 + y^2 + Ax + By + C = 0$$

이 경우, 원의 중심은 $(-A/2, -B/2)$, 반지름은 $\sqrt{(A^2 + B^2)/4 - C}$가 된다.[21]

앞에서 살펴본 수직선 테스트에 의하면, 원은 함수의 그래프가 될 수 없다. 수직선을 쭉 그었을 때, 원과 두 점에서 만날 수 있기 때문이다.

이제 다음의 절댓값 함수(absolute-value function)를 고려해 보자.

$$f(x) = |x|$$

절댓값 함수의 그래프는 다음과 같다.[22]

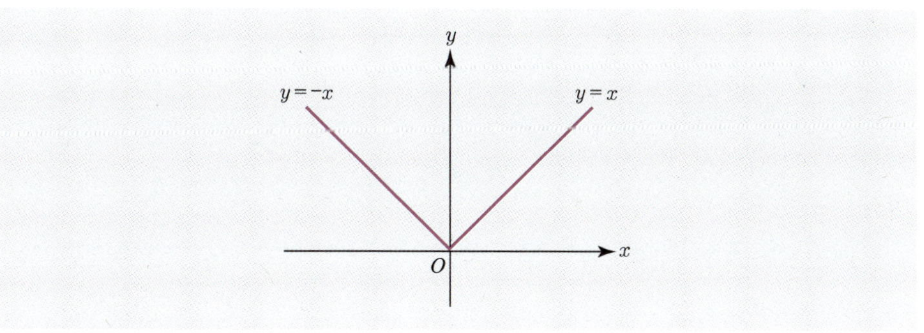

그림 3-19 절댓값 함수의 그래프

21 중고등학교 때 안 해봤으면 직접 도출해 보라. $(x+\cdots)^2+(y+\cdots)^2$를 만들어 주기 위해 동일한 숫자를 더했다 빼주는 작업을 두 번 하면 된다.

22 나중에 배우겠지만, 절댓값 함수는 연속이지만 (원점에서) 미분가능하지 않은 함수의 대표적인 예이다.

다음 예제를 보자.

예제 3-9 절댓값 함수의 그래프

문제 $f(x) = \dfrac{|x|}{x}$ **의 그래프를 그리시오.**

풀이 절댓값 $|\cdot|$을 보면, 그 안이 0 이상인지, 아닌지에 따라 경우를 나누면 된다. 다만, 여기서는 분모가 0이 되면 안 되므로, $x > 0$과 $x < 0$인 경우로 나누자.

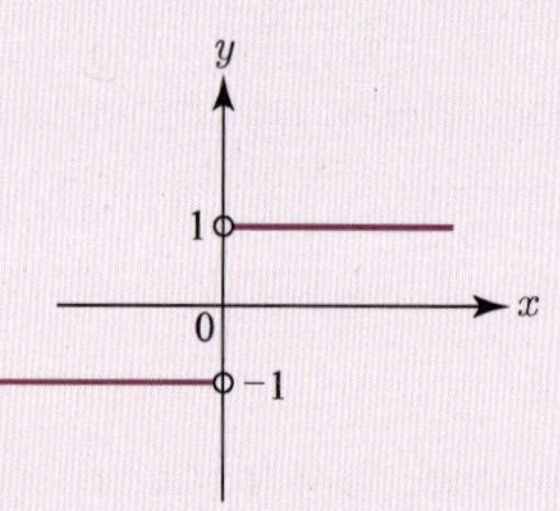

$x > 0$이면, $|x| = x$이므로 $f(x) = \dfrac{x}{x} = 1$이고,

$x < 0$이면 $|x| = -x$이므로 $f(x) = \dfrac{-x}{x} = -1$

이다. 그래프는 오른쪽 그림과 같다. $x = 0$에서는 정의되지 않음에 유의하라. ■

절댓값에 익숙해지기 위하여 예제 하나만 더 풀어보자.

예제 3-10 절댓값을 포함한 함수의 그래프

문제 $f(x) = 3 - 2|4 - x|$**의 그래프를 그리시오.**

풀이 다음과 같이 두 경우로 나누자.

(1) $4 - x \geq 0$

$\rightarrow \quad f(x) = 3 - 2(4 - x) = 2x - 5$

(2) $4 - x < 0$

$\rightarrow \quad f(x) = 3 - 2(-(4 - x)) = 11 - 2x$

이에 대한 그래프는 오른쪽 그림과 같다. ■

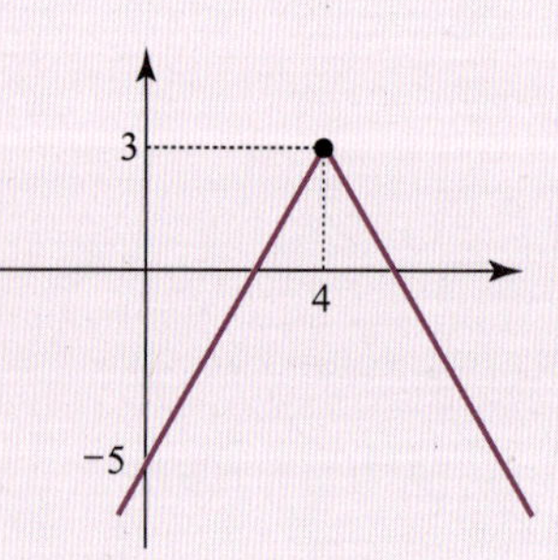

7. 함수의 성질

숫자에 대해 사칙연산을 하듯이, 함수에 대해서도 사칙연산이 가능하다. 함수 f와 g에 대해 $f+g, f-g, f \cdot g, f/g$를 다음과 같이 정의한다.[23]

- 함수의 합 $(f+g)(x) := f(x)+g(x)$
- 함수의 차 $(f-g)(x) := f(x)-g(x)$
- 함수의 곱 $(f \cdot g)(x) := f(x) \cdot g(x)$
- 함수의 몫 $\left(\dfrac{f}{g}\right)(x) := \dfrac{f(x)}{g(x)}$ 여기서, $g(x) \neq 0$

물론 이렇게 함수의 합, 차, 곱, 몫에 대한 정의역은 f와 g가 모두 정의된 집합, 즉 f의 정의역과 g의 정의역의 교집합에서만 정의될 수 있다. 또한 함수의 몫에 대한 정의역은 분모 g를 0으로 만드는 x를 포함해서는 안 된다.

예제 3-11 합성함수의 정의역

문제 $f(x)=\dfrac{1}{x-2}$, $g(x)=\sqrt{x-2}$ **일 때,** $\dfrac{g}{f}$ **의 정의역을 구하시오.**

풀이 f의 정의역은 $\{x \in \mathbb{R} \mid x \neq 2\}$이고, g의 정의역은 $\{x \in \mathbb{R} \mid x \geq 2\}$이다. 또한 $f(x)=0$인 x는 존재하지 않으므로, $\dfrac{g}{f}$의 정의역은 두 정의역의 교집합인 $\{x \in \mathbb{R} \mid x > 2\}$이다. ■

한편, 두 함수 $g: X \to Y$, $f: Y \to Z$에 대해, 합성함수(composite function) $f \circ g: X \to Z$를 다음과 같이 정의할 수 있다. 여기서 g의 공역과 f의 정의역이 Y로 같음에 유의하라.[24]

---

23 (수학적으로 민감한 독자를 위해) 이 정의는 쓸데없는 것이 아니다. 우리가 알고 있는 '실수집합'에서의 사칙연산을 이용하여 '함수집합'이라는 새로운 집합에서의 사칙연산을 정의한다는 의미이다. 가령, '$(f+g)(x)$'에 있는 더하기(+)는 '함수 더하기'를 의미하고, '$f(x)+g(x)$'의 더하기(+)는 '숫자 더하기'를 의미한다.

24 (수학적으로 민감한 독자를 위해) 엄밀히는 g의 치역이 f의 정의역의 부분집합이면 된다. 즉, $g(X) \subset Y$.

$$(f \circ g)(x) = f(g(x))$$

함수의 곱 $f \cdot g$와[25] 합성함수 $f \circ g$를 혼동하지 말자.[26] 합성함수는 항상 빈 원 $\circ$을 사용한다. 그리고 $f \cdot g = g \cdot f$이지만, $f \circ g \neq g \circ f$이다(같으면 우연이다). 앞선 예제의 f와 g를 사용하여 확인해 보자.

예제 3-12 합성함수의 연산과 순서

문제 $f(x) = \dfrac{1}{x-2}$, $g(x) = \sqrt{x-2}$ **일 때,** $f \cdot g$, $g \cdot f$, $f \circ g$, $g \circ f$**를 구하고,** $f \cdot g = g \cdot f$ **이지만** $f \circ g \neq g \circ f$ **임을 확인하시오.**

풀이 $f \cdot g$는 다음과 같다.

$$(f \cdot g)(x) = f(x)g(x) = \frac{1}{x-2}\sqrt{x-2} = \frac{1}{\sqrt{x-2}}$$

$g \cdot f$는 다음과 같다.

$$(g \cdot f)(x) = g(x)f(x) = \sqrt{x-2}\,\frac{1}{x-2} = \frac{1}{\sqrt{x-2}}$$

따라서 $f \cdot g = g \cdot f$이다. 둘 다 정의역은 $\{x \in \mathbb{R} \mid x > 2\}$이다(왜?).

한편, $f \circ g$는 다음과 같다.

$$(f \circ g)(x) = f(g(x)) = \frac{1}{\sqrt{x-2}-2}$$

정의역은 $\{x \in \mathbb{R} \mid x > 2, x \neq 6\}$이다.

$g \circ f$는 다음과 같다.

$$(g \circ f)(x) = g(f(x)) = \sqrt{\frac{1}{x-2}-2} = \sqrt{\frac{5-2x}{x-2}}$$

정의역은 $\{x \in \mathbb{R} \mid 2 < x \leq 5/2\}$이다.

따라서 $f \circ g \neq g \circ f$이다. ■

---

25 함수의 곱 $f \cdot g$는 그냥 fg로 쓰기도 한다.

26 보통 $f \cdot g$는 쉽고, $f \circ g$는 어렵다.

8. 역함수

간단히 말하면, 함수는 집합 X의 각 원소를 집합 Y의 원소로 대응시키는 규칙이다. 그렇다면 반대 방향, 즉 Y에서 X로 가는 규칙도 생각할 수 있지 않을까. 이건 (여러분을 괴롭히려는) 단순히 수학적 관심은 아니다. 예를 들면, **수요함수** $q = D(p)$는 가격이 p일 때 소비자가 구매할 의사가 있는 수량 q를 나타낸다. 그런데 물건을 만들어 파는 생산자 입장에서는 '내가 q만큼 생산하면 가격 p는 어떻게 되지?' 궁금할 수 있다(그렇지 않나?). 이는 수요함수의 역, 그러니까 **역수요함수**(inverse demand function)가 된다.

역함수(inverse function)를 정의하기 위해서는 **일대일 함수**(one-to-one function)를 먼저 정의해야 한다.[27] 함수 $f: X \to Y$를 고려하자. 이는 X에 속하는 각 x에 대해 하나의 $f(x)$에 대응됨을 의미한다. 하지만 그림 3-20의 (a)처럼 서로 다른 x_1, x_2에 대해 $f(x_1) = f(x_2)$일 수 있다. **일대일 함수**(one-to-one function)는 그렇지 않은 경우로, $x_1 \neq x_2$이면, $f(x_1) \neq f(x_2)$이 성립하는 함수이다.[28]

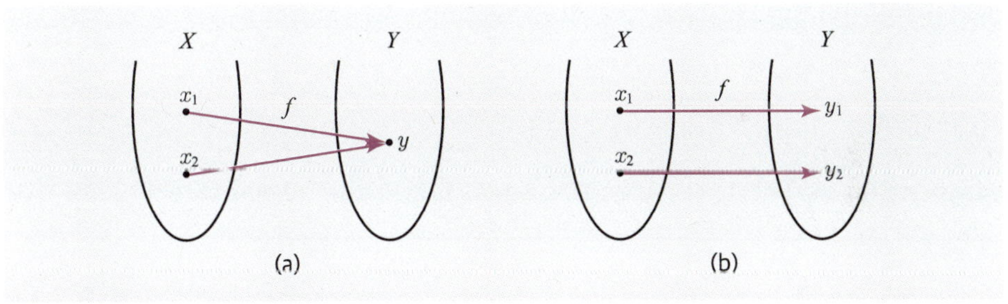

그림 3-20 일대일 함수와 일대일이 아닌 함수

다소 추상적일 수 있는데, X, Y 모두 실구간이라고 생각하면 쉽다. 이 경우에는 f가 그림 3-21의 (a)처럼 단조증가하거나, 단조감소하면 일대일 함수가 된다(반대도 성립한다). 즉, xy-평면에서 수평으로 임의의 선을 그었을 때 그래프와 두 번 이상 만나면 안 된다[그림 3-21(b)].

27 '일대일 함수'를 '단사함수(單射函數)'라고도 한다(어려운 한자어라 요즘은 잘 쓰이지 않는다).

28 동치인 조건은 '$f(x_1) = f(x_2)$이면, $x_1 = x_2$'이다(왜?).

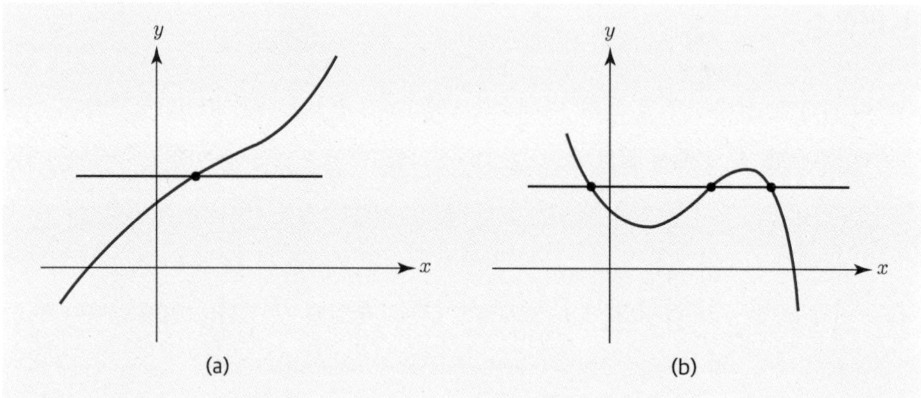

그림 3-21 일대일 함수의 판별

함수 $f: X \rightarrow Y$가 일대일 함수일 때, 다음의 조건을 만족하는 함수 g를 f의 **역함수**라고 하며, f^{-1}로 표시한다. 이때 f^{-1}의 정의역은 $f(X)$이고 치역은 X이다. f와 g는 다음의 관계를 가진다.

$$g(y) = x \quad \Leftrightarrow \quad y = f(x)$$

역함수를 정의하기 위해 원래 함수가 일대일이어야 하는 이유는 단순하다. 함수는 X의 한 점을 Y의 한 점으로 보내는 것이고, 역함수는 Y의 한 점을 X의 한 점으로 보내는 것이다. 그런데 일대일 함수가 아니라면, 그러니까 서로 다른 점 x_1, x_2에 대해 $f(x_1) = f(x_2) = y$라면, 이 y를 x_1으로 보내야 하는지 x_2로 보내야 하는지 명확하지 않게 된다.

f가 역함수를 가지면, 다음의 관계가 성립한다.

$$(f^{-1} \circ f)(x) = x$$
$$(f \circ f^{-1})(y) = y$$

이 성질은 그림으로 나타내면 X와 Y 간 왕복 그리고 Y와 X 간 왕복이다. 그림으로 확인할 수 있다.[29]

함수의 역함수를 구하기 위해서는 x를 y로 나타낸 다음, 마지막에 독립변수를 x, 내생변수를 y로 쓰는 관습에 따라 x와 y를 바꾸어 쓰면 된다. 다음 예제를 보자.

29 그림으로 확인해 본 후, 식을 스스로 써보아라. 이때 합성 순서와 x, y에 유의하라. 가령, $(f \circ f^{-1})(x)$는 말이 안 된다.

예제 3-13 역함수 구하기

문제 $f(x) = 2x + 3$**의 역함수를 구하시오.**

풀이 $y = 2x + 3$를 x에 대해 풀면 $x = \frac{y-3}{2}$이다. 역함수는 $f^{-1}(y) = \frac{y-3}{2}$이다.

역함수를 나타내는 식은 $y = \frac{x-3}{2}$이다. ■

위 예제의 함수와 역함수의 그래프를 그려보면 아래 그림과 같다. 주목할 점은 두 그래프가 $y = x$에 대해 대칭이라는 점이다. 이는 일반적으로 성립하는, 매우 강력한 성질이다. f와 f^{-1}의 그래프는 $y = x$에 대해 대칭이라는 것 정도는 꼭 기억해두기 바란다.

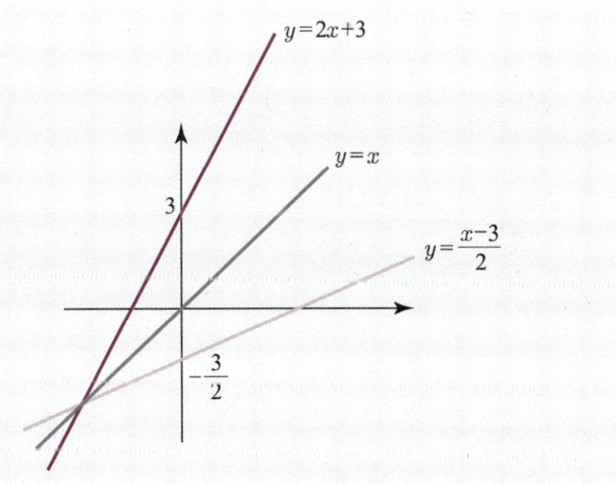

그림 3-22 역함수와 그 그래프

마지막으로, f는 원래 정의역하에서는 일대일 함수가 아니더라도, 정의역을 제한하면 일대일 함수가 될 수 있다. 가령, $f(x) = x^2$은 정의역이 실수 전체일 때는 일대일 함수가 아니지만, $\{x \in \mathbb{R} \mid x \geq 0\}$ 또는 $\{x \in \mathbb{R} \mid x \leq 0\}$으로 제한하면 일대일 함수가 되며, 역함수도 존재하게 된다.

예제 3-14 정의역에 따른 역함수

문제 **정의역이** $\{x \in \mathbb{R} \mid x \geq 0\}$ **일 때,** $f(x) = x^2$ **의 역함수는?**

정의역이 $\{x \in \mathbb{R} \mid x \leq 0\}$ **일 때는 어떠한가?**

풀이 $y = x^2$를 x에 대해 풀면 $x = \pm\sqrt{y}$ 이다. 그러나 정의역이 $\{x \in \mathbb{R} \mid x \geq 0\}$이라면, $x \geq 0$이어야 하므로 $x = +\sqrt{y}$ 이다. 따라서 역함수는 $y = \sqrt{x}$ 이다.

정의역이 $\{x \in \mathbb{R} \mid x \leq 0\}$이라면, $x = -\sqrt{y}$ 이다. 따라서 역함수는 $y = -\sqrt{x}$ 이다. ■

연습문제

3.1 수요함수가 $5q+4p=12$로 주어져 있다. 수요함수를 xy-평면에 그리시오. 단, y축에 가격 p를 나타내시오.

3.2 $f(x)=3\,|\,x\,|\,+1$의 그래프를 xy-평면에 나타내시오.

3.3 x, y가 $3xy+4y-12=0$을 만족할 때, y를 x의 함수로 나타내시오.

3.4 $f(x)=x^3$, $g(x)=2x-x^2$일 때, $(f+g)(x)$, $(f-g)(x)$, $(fg)(x)$, $(f/g)(x)$, $f(g(1))$, $g(f(1))$을 계산하시오.

3.5 점 (x,y)에서 $(-1,0)$까지의 거리가 점 (x,y)에서 $(2,0)$까지의 거리의 두 배라면, (x,y)는 중심이 $(5,0)$이고 반지름이 4인 원 위에 있음을 보이시오.

CHAPTER 04

로그와 지수함수

전국의 수포자에게 왜 수학을 포기하게 되었는지 설문조사를 한다면, 꽤 상위권에 로그(logarithm)가 있을 것이다. 수학자들은 왜 굳이 로그처럼 괴상하고 귀찮은 것을 만들었는지, 그들이 원망스럽다. 그런데 사실은 로그가 오히려 귀찮은 작업을 피하려고 만들어졌다면?

당신이 남다른 숫자 감각을 타고난 게 아니라면, 덧셈은 그럭저럭 어렵지 않게 해낼 수 있지만 곱셈을 할 때는 신경을 곤두세울 것이다. 10자리 수 둘을 더하는 것은 대략 10개의 단순한 단계만 거치면 되지만, 곱셈을 하려면 200단계가 필요하다. 지금은 자릿수가 아무리 많더라도 주머니 안 스마트폰을 꺼내 쉽게 곱셈을 할 수 있지만, 계산기조차 없던 과거에는 말 그대로 지난한 수작업이었다. 그런 지긋지긋한 곱셈을 쉽고 빠른 덧셈으로 변환할 수 있는 수단이 있다면 좋지 않았을까?

$$\log(a \cdot b) = \log a + \log b$$

이 식은 로그의 핵심 성질이다. 곱셈을 덧셈으로 바꾸는 매직(짜잔!). 17세기 스코틀랜드의 영주 존 네이피어(John Napier)가 처음 고안해 낸 로그는 과학자, 공학자, 측량기사, 항해사를 영겁의 '곱셈지옥'에서 구원해 주었다. 계산기나 스마트폰 대신 '로그표(log table)'라는 것만 있으면 어려운 곱셈도 덧셈으로 바꾸어 척척 해낼 수 있게 된 것이다.

그럼 지금은 컴퓨터가 있는데 왜 로그가 필요할까? 로그는 여러 흥미 있는 사회 · 자연현상을 모형화할 수 있는 수학적으로 매력적인 성질을 가지고 있다. 가령, 여러분은 아마도 미시경제학을 배울 텐데 초반에 배우는 것이 소비자의 효용함수이고, 그 효용함수는 자주 로그함수로 주어진다. 경영 · 경제학을 하는 한, 로그는 피할 수가 없다.

1. 복리와 오일러 상수 e

여러분이 흔히 보는 적금 계좌나 대출 광고에서 보이는 이자는 통상 연이율(annual rate)로 표시되며,[1] 이를 **명목이자율**(nominal rate)이라고도 한다. 그러나 실제로는 이자가 1년에 여러 번 지급되는 경우가 많다. **이자 기간**(interest period)은 계좌에 이자가 부가되는 시점 사이의 간격을 의미하는데, 일부 계좌는 1년을 기준으로 하지만 상품에 따라 반기(6개월)마다 혹은 분기(3개월)마다 이자를 지급하기도 한다. 예를 들어, 은행이 당신에게 제공하는 이자율이 연 6.0%이고 이자 기간이 분기라면, 1년간 매 분기말 $6.0\%/4 = 1.5\%$의 이자가 당신의 계좌에 더해진다. 즉, 연이율을 연이자 지급 횟수로 나누면[2] 각 기간의 이자율, 즉 기간별 이자율(periodic rate)을 얻을 수 있다.

원금이 P이고, 연이율이 i라고 하자. 일 년 동안 이자가 1회 지급되면 1년 후 잔액은 $P(1+i)$가 된다. 이자가 2회 지급된다면, 6개월 후에는 $P(1+i/2)$, 1년 후에는 $P(1+i/2)(1+i/2) = P(1+i/2)^2$이 된다.[3] 그리고 4회 지급되면 1년 후에는 $P(1+i/4)^4$이 될 것이고, 1년 동안 k회 이자가 지급된다면, 1년 후 여러분의 돈은 다음과 같다.

$$P\left(1+\frac{i}{k}\right)^k$$

만약 k가 무한히 커진다면 어떻게 될까. 물론 현실에서 그럴 리는 없겠지. 그런데 수학적으로 다루기가 굉장히 편해진다(오차는 발생한다. 그러나 무시할 만하다). k가 커질 때 무슨 일이 생기는지 알기 위하여 다음 극한값을 살펴보자.

$$\lim_{k\to\infty}\left(1+\frac{1}{k}\right)^k$$

k가 커짐에 따라, 밑, 그러니까 괄호 안의 숫자 $(1+1/k)$는 1을 향해 작아지지만(그렇다고 1이 되는 건 아니다), 지수 k는 무한대로 발산한다.

---

1 불법 사채업자가 제시하는 이자율은 연이율이 아니라 월이율(monthly rate) 혹은 주이율(weekly rate)이다. 남의 돈 빌릴 때는 항상 조심하자.

2 이자 기간이 반기이면 2, 분기이면 4, 격월이면 6, 월이면 12로 나눈다.

3 여기서 복리(compound interest)를 가정하였다. 복리는 예전에 이자로 받았던 돈에도 이자를 지급하는 것이다. 반면, 단리(simple interest)는 원금에만 이자를 지급하는 것이다. 단리를 다루는 경우는 없으니, 그냥 앞으로 복리라고 가정하라.

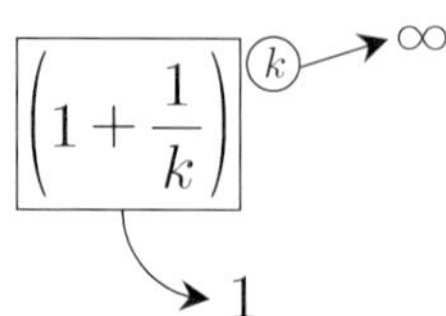

수렴할까? 밑 $\left(1+\dfrac{1}{k}\right)$이 1로 수렴하긴 하지만, 밑이 1보다 살짝만 크더라도 발산하기 때문에(예: $1.00000000001^{\infty} = \infty$), 확실치 않아 보인다. 그러나 수렴함을 보일 수 있다.[4] 그리고 그 극한값을 우리는 e라고 부르기로 한다. 1장에서 언급한 그 무리수, **오일러 상수 e**말이다.

$$e := \lim_{k \to \infty}\left(1+\frac{1}{k}\right)^{k}$$

오일러 상수 e는 2.71828⋯인데, 대략 2.72 정도로 알아두면 좋다. π는 3.14 정도라고 알고 있는 것처럼.

오일러 상수를 정의하는 극한식에서 가장 중요한 점은 밑에 있는 $\dfrac{1}{k}$과 지수 k가 서로 역수라는 것이다.

서로 역수

$$\left(1+\frac{1}{k}\right)^{k}$$

그래서 예를 들면 다음이 성립한다.

$$e = \lim_{k \to \infty}\left(1+\frac{1}{2k}\right)^{2k} = \lim_{k \to \infty}\left(1+\frac{3}{k}\right)^{k/3} = \lim_{k \to \infty}\left(1+\frac{100}{\sqrt{k}}\right)^{\sqrt{k}/100}$$

4 (수학적으로 민감한 독자를 위해) 이항정리와 비교 판정법을 이용하면 된다.

이제 원래 질문으로 돌아오면, 다음과 같다.[5]

$$\begin{aligned}\lim_{k\to\infty} P\left(1+\frac{i}{k}\right)^k &= P \cdot \lim_{k\to\infty}\left(1+\frac{i}{k}\right)^k \\ &= P \cdot \lim_{k\to\infty}\left(1+\frac{i}{k}\right)^{\frac{k}{i}i} \\ &= P\left(\lim_{k\to\infty}\left(1+\frac{i}{k}\right)^{\frac{k}{i}}\right)^i \\ &= Pe^i\end{aligned}$$

즉, 1년 후 여러분의 돈은 P에서 Pe^i가 된다. 그리고 2년 후는 Pe^{2i}, 3년 후는 Pe^{3i}, …, t년 후는 Pe^{it}가 될 것이다. 이를 연속복리(continuous compounding)라고 한다. 연속복리를 가정하면, 현재가치나 미래가치로 환산할 때 e^{-it}나 e^{it}를 곱하기만 하면 된다는 점에서 매우 편리하다(그리고 나중에 보겠지만, 미분하기도 편하다).[6]

마지막으로, 실효이자율(effective rate of interest)이라는 개념이 있다. 명목이자율은 같더라도, 이자 기간에 따라 실제로 당신이 받을 수 있는 (혹은 지불하는) 금액은 달라질 수 있다. 가령 명목이자율은 6%인데, 이자가 1년 동안 1회 지급되면 당신이 받는 금액은 $(1+0.06)=1.06$이지만, 2회 지급되면 $(1+0.03)^2=1.0609$로 살짝 크다. 따라서 정확한 수익을 알기 위해서는 이자 지급 횟수에 따른 효과까지 고려할 필요가 있으므로, 이자가 한 번만 지급된다고 했을 때의 연이자율로 환산하는 것이 편리하다. 이를 실효이자율이라고 하며, 명목이자율이 i이고 연이자 지급 횟수가 k일 때 실효이자율 i_{eff}은 다음의 관계를 만족한다.

$$1+i_{eff}=\left(1+\frac{i}{k}\right)^k \text{ 또는 } i_{eff}=\left(1+\frac{i}{k}\right)^k-1$$

5 (수학적으로 민감한 독자를 위해) 세 번째 등호에서 지수함수와 극한의 순서를 바꾸었다. 지수함수는 연속이라 가능하다.

6 $(1+i)^t$을 나누거나, 미분하거나, 혹은 눌 나 하는 것은 싱딩히 빈거롭디.

예제 4-1 실효이자율 계산

문제 **연간 이자율이 8%이고, 이자가 매분기 복리로 지급될 때 실효이자율은 얼마인가? 매월 지급된다면?**

풀이 매분기 지급된다면 $k=4$이고, 이때 실효이자율은 $i_{eff}=\left(1+\frac{0.08}{4}\right)^4-1$ ≈ 0.0824, 약 8.24%이다.

매월 지급된다면 $k=12$이고, 이때 실효이자율은 $i_{eff}=\left(1+\frac{0.08}{12}\right)^{12}-1\approx 0.0830$, 약 8.30%이다.[7] ■

한편, 연속복리에 대한 실효이자율은 다음의 관계를 통해서 얻을 수 있다.

$$1+i_{eff}=e^i \text{ 또는 } i_{eff}=e^i-1$$

예제 4-2 연속복리와 실효이자율

문제 **연 이자율 8%가 연속복리로 계산될 때, 실효이자율은 얼마인가? 또 연 8%의 이자율에서 얻을 수 있는 최대 복리 이자는 얼마인가?**

풀이 실효이자율은 $i_{eff}=e^{0.08}-1\approx 0.0833$, 약 8.33%이다. 그리고 지급 횟수가 늘어날수록 실효이자율은 증가하므로(왜?) 최대 복리 이자는 연속복리 8.33%이다. ■

2. 지수함수와 로그함수

지수함수(exponential function)에 대해 알아보자. 지수함수는 다음의 형태를 띤다.

$$y=a^x \text{ (단, } a>0,\ a\neq 1)$$[8]

7 계산은 엑셀을 이용해서 하였다. 여러분도 직접 계산할 일은 없을 것이다.

8 1장에서 말한 것처럼, 밑이 음수나 0인 경우($a\leq 0$)는 다루지 않는다. 그리고 $a=1$이면 그냥 $y=1$이 된다(상수함수).

지수함수와 관련하여 기억해야 할 점은 다음과 같다. 꼭 기억하자.

첫째, 항상 0보다 크다. (모든 x에 대해 $a^x > 0$)

둘째, $a > 1$이면 증가함수(예 2^x), $0 < a < 1$이면 감소함수(예 $(1/2)^x$)

셋째, y 절편이 1 ($a^0 = 1$)

넷째, $a > 1$이면, $\lim_{x \to -\infty} a^x = 0$, $0 < a < 1$이면, $\lim_{x \to \infty} a^x = 0$

지수함수 $y = a^x$의 그래프는 다음과 같다. 위의 특징을 확인하기 바란다[9](그리고 꼭 스스로 그려 보아라).

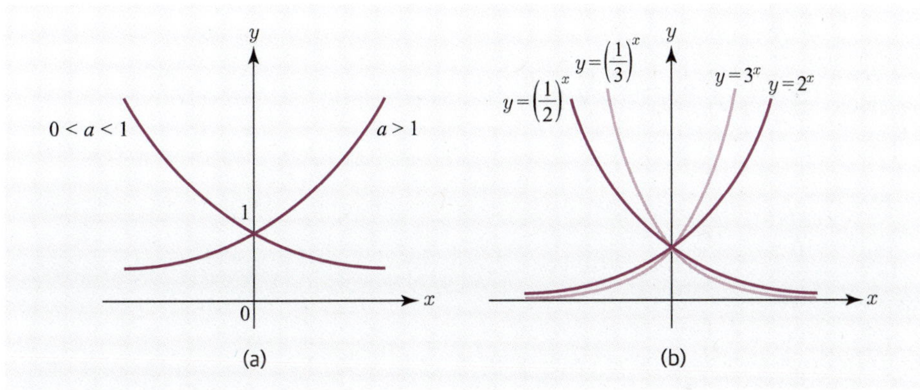

그림 4-1 지수함수의 그래프

우리가 주로 쓰는 지수함수는 밑이 오일러 상수인 경우, 즉 $a = e$이다. 이름도 따로 있어서, **자연 지수함수**(natural exponential function)라고도 한다. $y = e^x$는 지수 부분이 복잡해질 때가 많아서 오해나 오타를 줄이기 위하여 $y = \exp(x)$라고 쓰기도 한다.[10] $e > 1$이므로 증가하는 지수함수 형태를 보인다. 여러분이 반드시 익숙해져야 할 지수함수이다.[11]

---

9 지수함수는 매우 급격히 증가한다. a가 1보다 아주 약간 크더라도, 가령 $a = 1.0001$이라도 생각보다 빨리 매우 큰 수가 된다(교훈: 수익률이 낮더라도 꾸준히 장기 투자).

10 가령, $e^{-\int_0^t V(x(\tau))d\tau}$ 보다는 $\exp\left(-\int_0^t V(x(\tau))d\tau\right)$이 가독성이 높고 편집하기도 쉽다. 참고로 옵션가격 결정이론에서 나오는 파인만-카츠 식(Feynman-Kac formula)에 등장하는 표현이다(더 알고 싶어지지 않나?).

11 나중에 배우겠지만, e^x는 미분해도 그대로인, 우주에서 유일한 매우 특별한 함수이다.

이제 로그함수에 대해 살펴보자(드디어!). 지수함수와 로그함수는 서로 역함수 관계에 있다.

$$y = a^x \Leftrightarrow x = \log_a y \text{ (단, } a > 0,\ a \neq 1)$$

a를 밑(base), y를 진수(value)라고 부른다.

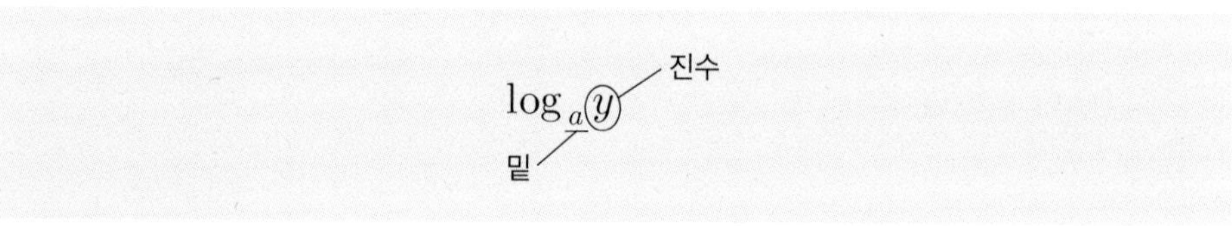

그림 4-2 로그함수 요소

$\log_a y$가 모양부터 편하지 않다는 거 안다. 하지만 $y = a^x$의 지수 x를 $\log_a y$로 쓰기로 '약속'한 것뿐이다. 직관적으로는, $\log_a y$는 y를 얻기 위해 a를 몇 번 곱해야 하는지를 의미한다.[12]

다시 한 번 로그의 정의를 여러분의 DNA에 새겼는지 확인하자. 다음 두 식이 자명해 보이는가?

$$a^{\log_a y} = y$$

$$\log_a a^x = x$$

여전히 외계어처럼 보일까? 앞서 말한 것처럼, $y = a^x$에서 지수 x를 $\log_a y$로 부르기로 했음을 상기하자(이제 당연해 보이겠지).[13]

이제 지수함수와 로그함수의 정의역과 치역을 살펴보자.

지수함수 $y = a^x$에서 x는 임의의 실수이고, $y > 0$이다. 즉, 정의역은 $\mathbb{R}$, 치역은 $\mathbb{R}_{++}$이다.[14] 그리고 로그함수는 역함수이므로, 정의역이 $\mathbb{R}_{++}$, 치역은 $\mathbb{R}$이 된다.

---

12 2를 몇 번 곱하면 $1,000$이 될까? 답: $\log_2 1,000$

13 당연해 보일 때까지 시간이 걸릴 수도 있다. 포기하지 말고 천천히 생각해 보라.

14 $\mathbb{R}$은 실수 전체 집합, $\mathbb{R}_+$는 0 이상의 실수 집합, $\mathbb{R}_{++}$는 양(+)의 실수 집합을 나타낸다.

구체적으로 쓰면, $\log_a y$ 는 $y > 0$ 일 때만 정의되고(중요하다!), $a > 1$ 일 때 다음이 성립한다.

$$y > 1 \text{이면 } \log_a y > 0\,, \qquad y < 1 \text{이면 } \log_a y < 0$$

로그와 지수에 대한 몇 가지 성질을 살펴보자. 아래 표에서 각 행은 서로 대응되는 성질이다.[15]

표 4-1 로그와 지수의 성질 비교

구분	로그의 성질	지수의 성질
1	$\log_a 1 = 0$	$a^0 = 1$
2	$\log_a a = 1$	$a^1 = a$
3	$\log_a (uv) = \log_a u + \log_a v$	$a^x \cdot a^y = a^{x+y}$
4	$\log_a \left(\frac{u}{v}\right) = \log_a u - \log_a v$	$\frac{a^x}{a^y} = a^{x-y}$
5	$\log_a \left(\frac{1}{v}\right) = -\log_a v$	$a^{-x} = \frac{1}{a^x}$
6	$\log_a (u^n) = n \log_a u$	$(a^x)^n = a^{xn}$

가끔 $\log_b (u+v)$ 를 '전개'해서 $\log_b u + \log_b v$ 로 쓰고 싶은 욕구가 들지도 모르겠다. 0으로 나누는 것만큼 나쁜 일이니, 로그 안의 더하기는 제발 그냥 내버려 두자.

$$(\log_{10} 2 = \log_{10}(1+1) = \log_{10} 1 + \log_{10} 1 = 0 + 0 = 0 \quad ?)$$

예제 4-3 로그의 성질 적용

문제 $x = \log_3 2$ **라고 할 때,** $\log_3 18$ **을** x **로 표현하시오.**

풀이 $\log_3 18 = \log_3 (2 \times 3^2) = \log_3 2 + 2\log_3 3 = x + 2$ (각 단계에서 어느 성질을 썼는지 확인하라.) ■

15 시간이 걸리더라도 왜 대응되는지 스스로 설득될 때까지 살펴보자. 이 단계만 넘으면 로그는 내막 이해한 것이다.

로그함수는 지수함수의 역함수이므로, $y = x$에 대해 대칭이다. 주목해야 할 점은 정의역이 양수이며, x 절편이 1이라는 점이다.

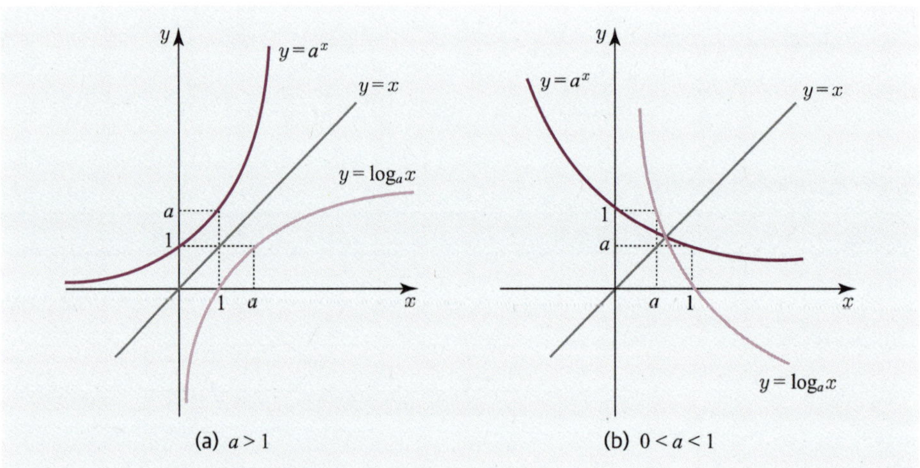

그림 4-3 지수함수와 로그함수의 그래프

로그 밑이 e인 경우, 즉 $\log_e y$를 **자연로그**(natural logarithm)라고 한다. 자연 지수함수처럼 너무나도 중요해서 로그 밑 e를 아예 생략하고 $\log y$로 쓰기도 하고, $\ln y$라고 쓰기도 한다. 앞으로 로그의 밑이 비어 있으면 자연로그로 생각하라.[16]

예제 4-4 실효이자율과 명목이자율의 관계

문제 **연속복리하에서 실효이자율이 i_{eff}이라면, 명목이자율 i는 얼마인가?**

풀이 실효이자율 i_{eff}와 명목이자율 i는 $1 + i_{eff} = e^i$를 만족한다.

따라서 $i = \ln(1 + i_{eff})$가 성립한다. ■

로그와 지수의 다른 성질에 대해 알아보자.

16 로그 밑이 10인 경우를 상용로그(common logarithm)라 하고, 이때 10을 생략하기도 한다고 배웠을 것이다. 그런데 '상용(常用)' 로그는 사실 별로 '상용'되지 않는다. 이제부터는 로그 밑에 숫자가 없으면 자연로그로 받아들여라.

$a^x = y$라고 하자. 그렇다면, 정의상 $x = \log_a y$이다. 한편, $a^x = y$의 양변에 밑이 $b > 0$인 로그를 취하면 $x \log_b a = \log_b y$, 즉 $x = \dfrac{\log_b y}{\log_b a}$ 이다. 따라서 다음이 성립한다.

$$\log_a y = \frac{\log_b y}{\log_b a}$$

이 등식은 로그의 밑을 자유롭게 바꿀 수 있게 한다.

또한 $\log_b c^{\log_b a} = (\log_b a)(\log_b c) = (\log_b c)(\log_b a) = \log_b a^{\log_b c}$ 이므로,[17] 다음이 성립한다.

$$c^{\log_b a} = a^{\log_b c}$$

이 등식은 지수에 로그가 있는 복잡한 형태일 때 매우 유용하다.

지금까지 살펴본 것들은 로그와 지수 관련 문제를 푸는 데 유용하게 사용된다. 다음 예제를 보자.

예제 4-5 로그의 밑 변환

문제 $3^{\log_9 4}$ **를 간단히 하시오.**

풀이 $c^{\log_b a} = a^{\log_b c}$ 이므로, $3^{\log_9 4} = 4^{\log_9 3}$ 이다.

또한 $\log_9 3 = 1/2$ 이므로, 답은 $4^{1/2} = 2$ 이다. ■

예제 4-6 지수와 로그의 관계

문제 $a^x = b^{(\log_b a)x}$ **임을 확인하시오.**

풀이 $a = b^{\log_b a}$ 이므로(왜?), $a^x = (b^{\log_b a})^x = b^{(\log_b a)x}$ 가 성립한다. ■

---

17 $\log_a(u^n) = n \log_a u$ 를 두 번 이용하였다. 첫 번째 등호에서는 지수에 있는 $\log_b a$ 를 앞으로 내렸다. 세 번째 등호에서는 앞에 있는 $\log_b c$ 를 지수로 올렸다. 그리고 두 번째 등호는 곱셈의 순서를 바꾼 것뿐이다.

예제 4-7 로그방정식의 해 구하기

문제 **다음 식을 만족하는 x를 구하시오.**

$$2\ln(x-1) = \ln(5+x) - \ln 5$$

풀이 $\ln(x-1)^2 = \ln\frac{5+x}{5}$이므로, $(x-1)^2 = 1+\frac{x}{5}$가 성립한다. 이를 정리하면 $5x^2 - 11x = 0$이 되고, $x=0$ 또는 $11/5$이다. 하지만 로그 진수는 양(+)이어야 하므로 $x-1>0$, $x+5>0$를 만족해야 한다. 따라서 $x = 11/5$이다. ■

3. 자연 지수함수의 응용: 로지스틱 함수

19세기 영국의 경제학자 토마스 맬서스(Thomas Malthus)는 그의 저서 『인구론』에서 인구는 지수적으로 증가하지만, 식량은 산술급수적으로 증가하기 때문에, (사람이 너무 많아) 결국 기근이나 전쟁으로 인구가 강제적으로 줄 수밖에 없다는, 매우 우울한 견해를 밝힌 바 있다(아, 맬서스는 목사님이기도 했다).[18]

맬서스의 '인구 성장 모형'에 따르면, t시점의 인구 $N(t)$는 앞서 배운 초기 투자 금액이 N_0이고 이자율이 r인 저축의 미래가치와 같다.

$$N(t) = N_0 e^{rt}$$

한편, 비슷한 시기 영국 해협 건너편 벨기에의 수학자 피에르 베르휠스트(Pierre Verhulst)는 다른 생각이었던 것 같다. 그는 인구는 처음에는 급격히 증가하지만, 토지·음식물 등의 제약 때문에 증가세가 차차 둔화한다고 보았다. 이러한 사실을 반영하여, 그는 인구 증가 과정을 묘사하는 법칙으로서 다음과 같은 **로지스틱 함수**(logistic function)를[19] 제시하였다. 여기서 N_{max}는 최대로 가능한 인구로 이해하면 된다.

---

18 경제학의 별칭 '우울한 학문(dismal science)'은 맬서스의 『인구론』을 읽은 토마스 칼라일(Thomas Carlyle)이 붙인 이름이다. 어떤 경제학자는 이 별칭이 쿨하다고 생각한다.

19 '로지스틱 함수'라는 명칭은 외워둘 만하다. 택배나 물류, (군대에서의) 군수와는 전혀 관계없다.

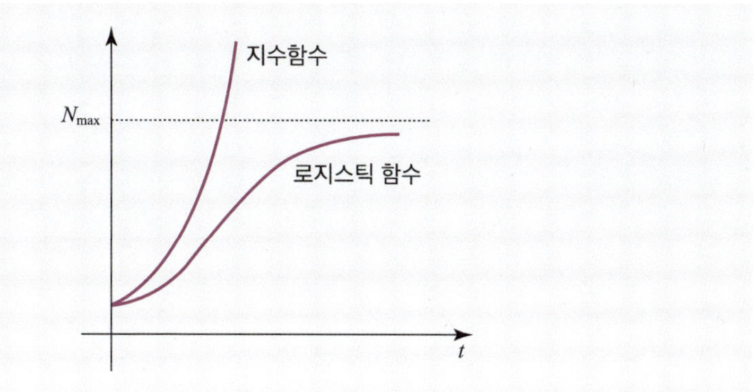

그림 4-4 지수함수와 로지스틱 함수의 그래프

$$N(t) = \frac{N_{\max}}{1 + ce^{-rt}}$$

로지스틱 곡선은 어떤 값에서 시작하여 시간이 지남에 따라 급격히 증가하다가 증가세가 꺾이고 어느 수준에 수렴해가는 모습을 보여주는 자연·사회현상을 모형화하는 데 유용하다(예: 인구, 세포증식, 〈오징어 게임〉 시청자 수 등).

로지스틱 곡선은 과학의 여러 분야는 물론, 경제·경영학에서도 정말 많이 사용된다. 경제학에서는 소비자의 선택을 확률적으로 모형화할 때 사용되기도 하고,[20] 기계학습 방법론 중 하나인 인공신경망(artificial neural network)에서 활성화 함수로 사용되기도 한다.[21] 또한 경영학에서 혁신의 확산을 설명할 때도 사용되기도 한다. 즉, 어떤 집단을 그림 4-5와 같이 혁신가(innovators), 초기 채택자(early adopters), 초기 대다수(early majority), 후기 대다수(late majority), 지체자(laggards)로 구분할 수 있는데, 새로운 아이디어 혹은 상품이 이 집단에 처음 소개되었을 때 얼마나 빨리 확산되는지를 로지스틱 함수로 모형화하기도 한다.

20 계량경제학에서 배운다.

21 인공신경망에서는 '시그모이드 함수(sigmoid function)'라고 불린다.

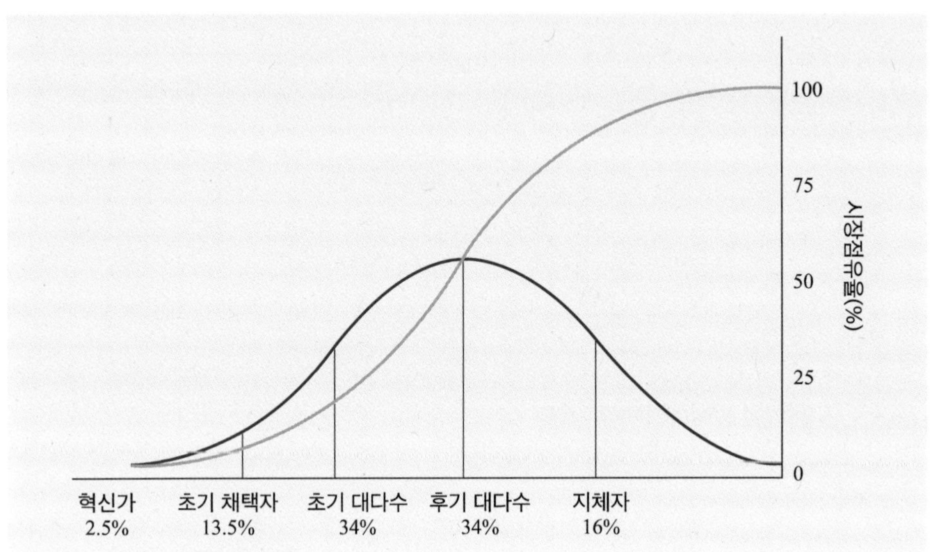

그림 4-5 로지스틱 함수의 확산 곡선

정보나 뉴스의 확산도 모형화할 수 있다. 소문이라는 게 처음에는 소수의 사람만 쑥덕이다가 어느 순간 빠르게 퍼지고, 어느 단계가 지나면 퍼지는 속도가 점차 줄어들면서 결국에는 (나만 빼고) 다 아는 상황이 된다. 모든 사람에게 정보가 확산된 상태를 100%, 즉 1이라고 하면, 시점 t에서 정보를 알고 있는 사람의 비율 y는 다음과 같이 모형화할 수 있다.

$$y = \frac{1}{1 + ce^{-kt}} \quad (\text{단, } c, k > 0)$$

곡선의 정확한 모양은 모수 c와 k에 따라 결정되며, 이들 값을 구하기 위해서는 추가적인 정보가 주어져야 한다.

우리 한반도 오천 년 역사에서 가장 성공적이었던, 그리고 고약했던 바이럴 마케팅에 로지스틱 모형을 적용해 보자.

예제 4-8 로지스틱 함수의 응용

문제 **백제 청년 서동(薯童)은 몇몇 아이들을 꾀어서 애꿎은 신라의 선화공주를 모함하는 '서동요'를 부르게 했다. 그 결과 첫날에는 서라벌 사람 10%가 알게 되었고, 3일 후에는 40%가 알게 되었다. 소식이 퍼지는 정도가 로지스틱 곡선을 따른다고 할 때, 서라벌 사람 80%가 알기까지 며칠이나 걸릴까?**

풀이 현재($t=0$)와 3일 후($t=3$)의 확산 정도를 이용하여 c와 k를 구하자.

$t=0$일 때, $1/(1+ce^{-k\times 0})=1/(1+c)=0.1$이므로, $c=9$이다. 또한 $t=3$일 때, $1/(1+9e^{-k\times 3})=0.4$가 되므로, 이를 k에 대해 풀면 $k=(\ln 6)/3$이다.

따라서 80%가 아는 시점 t는 $1/\left(1+9\exp\left(-\frac{\ln 6}{3}t\right)\right)=0.8$을 만족한다. 이를 풀면 $t=6$을 얻는다. 즉, 6일 후에는 80%가 알게 된다. ■

연습문제

4.1 다음을 $\ln 3$의 배수로 나타내시오.

(1) $\ln 9$

(2) $\ln \sqrt[5]{3^2}$

(3) $\ln(1/81)$

4.2 다음 각 x에 대한 방정식을 푸시오.

(1) $3^x 4^{x+2} = 8$

(2) $\log_2 x = 2$

(3) $4^x - 4^{x-1} = 3^{x+1} - 3^x$

(4) $\log_3 x = -3$

4.3 두 함수 $f(t) = Ae^{rt}$, $g(t) = Be^{st}$(단, $A > 0$, $B > 0$, $r \neq s$)가 주어졌다. $f(t) = g(t)$인 t는 무엇인가?

4.4 아래 각 등식이 일반적으로 성립하는지 확인하시오(단, $A, B, C > 0$).

(1) $(\ln A)^4 = 4\ln A$

(2) $\ln\dfrac{A}{B} + \ln\dfrac{B}{A} = 0$

(3) $\ln\dfrac{A+B}{C} = \ln A + \ln B - \ln C$

(4) $\ln A^{10} - \ln A^4 = 3\ln A^2$

(5) $\dfrac{\ln A}{\ln B + \ln C} = \ln A(BC)^{-1}$

(6) $p\ln(\ln A) = \ln(\ln A^p)$

4.5 다음을 간단히 하시오.

(1) $\exp[\ln(x^2) - 2\ln y]$

(2) $\ln[x^4 \exp(-x)]$

4.6 다음 각 t에 대한 방정식을 푸시오.

(1) $e^{-at} = \frac{1}{2}$

(2) $\frac{1}{\sqrt{2\pi}} e^{-\frac{1}{2}t^2} = \frac{1}{8}$

(3) $x = e^{at+b}$

PART 2

미적분학

CALCULUS

CHAPTER 05

일변수 함수 미분

미적분학은 당연히게도 미분과 적분으로 구성되어 있다.* 미분은 물체를 무한히 많은 단순한 조각으로 나눈다. 그리고 적분은 이 조각들을 합쳐 원래의 물체로 조립한다.

사실 만드는 것보다 부수는(!) 것이 먼저라는 사실을 생각하면(아기가 장난감을 어떻게 하는지 생각해 보라), 미분을 먼저 배우는 것이 자연스러워 보인다. 실제로 여러분은 그렇게 배웠을 것이고, 전 세계 모든 미적분학 수업도 미분을 먼저 다룬다(이 책도 마찬가지이다). 하지만 인류의 역사는 정반대로 펼쳐졌다.

적분은 이미 기원전 250년 무렵 고대 그리스에서 등장했지만, 미분은 17세기 이전까지 누구도 생각해 내지 못했다. 아이작 뉴턴(Isaac Newton) 그리고 고트프리트 라이프니츠(Gottfried Leibniz)라는 두 불세출의 천재 덕분에 미분이라는 아이디어가 등장했으니, 여러분이 혹시 미분이 어려웠다면 당연한 거다.

미분은 한마디로, 변화를 다루는 수학이다. 사실 인생사 모든 게 변한다. 뉴턴 앞에서 떨어지던 사과의 속도, 날씨, 썸남(녀)의 마음, 비트코인 가격 등등. 경제에서도 모든 것이 끊임없이 변한다. 가격은 오르내리고, 공급과 수요는 변동하며, 물가는 지속적으로 움직인다. 동시에 서로에게 미치는 방식 또한 변화한다. 변화를 다루는 언어. 우리는 어쩔 수 없이 미분이 필요하다.

* '미적분학'은 영어로 calculus이다. 그래서 영문 명칭으로는 '미분 + 적분'이라고 짐작하기는 어렵다.

1. 변화량, 기울기 그리고 미분계수

미분(differentiation)은 어떤 함수의 미분계수(differential quotient)를 찾는 과정이다. 그리고 미분계수는 기울기를 멋지게 지칭하는 다른 용어이다. 아, 기울기가 뭐였더라. 다시 떠올려 보자.

아래 그림에서 보듯이, x가 x_0에서 x_1로 변화하였을 때 이 차이인 $x_1 - x_0$을 x의 변화량(difference) 또는 증분(increment)이라 하고 Δx로 나타낸다. 마찬가지로 y에서의 값의 차이인 $y_1 - y_0$, 즉 $f(x_1) - f(x_0)$을 y의 변화량 또는 증분이라 하고 Δy로 나타낸다. 그러니까, Δx, Δy를 보면 각각 'x의 변화량', 'y의 변화량'으로 무조건 생각하라.[1]

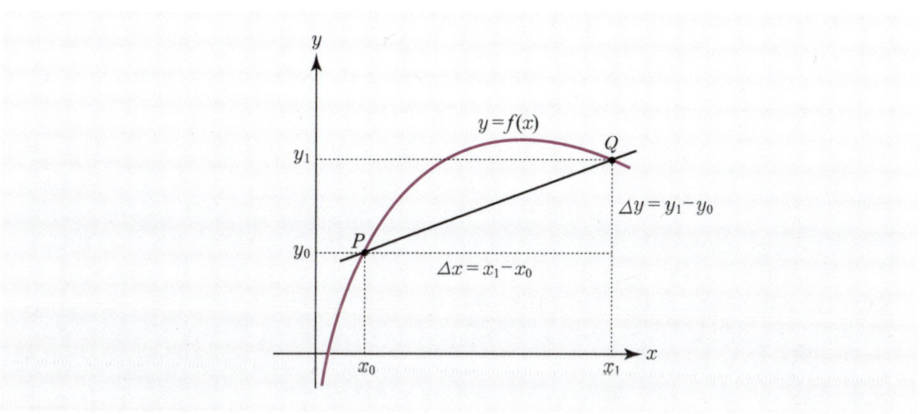

그림 5-1 x와 y의 변화

Δy와 Δx는 다음과 같이 관련되어 있다.

$$\Delta y = f(x_0 + \Delta x) - f(x_0)$$

기울기 $\dfrac{\Delta y}{\Delta x}$는 x와 y의 변화량의 비율로 다음과 같이 주어진다. 평균 변화율이라고도 한다. 직관적으로는, 'x가 x_0에서 1단위 변할 때, y는 얼마나 변하는지'를 나타낸다.[2]

---

1 △는 델타(delta)라 읽는다. 그리스 알파벳의 네 번째 문자이며, 영어 알파벳의 d에 해당한다.

2 기울기는 정말 중요하다. 약간 과장하면, 경제학에서 많은 내용이 '기울기'에 관한 것이다.

$$\left(\frac{\Delta y}{\Delta x}\right) = \frac{f(x_0 + \Delta x) - f(x_0)}{\Delta x}$$

이를 그림으로 나타내면 다음과 같다.

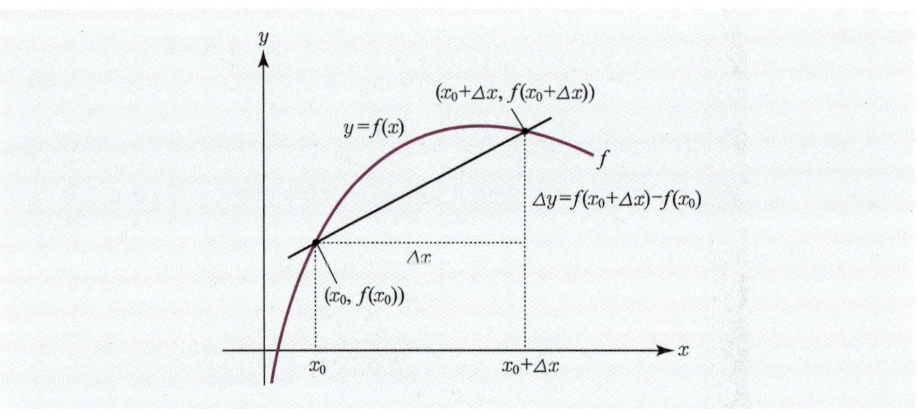

그림 5-2 함수의 변화율과 기울기

간단한 예제를 풀어보자.

예제 5-1 함수의 변화율 구하기

문제 **함수 $y = x^2 + 1$에 대해 Δy를 x_0와 Δx로 나타내시오. 그리고 $\frac{\Delta y}{\Delta x}$ 역시 x_0와 Δx로 나타내시오.**

풀이 $\Delta y = f(x_0 + \Delta x) - f(x_0) = (x_0 + \Delta x)^2 + 1 - ({x_0}^2 + 1) = 2x_0 \Delta x + (\Delta x)^2$.
따라서 $\frac{\Delta y}{\Delta x} = 2x_0 + \Delta x$이다. ■

자, 이제 미분계수를 정의할 준비가 되어 있다. $y = f(x)$의 '$x = x_0$**에서의 미분계수** $f'(x_0)$'는[3] 다음의 극한으로 정의된다(식은 복잡해 보이는데 겁먹지 말자. 기울기 앞에

3 미분계수를 이야기할 때는 어떤 x인지를 명확히 해야 한다. 맥락상 분명할 때는 생략하기도 한다.

lim를 추가한 것뿐이다).

$$f'(x_0) := \lim_{\Delta x \to 0} \frac{\Delta y}{\Delta x} = \lim_{\Delta x \to 0} \frac{f(x_0 + \Delta x) - f(x_0)}{\Delta x}$$

아래 그림을 보자. 기울기, 또는 평균변화율은 선분 PQ의 기울기이다. 여기서 x의 증분 Δx를 아주 작게, 0에 가깝게 하면? 점 P에서의 순간기울기(instantaneous slope)가 된다.

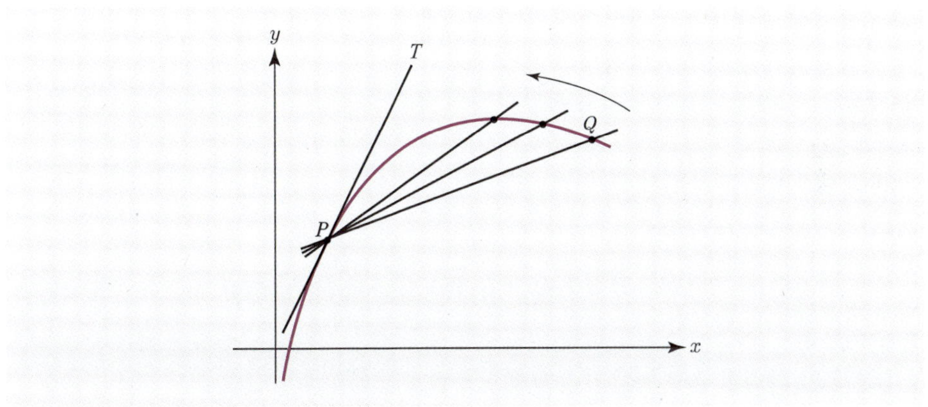

그림 5-3 함수의 순간변화율과 접선의 기울기

그럼, $f'(x_0)$의 의미는 무엇인가? **접선의 기울기**? 맞다! 그런데 다른 중요한 해석도 있다. 점 (x_0, y_0)에서의 접선의 기울기가 $f'(x_0)$이라면, 접선의 방정식은 다음과 같다.

$$y - y_0 = f'(x_0)(x - x_0)$$

변화량을 나타내는 표기 Δ를 이용하면, 다음과 같이 된다.

$$\Delta y = f'(x_0)\Delta x$$

즉, '**y의 변화는 x의 변화의 $f'(x_0)$배**'임을 의미한다. 가령, x의 변화량이 0.1이면 y의 변화량은 $0.1 \times f'(x_0)$, x의 변화량이 0.01이면 y의 변화량은 $0.01 \times f'(x_0)$이 된다. 따라서 x의 변화량이 크지 않다면, Δy는 원래 함수 f의 변화량, 즉 $f(x_0 + \Delta x) - f(x_0)$과 비슷해진다(그림 5-4 참조).

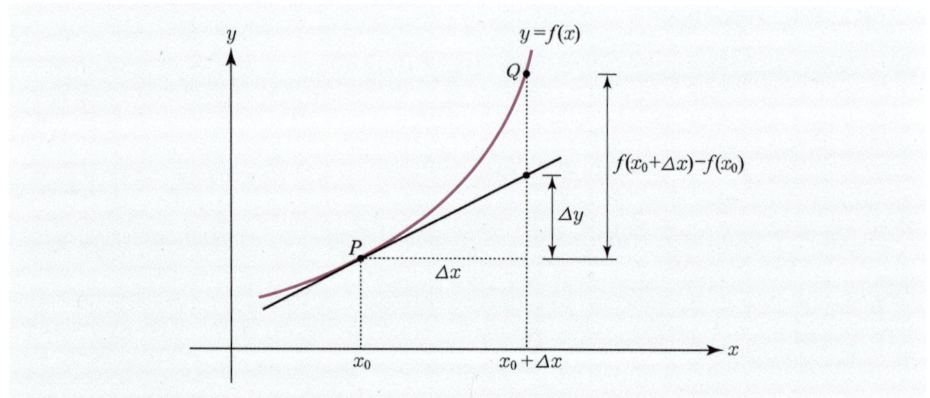

그림 5-4 함수의 변화량과 접선의 기울기

특정한 점 $x = x_0$가 아닌, 임의의 점 x에서의 미분계수는 $f'(x)$로 쓸 수 있고, 이를 도함수(derivative)라고 한다.[4] 그러니까, 미분계수는 도함수에 특정한 x값을 대입하여 나온 값이다.[5] 도함수를 나타내는 표기로 $f'(x)$ 대신, $\frac{dy}{dx}$, $\frac{df}{dx}$, y', $D_x f$를 사용하기도 한다.[6] 그리고 특정한 $x = x_0$의 값에서의 도함수 값 $f(x_0)$는 $\left.\frac{dy}{dx}\right|_{x=x_0}$로 표시하기도 한다.

참고로 y'처럼 프라임(′)을 찍는 것은 뉴턴의 표기, dy/dx는 라이프니츠의 표기이다. 아마 여러분은 처음 미분을 배울 때 간단해 보이는 프라임 표기 y'를 선호했을지도 모르겠다. 사실 dy/dx는 분수가 아니지만(그 자체가 '극한값'이다), 때로는 분수인 척해서 헷갈리게 만든다. 하지만 하버드의 수학자 배리 머주어(Barry Mazur)는 라이프니츠의 기호를 중국어나 일본어 같은 준상형 문자에 비유하며, '가장 좋아하는 수학 기호 중 하나'라고 말한다. 프라임처럼 의미 없는 기호가 아니라, 미세하지만 본래 의미인 '기울기'를 내포하기 때문이다.[7]

---

4 (수학적으로 민감한 독자를 위해) 극한값이 각 x에 대해 존재하는지도 모르는데 어떻게 정의하느냐는 질문은 당연하다. 미분계수의 존재 문제는 잠깐 접어두자.

5 도함수는 '함수'이고, 미분계수는 '값'이다. 구분하기 바란다.

6 별명이 좀 많다. 미적분학의 '지적재산권'은 뉴턴과 라이프니츠에게 있는데, 아쉽게도 두 사람이 서로 다른 표기를 썼기 때문이다.

7 물리학자이자 매스매티카(Mathematica) 개발자인 스티븐 울프람(Stephen Wolfram)은 "내 생각에 라이프니츠의 수학적 성공은 기호에 공들인 덕이다."라고 언급한 바 있다.

그럼 우리는 어떤 걸 쓰면 되냐고? 편한 것을 쓰면 된다.[8] 다만, dy/dx가 왜 보다 직관적인 표기인지 이해한 다음에 말이다(그래야 나중에 다변수 함수 미분 이해가 수월해진다).

미분을 정리하면 다음과 같다.

기울기와 순간기울기

- 첫째, 기울기는 $\frac{\Delta y}{\Delta x} = \frac{f(x+\Delta x)-f(x)}{\Delta x}$ 이다.
- 둘째, 순간기울기는 $\frac{dy}{dx} = \lim_{\Delta x \to 0} \frac{\Delta y}{\Delta x}$ 이다.
- 셋째, 순간기울기 $\frac{dy}{dx}$ 는 접선의 기울기이다. 동시에, 'y의 변화는 x의 (매우 작은) 변화의 몇 배인가'라는 질문에 대한 답이다.[9]

2. 거듭제곱함수의 도함수

도함수를 구할 때마다 정의에 따라 극한값을 계산하는 것은 시간이 너무 많이 걸린다.[10] 그래서 자주 쓰는 함수의 도함수나 몇몇 규칙은 기억하는 게 좋다. 이미 알고 있는 몇 가지 사실을 떠올려 보자.

1) 상수함수 $y=c$의 도함수 : $\frac{dy}{dx}=0$

왜? x가 아무리 변해도 y는 그대로. 0배니까 $\frac{dy}{dx}=0$

2) $y=x$의 도함수 : $\frac{dy}{dx}=1$

왜? x의 변화량이 Δx이면, y의 변화량도 정확히 Δx. 1배니까 $\frac{dy}{dx}=1$

---

8 다만, 일관적으로도 써야 한다. y'과 dy/dx를 하나의 식에 동시에 쓰진 말자.

9 몇 년 후에는 $\sqrt{x}$의 미분이 뭐였는지는 잊어도 된다. 하지만 미분의 의미는 잊지 마시길.

10 인생은 짧고, 아직 못 본 넷플릭스 드라마는 많다.

3) $y=x^2$의 도함수 : $\frac{dy}{dx}=2x$

왜? x의 변화량이 Δx이면, y의 변화량은 ……. 음, 바로 보이지 않는다. 여기서 약간의 트릭. $y=x^2$는 한 변의 길이가 x인 정사각형의 면적이다. 그래서 한 변의 길이가 Δx만큼 변하면, 면적은 다음과 같이 변한다.

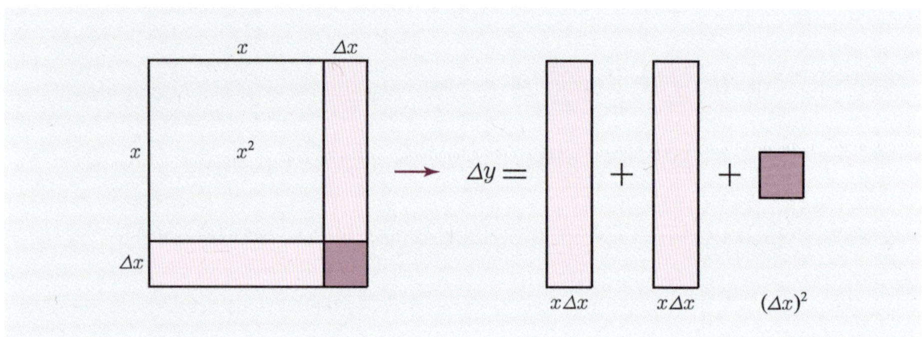

그림 5-5 $y=x^2$의 미분

정사각형의 면적의 변화 Δy는 세 사각형의 면적이다. 그런데 조그마한 정사각형의 면적 $(\Delta x)^2$은 Δx가 0에 가까우면 무시할 만하다. 따라서 y의 변화는 (대략) $2x\Delta x$. 즉, 면적의 변화가 Δx의 $2x$배이므로, $\frac{dy}{dx}=2x$이다.

4) $y=x^3$의 도함수 : $\frac{dy}{dx}=3x^2$

왜? $y=x^3$은 한 변의 길이가 x인 정육면체의 부피이다. 그래서 한 변의 길이가 Δx만큼 변할 때, 부피의 변화 Δy가 어떻게 되는지 그려보라. 그리고 $(\Delta x)^2$과 $(\Delta x)^3$이 들어간 항을 대략 0으로 간주하면, 부피의 변화는 $3x^2$배가 됨을 알 수 있다.

이제 $y=x^4$의 도함수도 찾을 수 있을 것 같다. 한 변의 길이가 x인, 4차원의 초입방체[정팔포체, 혹은 테서랙트(tesseract)라고 한다[11]]를 생각하면 된다! 문제는 우리 인간의 인

11 당신이 '테서랙트'라는 말을 어디서 들어본 것 같다면, 아마 영화 '어벤져스' 시리즈였을 것이다.

식으로는 상상하기가 좀 곤란하다는 것이다.[12] 하지만 우리는 수학 덕분에 인식의 한계를 넘어 일반적인 $y=x^n$의 도함수를 찾을 수 있다.

5) $y=x^n$의 도함수 : $\frac{dy}{dx}=nx^{n-1}$ (단, n은 자연수)[13]

더 이상 그림으로 설명하기는 어렵고, 증명은 그리 어렵지 않다.[14] 결과는 꼭 기억하자.

예제 5-2 미분을 이용한 근삿값 계산

문제 $(1.0001)^{50}$ **이 얼마인지, (미분계수를 이용해서) 근삿값을 구하시오.**

풀이 이런 종류의 문제를 풀기 위해서는 기준점 x_0, 변화량 Δx 그리고 함수 $f(x)$를 '잘' 찾아야 한다. 이 문제에서는 $x_0=1$, $\Delta x=0.0001$, $f(x)=x^{50}$인 것 같다.
그렇다면, $f(1)=1$, $f'(1)=50$이고, $\Delta x=0.0001$는 상당히 작으므로 다음의 근사식이 성립한다.

$$f(1+\Delta x)-f(1)\approx f'(1)\Delta x=50\times 0.0001=0.005$$

따라서 $(1.0001)^{50}=f(1+\Delta x)\approx f(1)+f'(1)\Delta x=1.005$ 이다. ■

아래 사실은 도함수의 정의를 이용하면 간단히 나온다. 아니면 'y의 변화는 x의 변화의 몇 배인가'에 스스로 답해보는 방식도 괜찮다.

6) $\frac{d(cf(x))}{dx}=c\frac{df(x)}{dx}$

위 식은 '상수 곱'과 '미분'이라는 두 연산의 순서를 바꿔도 괜찮다는 것이다.[15]

---

12 4차원을 머릿속에 그릴 수 있다면, 당신은 천재거나 '사차원'이거나.

13 그런데 여러분은 n이 자연수가 아니더라도 $y'=nx^{n-1}$이라고 어디선가 배운 거 같다. 조금만 기다리자.

14 (수학적으로 민감한 독자를 위해) $a^n-b^n=(a-b)(a^{n-1}+a^{n-2}b+\cdots+ab^{n-2}+b^{n-1})$와 미분계수의 정의를 이용하면 된다.

15 식을 말로 표현해 보는 것은 매우 좋은 연습이다. 특히 모형에서 도출된 결과를 말로 설명해야 하는 경영·경제학에서는 더욱 중요하다.

3. 합, 차, 곱, 몫 그리고 연쇄법칙

두 함수 f와 g의 합 $f+g$과 차 $f-g$의 도함수는 다음과 같다(증명은 도함수의 정의를 이용하면 어렵지 않게 가능하다).

$$\frac{d(f(x)+g(x))}{dx}=\frac{df(x)}{dx}+\frac{dg(x)}{dx}$$

$$\frac{d(f(x)-g(x))}{dx}=\frac{df(x)}{dx}-\frac{dg(x)}{dx}$$

위의 두 등식이 당연하게 보인다면, 이는 여러분이 '합'과 '미분'이라는 두 연산의 순서를 바꿔도 된다고 부지불식간에 생각하기 때문이다. 즉, '덧셈한 후 미분하기'와 '미분한 후 덧셈하기'가 당연히 같을 것 같다. 물론 여기서는 성립한다. 그런데 두 연산의 순서를 바꾸는 것이 항상 같은 결과를 주진 않는다.[16] 가령, 두 함수 f와 g의 곱 fg의 도함수가 아래 같진 않다.

$$\frac{d(fg)}{dx}\neq\left(\frac{df}{dx}\right)\left(\frac{dg}{dx}\right)$$

즉, '곱셈 후 미분'과 '미분 후 곱셈'이 같지 않다. 여러분이 어렵다고 느꼈다면, 아마도 두 연산의 순서를 바꿀 수 없기 때문일 것이다.

두 함수 f와 g의 곱 fg의 도함수는 다음과 같다. 합과 차처럼 당연하지 않기 때문에 별도로 '**곱의 법칙**(product rule)'이라고 부른다.

$$\frac{d(fg)}{dx}=\frac{df}{dx}g+f\frac{dg}{dx} \quad \text{또는} \quad (fg)'=f'g+fg'$$

프라임 표기가 아무래도 외우기가 쉽다. 증명은 정의를 이용하면 어렵지 않게 할 수 있는데, 그보다는 아래 그림으로 직관적으로 이해하시길. $y=x^2$의 미분과 같은 아이디어이다.

16 '속옷'과 '바지'를 입는 순서에 따라 슈퍼맨이 되기도, 클라크 켄트가 되기도 한다.

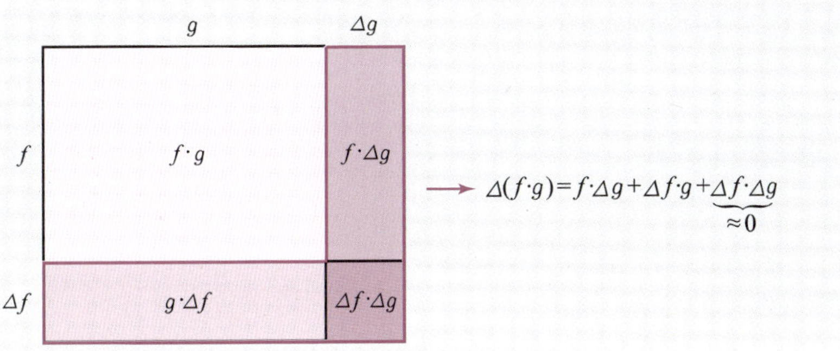

그림 5-6 함수의 곱에 대한 미분

예제 5-3 곱의 미분법을 이용한 도함수

문제 $f(x) = (x^4 + 2x^2)(3x^3 - x)$**의 도함수** $f'(x)$**를 구하시오.**

풀이 $f(x)$는 $(x^4 + 2x^2)$와 $(3x^3 - x)$의 곱이다. 따라서 다음이 성립한다.

$$\begin{aligned} f'(x) &= (x^4 + 2x^2)'(3x^3 - x) + (x^4 + 2x^2)(3x^3 - x)' \\ &= (4x^3 + 4x)(3x^3 - x) + (x^4 + 2x^2)(9x^2 - 1) \end{aligned}$$

간단히 하면, $f'(x) = 21x^6 + 25x^4 - 6x^2$을 얻는다. ■

두 함수의 몫 f/g의 도함수는 다음과 같다(단, $g \neq 0$). 몫의 법칙(quotient rule)이라고도 한다.

$$\frac{d(f/g)}{dx} = \frac{\frac{df}{dx}g - f\frac{dg}{dx}}{g^2} \quad \text{또는} \quad \left(\frac{f}{g}\right)' = \frac{f'g - fg'}{g^2}$$

증명은 두 줄 만에 되지만,[17] 결과는 별로 깔끔해 보이지 않는다. 하지만 꼭 필요하니 외우자. 몇 번의 연습을 통해 익숙해지길 바란다.

---

17 $h := f/g$라고 하면, $f = gh$이다. 그리고 곱의 법칙에 의하여 $f' = g'h + gh'$이다. 이를 h'에 대해 풀면 $h' = (f' - g'h)/g$이고, $h = f/g$를 대입하면 $h' = \frac{f'g - fg'}{g^2}$을 얻는다.

예제 5-4 평균비용 함수의 미분

문제 $C(x)$**는** x **단위 생산에 드는 총비용이다. 그렇다면, 평균비용은** $C(x)/x$**으로 정의된다. 평균비용의 도함수** $\frac{d}{dx}\left(\frac{C(x)}{x}\right)$**를 구하시오.**[18]

풀이 $\frac{d}{dx}\left(\frac{C(x)}{x}\right)=\frac{C'(x)x-C(x)}{x^2}=\frac{1}{x}\left(C'(x)-\frac{C(x)}{x}\right)$이다. ■

아쉽게도 끝이 아니다. 몫의 미분보다 어려운 '연쇄법칙'이 있다. (이름이 좀 이상하긴 하지만) **연쇄법칙**(chain rule)은 합성함수의 미분인데, 복잡한 함수의 미분을 매우, 매우 쉽게 해주는 고마운 법칙이다. 연쇄법칙은 다음과 같다.

y는 u의 미분가능한 함수이고, u는 x의 미분가능한 함수라고 하자. 그렇다면 다음이 성립한다.[19]

$$\frac{dy}{dx}=\frac{dy}{du}\cdot\frac{du}{dx}$$

증명은 도함수 정의를 이용하면 된다. 그것보다는 직관적 의미를 이해하는 것이 중요하다.

연쇄법칙의 의미

x의 변화가 u를 변화시키고, u의 변화가 y를 변화시키면, x의 변화는 y를 얼마나 변화시키는가?

미분계수의 정의를 생각하면 별로 어렵지 않다. 'u의 변화는 x의 변화의 $\frac{du}{dx}$배', 즉 $\Delta u=\frac{du}{dx}\Delta x$이고, '$y$의 변화는 u의 변화의 $\frac{dy}{du}$배', 즉 $\Delta y=\frac{dy}{du}\Delta u$이다. 이 두 식을 '체인'처럼 이으면, 다음과 같다.

18 미시경제학에서 나온다. 꼭 직접 해보길.

19 증명은 어렵지 않다. 미분계수의 정의를 이용하면 된다(두 줄에 끝나진 않는다).

$$\Delta y = \frac{dy}{du}\Delta u = \left[\frac{dy}{du} \cdot \frac{du}{dx}\right]\Delta x$$

따라서, $\frac{dy}{du} \cdot \frac{du}{dx} = \frac{dy}{dx}$가 성립한다.

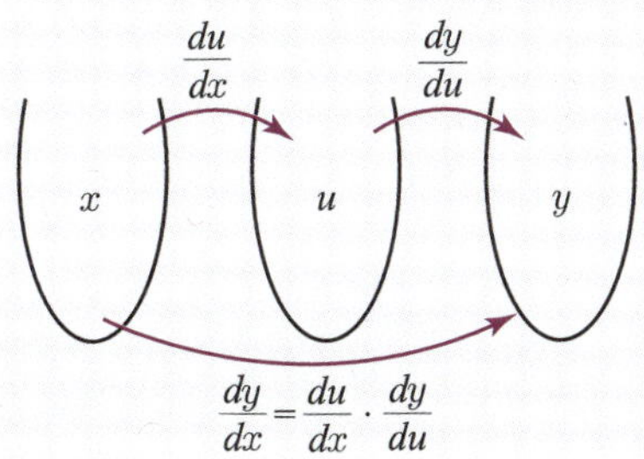

그림 5-7 합성함수의 미분

라이프니츠 표기는 연쇄법칙을 기억하는 데 매우 도움이 된다. 우변에서 '분자, 분모에 있는 du'를 서로 '소거'하면 좌변이 얻어지는 것 같기 때문이다.

$$\frac{dy}{\cancel{du}} \cdot \frac{\cancel{du}}{dx} = \frac{dy}{dx}$$

하지만 강조하건대, 이게 '증명'은 아니다. dy/du와 du/dx는 실제 분수가 아니라 그 자체가 서로 다른 두 도함수를 나타내는 '기호'이기 때문이다. 또한 여기서 'du'는 수가 아니므로, 그것을 '소거'할 수 없다. 그럼에도, 라이프니츠 표기는 식을 직관적으로 이해하는 데 유용하다.

예제 5-5 연쇄법칙을 이용한 도함수

문제 **y는 w의 미분가능한 함수, w는 z의 미분가능 함수, z는 x의 미분가능한 함수라고 하자. $\frac{dy}{dx}$는 어떻게 될까?**

풀이 $\frac{dy}{dx} = \frac{dy}{dw} \cdot \frac{dw}{dz} \cdot \frac{dz}{dx}$ 이다(그냥 '체인'을 '쭈욱' 이으면 된다). ■

뉴턴의 표기로 바꿀 수도 있다.

$y=f(u)$, $u=g(x)$라고 하자. 그렇다면, $\frac{dy}{du}=f'(u)=f'(g(x))$, $\frac{du}{dx}=g'(x)$이다. 따라서 합성함수 $y=(f \circ g)(x)=f(g(x))$의 미분은 다음과 같다.

$$\frac{dy}{dx}=\frac{d}{dx}f(g(x))=f'(g(x)) \cdot g'(x)$$

연쇄법칙은 가장 까다로운 미분 법칙이다.[20] 하지만 사용 방식이 기계적이고, 몇 번 연습하면 곧 익숙해진다. 먼저 해야 할 일은 '외부함수' f와 '내부함수' g를 읽어내는 일이다(경영 · 경제학에서 아주 골치 아픈 합성함수가 나오진 않는다).

$$\underbrace{\frac{d}{dx}f(\overbrace{g(x)}^{\text{내부}})}_{\text{외부}}=\underbrace{\frac{d}{dg}f(g(x))}_{d(\text{외부})}\overbrace{\frac{d}{dx}g(x)}^{d(\text{내부})}$$

$y=\sqrt{4x^3-2}$를 미분해 보자. 이 함수는 $\sqrt{\quad}$ ('외부함수') 와 $4x^3-2$('내부함수')를 합성한 것이다.

- 1단계: '외부함수' $\sqrt{\quad}$ 를 루트 안의 내용을 무시하고 이를 미분한다. 헷갈리지 않게 하기 위하여 '내부함수' $4x^3-2$를 ☆로 대체하자. 즉, $y=\sqrt{☆}$를 ☆로 미분한다($y=\sqrt{x}$를 x로 미분하는 것과 동일하게). 그렇다면, $☆^{-1/2}/2$를 얻는다.
- 2단계: 연쇄법칙을 적용하자. 1단계의 결과에 '내부함수' ☆의 미분 ☆$'$을 곱한다. 즉, $y'=☆^{-1/2}/2 \cdot ☆'$

  2단계가 중요하다. 연쇄법칙은 '내부함수'를 무시하고 '외부함수'를 미분한 다음, 그 결과에 '내부함수'의 미분을 곱하는 것이다. 3단계부터는 쉽다.
- 3단계: $☆'=(4x^3-2)'$을 x로 미분해서 정리한다. 즉, $☆'=12x^2$이다.
- 4단계: 내 맘대로 정의한 ☆, ☆$'$를 이제 $y'=☆^{-1/2}/2 \cdot ☆'$에 대입하자.

$$y'=☆^{-1/2}/2 \cdot ☆'=(4x^3-2)^{-1/2}/2 \cdot 12x^2=6x^2(4x^3-2)^{-1/2}$$

20 외울 때까지 스스로 연습장에 적어보라. g와 g'의 위치가 헷갈리나? 팁을 준다면, $f'(g'(x))$처럼 미분 안에 미분이 들어가면 이상하지 않을까?

연습 삼아 $y=(u(x))^n$ 도 미분해 보자. 이 함수는 $(.)^n$ ('외부함수')과 $u(x)$('내부함수')를 합성한 것이다.

- 1단계: '외부함수' $(.)^n$ 를 괄호 안의 내용 $u(x)$을 ☆로 두고, 이를 ☆로 미분하면, $n☆^{n-1}$.
- 2단계: $y'=n☆^{n-1}\cdot☆'$
- 3단계: $☆'=u'(x)$
- 4단계: $y'=n(u(x))^{n-1}\cdot u'(x)$

예제 5-6 연쇄법칙을 이용한 합성함수의 미분

문제 **다음 각 함수에 대해 y'을 구하시오.**

(1) $y=(x^3+x^2)^{50}$

(2) $y=\left(\frac{x-1}{x+3}\right)^{100}$

풀이 **각 문제의 해는 다음과 같다.**

(1) $y=u^{50}$, $u=x^3+x^2$ 이라고 하자.

그렇다면 $\frac{dy}{du}=50u^{49}$, $\frac{du}{dx}=3x^2+2x$ 이다.

따라서 $\frac{dy}{dx}=\frac{dy}{du}\cdot\frac{du}{dx}=50u^{49}\cdot(3x^2+2x)=50(x^3+x^2)^{49}\cdot(3x^2+2x)$ 이다.

(2) $y=u^{100}$, $u=\frac{x-1}{x+3}$ 이라고 하자.

그렇다면 $\frac{dy}{du}=100u^{99}$, $\frac{du}{dx}=\frac{1\cdot(x+3)-(x-1)\cdot1}{(x+3)^2}=\frac{4}{(x+3)^2}$ 이다.

따라서 $\frac{dy}{dx}=\frac{dy}{du}\cdot\frac{du}{dx}=100u^{99}\cdot\frac{4}{(x+3)^2}=100\left(\frac{x-1}{x+3}\right)^{99}\cdot\frac{4}{(x+3)^2}$

$=\frac{400(x-1)^{99}}{(x+3)^{101}}$ 이다. ■

4. 지수함수와 로그함수의 미분

자연 지수함수 $y = e^x$의 미분은 다음과 같다. 앞서 언급한 것처럼, 미분하면 자기 자신이 나오는 우주 유일한 함수이다.

$$y = e^x \quad \to \quad y' = e^x$$

증명은 다음과 같다. 인생에서 한 번은 볼 필요가 있으니 천천히 따라오시길.

$f(x) = e^x$라고 하자. 그렇다면 다음과 같이 쓸 수 있다.

$$\begin{aligned} f'(x) &= \lim_{h \to 0} \frac{f(x+h) - f(x)}{h} \\ &= \lim_{h \to 0} \frac{e^{x+h} - e^x}{h} = e^x \cdot \lim_{h \to 0} \frac{e^h - 1}{h} \end{aligned}$$

첫 번째 등호는 도함수의 정의, 두 번째 등호는 f의 정의, 세 번째 등호는 h와 관계없는 e^x는 앞으로 보낸 것이다. 이제 우리의 관심사항은 극한값 $\lim_{h \to 0} \frac{e^h - 1}{h}$이다. 얼핏보니 h가 0으로 가면, 분자, 분모 모두 0으로 가서(0/0 형태) 극한값이 무엇이 될지 바로 알기가 어렵다.[21]

그래서 $t := e^h - 1$라고 하자. $h = \log(1+t)$가 되고, $h \to 0$일 때 $t \to 0$이다. 그렇다면 다음이 성립한다.

$$\begin{aligned} \lim_{h \to 0} \frac{e^h - 1}{h} &= \lim_{t \to 0} \frac{t}{\log(1+t)} \\ &= \lim_{t \to 0} \frac{1}{\frac{1}{t} \log(1+t)} = \lim_{t \to 0} \frac{1}{\log(1+t)^{1/t}} \\ &= \frac{1}{\log\left(\lim_{t \to 0}(1+t)^{1/t}\right)} = \frac{1}{\log e} = 1 \end{aligned}$$

21 누군가는 '로피탈 정리'를 생각할지도 모르겠다. 그걸 쓰려면, e^x의 미분이 필요하지 않을까? 그런데 우리는 그걸 구하고 있는 중이다.

(다섯 번째 등호에서 $\lim_{t \to 0}(1+t)^{1/t} = e$을 이용하였다. 나머지 단계에서 등호가 왜 성립하는지 스스로 확인해 보자.[22])

따라서 $f'(x) = e^x$이다.

다음은 연쇄법칙을 이용하면 바로 나온다.

$$y = e^{u(x)} \quad \rightarrow \quad y' = u'(x)e^{u(x)}$$

위 식은 경영·경제학에서 자주 나오니, 익숙해지자. 가령, 원금 A의 미래가치 $P(t) = Ae^{rt}$을 t로 미분하면, $P'(t) = rAe^{rt} = rP(t)$가 성립한다.

예제 5-7 연쇄법칙을 이용한 지수함수의 미분

문제 **다음을 구하시오.**

(1) $\dfrac{d}{dx}(e^{e^x})$

(2) $\dfrac{d}{du}(e^{u^2}-1)^{1/2}$

(3) $\dfrac{d}{ds}\left(\dfrac{e^s+e^{-s}}{2}\right)$

풀이 각 문제의 해는 다음과 같다.

(1) $\dfrac{d}{dx}(e^{e^x}) = e^{e^x} \cdot e^x$

(2) $\dfrac{d}{du}(e^{u^2}-1)^{1/2} = \dfrac{1}{2(e^{u^2}-1)^{1/2}}e^{u^2} \cdot 2u = \dfrac{u \cdot e^{u^2}}{(e^{u^2}-1)^{1/2}}$

(3) $\dfrac{d}{ds}\left(\dfrac{e^s+e^{-s}}{2}\right) = \dfrac{e^s-e^{-s}}{2}$ ■

22 (수학적으로 민감한 독자를 위해) 가장 미묘한 것이 극한과 함수 $1/\log x$의 순서를 바꾼 네 번째 등호일 텐데, 이는 연속함수이기 때문에 가능하다(앞에서도 했었다).

한편, 자연로그함수 $y = \log x$ 의 미분은 다음과 같다.

$$y = \log x \quad \rightarrow \quad y' = \frac{1}{x}$$

증명은 다음과 같다. 이것도 아직 본 적이 없다면, 한 번만 찬찬히 살펴보자. $f(x) = \log x$라고 하면 다음과 같이 쓸 수 있다.

$$f'(x) = \lim_{h \to 0} \frac{f(x+h) - f(x)}{h}$$

$$= \lim_{h \to 0} \frac{\log(x+h) - \log x}{h} = \lim_{h \to 0} \frac{\log\left(\frac{x+h}{x}\right)}{h}$$

$$= \lim_{h \to 0} \frac{1}{h} \log\left(1 + \frac{h}{x}\right) = \lim_{h \to 0} \log\left(1 + \frac{h}{x}\right)^{1/h}$$

$$= \lim_{h \to 0} \log\left(1 + \frac{h}{x}\right)^{x/h \cdot 1/x}$$

$$= \lim_{h \to 0} \frac{1}{x} \log\left(1 + \frac{h}{x}\right)^{x/h}$$

$$= \frac{1}{x} \log\left(\lim_{h \to 0}\left(1 + \frac{h}{x}\right)^{x/h}\right)$$

$$= \frac{1}{x} \log e = \frac{1}{x}$$

과정이 길어 보이긴 하지만, 별것 아니다. 기본적인 아이디어는 $y = e^x$ 의 도함수 도출할 때와 마찬가지로 $e = \lim_{h \to 0}(1+h)^{1/h}$ 를 이용하기 위하여 (요리조리) 형태를 바꿔 나간 것에 불과하다.

다음은 연쇄법칙을 이용하면 바로 나온다.

$$y = \log u(x) \quad \rightarrow \quad y' = \frac{u'(x)}{u(x)}$$

위 식도 경영 · 경제학에서 꽤 자주 나온다. 부디, 익숙해지기를.

예제 5-8 로그미분법을 이용한 거듭제곱함수의 미분

문제 **앞에서 n이 자연수일 때, $y = x^n$의 도함수는 $y' = nx^{n-1}$임을 확인하였다. n이 실수일 때도 성립함을 보이시오.**

풀이 $y = x^n$의 양변에 로그를 취하면 $\log y = \log x^n = n \log x$이다. 양변을 x로 미분하면, $\frac{y'}{y} = \frac{n}{x}$이다(연쇄법칙!). 따라서 $y' = y\frac{n}{x} = x^n \frac{n}{x} = nx^{n-1}$를 얻는다. ■

다음의 간단한 예제를 풀어보자. $\sqrt{.}$가 나오면 지수 형태 $(.)^{1/2}$로 바꾸어 주는 것이 언제나 좋다.

예제 5-9 거듭제곱함수의 미분

문제 $f(x) = 3x^2 + 2\sqrt{x}$ **에 대해** $f'(x)$**를 구하시오.**

풀이 $f'(x) = (3x^2 + 2x^{\frac{1}{2}})' = 6x + x^{-\frac{1}{2}}$ ■

자, 이제 밑이 e가 아닌 경우의 지수함수와 로그함수 미분에 대해 알아보자. 그럼 다시 증명해야 하나. 아니다, 밑이 e가 아닌 경우의 미분은 밑을 e로 변환하고 나서 미분을 하면 된다.

밑이 $a > 0$일 때, $a^x = e^{\log a^x} = e^{x \log a}$이므로(기억나는가?), a^x의 미분은 $e^{x \log a}$의 미분, 즉 $y = e^{u(x)}$에서 $u(x) = x \log a$ 인 경우의 미분과 같다.

$$(a^x)' = (e^{x \log a})' = e^{x \log a} \cdot \log a = a^x \cdot \log a$$

로그함수의 경우도 마찬가지로 밑을 e로 바꾸어주면 된다. $\log_a x = \frac{\log x}{\log a}$ 이므로(기억나기를), $\log_a x$ 의 미분은 $\dfrac{\log x}{\log a}$ 의 미분과 같다.

$$(\log_a x)' = \left(\frac{\log x}{\log a}\right)' = \frac{1}{\log a} \cdot \frac{1}{x} = \frac{1}{x \log a}$$

다음의 예제를 풀어보자.

예제 5-10 지수함수와 로그함수의 미분

문제 **각 함수 $f(x)$에 대해 도함수 $f'(x)$를 구하시오.**

(1) $f(x) = \dfrac{1}{\sqrt{2\pi}} e^{-\frac{x^2}{2}}$ (단, $-\infty < x < \infty$)

(2) $f(x) = \log(1+x)$ (단, $x > 0$)

풀이 **각 문제의 해는 다음과 같다.**

(1) $f'(x) = \dfrac{d}{dx}\left(\dfrac{1}{\sqrt{2\pi}} e^{-\frac{x^2}{2}}\right) = \dfrac{1}{\sqrt{2\pi}}(-x)e^{-\frac{x^2}{2}} = -xf(x)$

참고로 이 $f(x)$는 표준정규분포의 밀도함수이다.

(2) $f'(x) = \dfrac{(1+x)'}{(1+x)} = \dfrac{1}{(1+x)}$

참고로 이 $f(x)$는 명목이자율이 x일 때 연속복리 이자율이다. ■

예제 5-11 지수함수미분의 응용

문제 **제조업체의 비용함수가 $C(x) = 3 + 2\exp(x/5)$라고 하자. 여기서, x는 생산수준이다. 생산수준이 매년 0.2단위만큼 일정하게 증가한다면, 생산수준이 10일 때 생산비용의 시간에 따른 변화율 dC/dt을 구하시오.**

풀이 $\frac{dC}{dx} = \frac{2}{5}\exp(x/5)$이고, 생산수준이 매년 0.2단위만큼 일정하게 증가하므로 $\frac{dx}{dt} = 0.2$이다. 연쇄법칙에 따라

$$\begin{aligned} \frac{dC}{dt} &= \frac{dC}{dx} \times \frac{dx}{dt} \\ &= \frac{2}{5}\exp(x/5) \times 0.2 \\ &= \frac{2}{25}\exp(x/5) \end{aligned}$$

따라서 $x = 10$일 때, $\left.\frac{dC}{dt}\right|_{x=10} = \frac{2}{25}\exp(2)$이다. ■

5. 고계 도함수

일단 $y = f(x)$을 미분하면 '도함수' $y = f'(x)$를 얻는다. 그런데 '도함수'도 '함수'이므로 미분을 한 번 더 할 수 있다. 이렇게 '여러 번 미분'하여 얻은 도함수를 **고계 도함수**(higher-order derivatives)라고 한다.[23]

함수 $y = f(x)$에 대한 **일계 도함수**(first-order derivative)는 $\frac{dy}{dx}$로 나타내며, y'이나 $f'(x)$로도 쓸 수 있다. 일계 도함수를 한 번 더 미분한 **이계 도함수**(second-order derivative)는 $\frac{d^2y}{dx^2}$로 나타내며, y''이나 $f''(x)$로도 쓸 수 있다. 그리고 n번 미분한 **n계 도함수**는 $\frac{d^ny}{dx^n}$로 나타내며, $y^{(n)}$이나 $f^{(n)}(x)$로도 쓸 수 있다.

여기서 좋은 소식과 안 좋은 소식이 있다. 좋은 소식은 (예제 5-12를 푼 다음부터) 여러분이 앞으로 세 번 이상 미분할 일은 없다는 것이다. 그러니까 삼계 도함수부터는 인생에

23 책에 따라서는 '고차 도함수'라고 하기도 한다. 저자들 생각엔 '고계'가 보다 적절한 것 같다.

서 잊어버려도 된다.[24] 안 좋은 소식은, 이게 도함수는 무척 중요해서 여러분의 골치가 좀 아플 거라는 것. 곧 만나게 된다.

예제 5-12 고계 도함수의 계산

문제 $f(x)=2x^4-3x^3+5x-7$ **의 육계 도함수를 구하시오.**

풀이 $\frac{dy}{dx}=8x^3-9x^2+5,\ \frac{d^2y}{dx^2}=24x^2-18x,\ \frac{d^3y}{dx^3}=48x-18,\ \frac{d^4y}{dx^4}=48$

따라서 $\frac{d^5y}{dx^5}=\frac{d^6y}{dx^6}=0$ ■

6. 미분의 응용: 한계분석

'한계(marginal)'는 현대경제학 방법론의 핵심 개념이다. 한계효용, 한계수입, 한계비용, 한계이윤, 한계편익, 한계생산 등등. 일상생활에서 사용하는 '한계'라는 단어는 주로 '제한(limit)'을 의미하지만, 경제학에서는 '추가적인'을 의미한다. 예를 들면, 한계비용은 제품을 한 단위 더 생산할 때 드는 추가적인 비용이다. '한계○○'의 개념과 중요성은 경제학 수업 시간에 배우도록 하고. 다만, 수학적으로 '한계○○'하면 ○○를 미분한 것으로 대략[25] 이해하기 바란다.

여기서는 기업의 의사결정 분석에 필요한 한계수입, 한계비용, 한계이윤이 무엇인지 살펴보자. **한계수입**(marginal revenue, MR)은 생산량 x를 '아주 조금' 증가시킬 때 변화하는 수입을 말한다. **한계비용**(marginal cost, MC)도 마찬가지이다.

---

24 (수학적으로 민감한 독자를 위해) 테일러 급수 빼고.

25 '대략'이라고 말한 이유는 변수가 이산적(discrete)이라면(예: $x=1, 2, \cdots$), 미분가능하지 않기 때문이다.

$$MR(x) := \lim_{\Delta x \to 0} \frac{\Delta R}{\Delta x} = \frac{dR}{dx}$$

$$MC'(x) := \lim_{\Delta x \to 0} \frac{\Delta C}{\Delta x} = \frac{dC}{dx}$$

한계이윤(marginal profit, MP)은 생산량을 '아주 조금' 증가시킬 때 변화하는 이윤으로, 한계수입과 한계비용의 차이이다.

$$MP(x) = MR(x) - MC(x)$$

기업은 한계이윤이 0이 되는 점에서 생산량을 결정한다. 왜? $MP(x) > 0$이면, $MR(x) > MC(x)$이고, 이는 생산량을 '아주 조금'[26] 늘린다면 증가하는 수입이 추가된 비용보다 크다는 것을 의미한다. 따라서 생산량을 지금보다 늘리는 것이 좋다. 반대로 $MP(x) < 0$이면, $MR(x) < MC(x)$이고, 이는 생산량을 '아주 조금' 줄인다면 감소하는 수입보다 감소하는 비용이 크다는 것을 의미한다. 따라서 생산량을 지금보다 줄이는 것이 좋다. 따라서 한계이윤이 0이 되는 지점에서 이윤을 극대화할 수 있다.[27] 이 외에도 한계분석은 가격 설정이나 영업 직원에 대한 인센티브 평가 등 유용하게 사용된다.

예제 5-13 한계이익의 계산

문제 **어떤 제품에 대한 기업의 역수요함수는 $p = 50 - 2x$이고, 비용함수는 $C(x) = 100 + 4x$이다. 10개를 생산해 판매하는 경우 한계이윤을 구하시오. 10개보다 생산량을 늘리는 것이 좋은가 줄이는 것이 좋은가?**

풀이 수입이 $R(x) = px = (50 - 2x)x$이므로, 이윤은 $\pi(x) = R(x) - C(x) = (50 - 2x)x - (100 + 4x) = -2x^2 + 46x - 100$이다.

따라서 한계이윤은 $MP(x) = -4x + 46$이고, $x = 10$일 때 한계이윤은 $MP(10) = 6$이다. 한계이윤이 0보다 크므로, 생산량을 늘리는 것이 좋다. ■

26 (수학적으로 민감한 독자를 위해) '아주 조금' = '$\epsilon > 0$만큼'

27 그냥 '$d\pi / dx = 0$'으로 풀면 되는 거 아니냐고 생각할 수 있다. 맞다. 하지만 기계적으로 '미분해서 0'으로만 이해하고 있으면, 편리하긴 하겠지만 많은 최적화 문제를 해결하지 못한다. 오히려 '미분해서 0이 아닐 때' 무슨 상황이 발생하는지 이해하는 것이 훨씬 더 중요하다.

7. 미분에 대한 몇 가지 언급

지금까지 논의를 쉽게 전개하기 위하여 수학적으로 중요한 사항을 몇 가지 빠뜨렸다. 우선 **미분계수 $f'(x_0)$의 존재 문제.** 우리는 $x=x_0$에서의 미분계수를 아래와 같은 극한값으로 정의하였다.

$$f'(x_0):=\lim_{\Delta x\to 0}\frac{f(x_0+\Delta x)-f(x_0)}{\Delta x}$$

그런데 극한값은 존재하지 않을 수도 있다. 대표적으로 절댓값 함수 $f(x)=|x|$의 $x=0$에서 미분계수이다.

이 경우 $\lim_{\Delta x\to 0}\frac{f(0+\Delta x)-f(0)}{\Delta x}=\lim_{\Delta x\to 0}\frac{|\Delta x|}{\Delta x}$이므로 Δx가 양(+)인지, 음(−)인지에 따라 값이 달라지게 되어 극한값, 즉 미분계수가 존재하지 않게 된다.

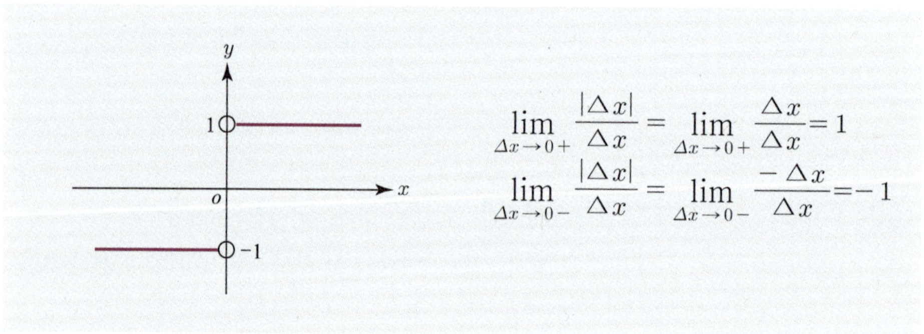

그림 5-8 절댓값 함수의 미분 불가능성

사실 함수의 그래프가 주어졌을 때 눈으로 미분불가능한 점 찾기는 어렵지 않다. 대략, 그래프가 어떤 점에서 '꺾이면' 그 점에서 미분가능하지 않다고 할 수 있다. 좀 더 세련되게 이야기하면, 그 점에서 접선을 그을 수 없거나, 아니면 두 개 이상 그을 수 있을 때이다. 이건 단순히 기술적인 문제는 아니며, 경제학적으로 의미가 있기 때문에 가끔 '꺾이는' 함수가 나온다.[28]

28 예: 콜옵션의 내재가치 $f(S)=\max(S-K,0)$

그리고 미분계수가 존재하지 않을 수 있으므로, 도함수도 당연히 존재하지 않을 수 있다. 미분계수 $f(x_0)$가 정의되지 않으면, 점 $x = x_0$을 정의역에서 제외하지 않는 한 도함수 $f(x)$도 일반적으로 정의되지 않을 것이다.

마지막으로, 우리는 고계 도함수도 존재한다고 그냥 가정하였다. 하지만 한 번은 미분가능하더라도, 두 번은 미분가능하지 않을 수 있다. 예를 들면, $f(x) = x|x|$. 이 함수의 일계 도함수는 $f'(x) = 2|x|$이지만(직접 확인해 보라), 이계 도함수 $f''(x)$는 존재하지 않는다. 다만, 경영·경제학에서 고계 도함수의 존재 여부 때문에 고민할 일은 없을 것이다.

연습문제

5.1 다음의 경우 $f'(x)$를 구하시오.

(1) $f(x)=h(x^3)$ (2) $f(x)=h(x^n g(x))$

5.2 $f(x)=\sqrt{x}$의 도함수를 $f(x)\cdot f(x)=x$에 곱의 규칙을 적용하여 구하시오.

5.3 $f(x)=(2e^{4x}+\ln x)(3x^2+x)$일 때, $f'(x)$를 구하시오.

5.4 $f(x)=\dfrac{2x-3}{x-1}$일 때, $f'(x)$와 $f'(2)$를 구하시오.

5.5 사과전자가 제품 x대를 생산하는 데 드는 비용은 $C(x)=4x+2$이다. 그리고 제품에 대한 역수요함수는 $p=-4x+52$이다. 사과전자가 제품 5대를 생산해 판매하는 경우 한계이윤을 구하라.

5.6 연쇄법칙을 이용하여 $\dfrac{dz}{dx}$를 구하시오.

(1) $z=5y^4$ 이고 $y=1+x^2$

(2) $z=y-y^6$ 이고 $y=1+\dfrac{1}{x}x$

5.7 다음에 답하시오.

(1) 생산량이 Q일 때, 기업의 이윤함수가 $\pi(Q)=QP(Q)-cQ$로 주어진다고 하자. P가 미분가능할 때, $d\pi/dQ$를 나타내시오(단, $c>0$).

(2) 노동을 L만큼 고용할 때, 기업의 이윤함수가 $\pi(L)=PF(L)-wL$로 주어진다고 하자. F가 미분가능할 때, $d\pi/dL$를 나타내시오.

5.8 로그미분과 연쇄법칙을 이용하여 y'을 구하시오.

(1) $y=(2x)^x$ (2) $y=x^{\sqrt{x}}$

(3) $y=\left(\sqrt{x}\right)^x$

5.9 연쇄법칙을 이용하여 다음을 구하시오.

(1) $\dfrac{d}{dx}(e^{x/2}+e^{-x/2})$ (2) $\dfrac{d}{dx}(e^{\sqrt{x}})$

(3) $\dfrac{d}{dx}\left(e^{x^3}-1\right)^{1/3}$

5.10 $C(Q)$는 제품 Q단위만큼 생산하는 데 드는 총비용을 나타낸다. 제품의 가격이 30으로 일정하고, 현재 1,000단위만큼 생산하고 있다고 하자. $C'(1{,}000)=27$이라면, 이윤 극대화 관점에서 생산을 늘리는 것이 좋은가, 줄이는 것이 좋은가?

CHAPTER 06

적분

여러분께 충격적인 소식 하나.

적분은 미분의 반대가 아니다!*
앞에서 얘기한 것처럼 미분(differentiation)과 적분(integration)은 다른 시점에서, 전혀 다른 필요성 때문에 시작되었다. 미분의 목적은 '변화'를 나타내는 것이었고, 적분의 목적은 '면적'을 구하는 것이었다. 면적을 구하는 것은 매우 실용적인 문제였고(옛날에도 부동산 문제는 민감했다), 이를 해결하기 위해서 2,000여 년 동안 많은 수학자가 달려들었지만 그리 성공적이지는 못했다(네모 반듯한 땅은 그리 많지 않았다).

원 같은 특별한 경우를 제외하고는 곡선으로 둘러싸인 구역의 면적을 구하는 일반적인 규칙은 알지 못했으며, 문제가 바뀌면 처음부터 다시 생각해야 했다. 면적뿐만 아니라, 곡면체의 부피나, 구부러진 선의 길이에 대해서도 같은 사정이었다. 데카르트조차 곡선의 길이를 구하는 것은 인간의 능력을 넘는 문제라고 생각하기도 했다. 그런데 뉴턴과 라이프니츠가 모든 것을 바꿨다. 그들은 '면적'과 '기울기'를 연결해 주는 '미적분학 기본 정리'를 증명하였다. 전혀 닮지 않은 적분과 미분이 사실은 이란성 쌍둥이였던 것이다. 이 정리 덕분에 면적은 쉽게 다룰 수 있게 되었고, 뉴턴 이전 당대 최고 수학자들을 괴롭혔던 면적, 부피 그리고 호의 길이 문제는 이제 십대 청소년도(여러분도) 쉽게 풀 수 있게 되었다.

'미적분학 기본 정리'가 수학의 수많은 정리 중에서 최고라 해도, 아주 과장은 아니다. 이 장에서는 이 기본 정리를 배운다.

* 헷갈리기 시작했다면 미안하다. 이 오해는 사실 우리나라 수학교육만의 문제는 아니더라.

1. 정적분: 면적 구하기

구간 $[a,\ b]$에 정의된 f에 대해 아래 그림과 같이 면적 S를 구하고 싶다.

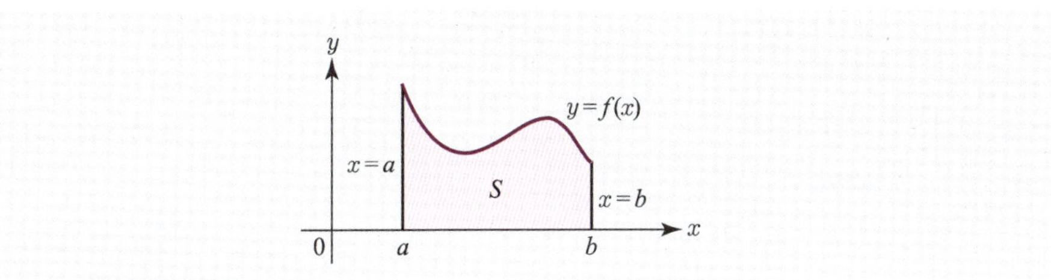

그림 6-1 $y=f(x)$ 아래의 면적

우리가 면적을 어떻게 구했더라. 삼각형의 면적, 직사각형의 면적 그리고 원의 면적을 구하는 방법은 알고 있다. 그런데 윗부분이 휘어진 곡선인데⋯ 알고 있는 방법은 별 도움이 안 될 것 같다. 그렇지 않다! 직사각형의 넓이 구하는 식 **(세로) × (가로)**만 알면 충분하다.[1]

S를 다음과 같이 밑변의 길이가 같은 n개의 (위로 길쭉한) 직사각형으로 근사시켜 보자.

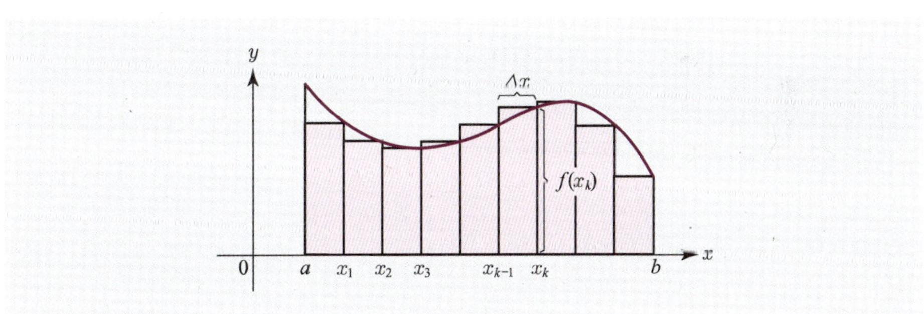

그림 6-2 정적분의 근사 - 직사각형의 합으로 면적 구하기

여기서, Δx는 밑변$(=b-a)$을 n등분한 길이, $\Delta x := \dfrac{b-a}{n}$이다. 그리고 x_1은 시작점 a에서 Δx만큼 한 칸 앞으로 갔을 때, x_2는 다시 Δx만큼 한 칸 앞으로 갔을 때,⋯ 등등이다. 즉,

1 사실 삼각형의 면적[= (밑변) × (높이) ÷ 2]도, 원의 면적[= π × (반지름) × (반지름)]도 사실은 직사각형의 면적을 이용해서 도출할 수 있다. 그러니까 직사각형의 면적 구하는 방법에서 모든 것이 시작된다. 그러니 적분도 쉽지 않겠나.

$$x_1 = a + \Delta x$$

$$x_2 = a + 2\Delta x$$

$$\cdots$$

$$x_k = a + k\Delta x$$

$$\cdots$$

$$x_n = a + n\Delta x = a + n\frac{b-a}{n} = b$$

그렇다면 k번째 직사각형의 면적은 $f(x_k)\Delta x$이 되고,[2] 이 n개의 직사가형 면적의 합 $R_n(f, a, b)$은 다음과 같다.[3]

$$\begin{aligned} R_n(f, a, b) &= f(x_1)\Delta x + f(x_2)\Delta x + \ldots + f(x_n)\Delta x \\ &= \sum_{k=1}^{n} f(x_k)\Delta x \end{aligned}$$

예제 6-1 리만 합의 계산

문제 $R_4(x^2, 0, 1)$**을 그림으로 나타내고, 이를 계산하시오.**

풀이 $\Delta x = \frac{1-0}{4} = \frac{1}{4}$, $x_1 = \frac{1}{4}$, $x_2 = \frac{2}{4}$, $x_3 = \frac{3}{4}$, $x_4 = 1$이다. 따라서

$$R_4(x^2, 0, 1) = \left(\frac{1}{4}\right)^2 \times \frac{1}{4} + \left(\frac{2}{4}\right)^2 \times \frac{1}{4} + \left(\frac{3}{4}\right)^2 \times \frac{1}{4} + \left(\frac{4}{4}\right)^2 \times \frac{1}{4} = \frac{15}{32}$$

그림은 오른쪽과 같다. ■

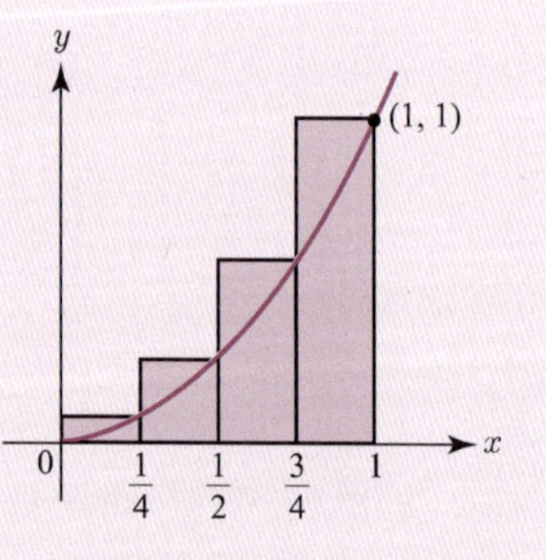

2 세로 길이가 $f(x_k)$, 가로 길이가 Δx이다. 'Δx' 같이 두 문자가 붙어 있는 표기는 가장 뒤에 써주는 것이 오해의 소지가 없다. 그래서 $\Delta x\, f(x_k)$ 처럼은 쓰지 말자. 헷갈린다.

3 $R_n(f, a, b)$을 리만 합(Riemann sum)이라고 한다. 독일의 수학자 리만(Bernhard Riemann)은 일반 상대성이론의 틀을 마련해준 새로운 형태의 기하학을 제시하기도 하였다. '리만 가설(Riemann Hypothesis)'로 더 유명하다.

약간의 상상력을 발휘해 보자. 점점 n을 증가시키면 어떻게 될까. 아래 그림은 두 조각, 네 조각, 여덟 조각, 열두 조각으로 쪼갰을 때이다. 제법 S와 가까워지는 것 같지 않은가.

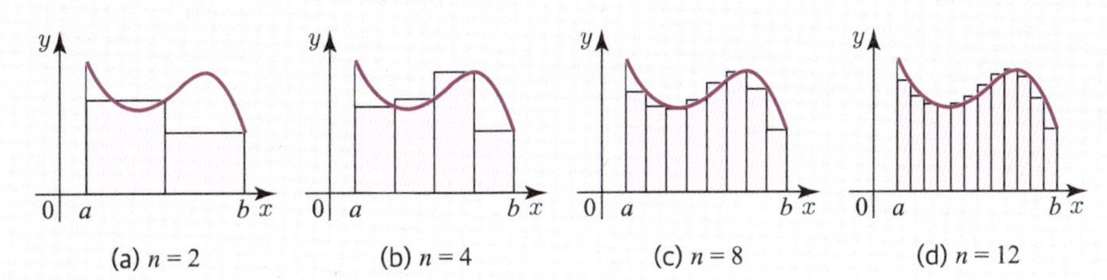

그림 6-3 분할 개수 증가에 따른 근사 면적의 변화

우리는 다음을 기대할 수 있다.

$$S = \lim_{n\to\infty} R_n(f,\ a,\ b) = \lim_{n\to\infty}\sum_{k=1}^{n} f(x_k)\Delta x$$

만약 위의 극한값이 존재하면 f가 구간 $[a,\ b]$에서 **적분가능**(integrable)하고,[4] 그 값을 **정적분**(definite integral)이라고 한다. 그리고 그 값은 $\int_a^b f(x)dx$으로 표기한다. 즉, 다음과 같다.

$$\int_a^b f(x)dx := \lim_{n\to\infty}\sum_{k=1}^{n} f(x_k)\Delta x = \lim_{n\to\infty}\sum_{k=1}^{n} f(x_k)\frac{b-a}{n}$$

얼핏 보기엔 복잡해 보이지만, 이 정의가 무척 자연스럽기를 바란다.[5] **잘게 자른 직사각형 면적의 합**에 불과하다. $\lim_{n\to\infty}\sum_{k=1}^{n} f(x_k)\frac{b-a}{n}$를 하나씩 뜯어보자.[6]

---

4 극한값이 존재하지 않을 수 있다. 하지만 '적분불가능'한 함수를 경영·경제학에서 다룰 일은 없을 것이다. (수학적으로 민감한 독자를 위해) 잘 알려진 (리만)적분불가능한 함수는 다음과 같다: 정의역은 $[0,\ 1]$, x가 유리수일 때 1, x가 무리수일 때 0인 함수

5 위 정의식을 안 보고 몇 번 써보아라.

6 (수학적으로 민감한 독자를 위해) 꼭 x_k의 함수값 $f(x_k)$을 택할 필요는 없고, 구간 $[x_{k-1}, x_k]$에서 아무 점이나 잡아서 그 함수값을 직사각형의 높이로 해도 된다. 여러분이 나중에 혹시 배울 다른 종류의 적분에서도 문제가 되지 않을 것이다. 다만, 이토 적분(Ito integral)에서는 문제가 된다. 금융수학에서 나온다.

- $\lim_{n\to\infty}$: 무수히 많은 직사각형으로 쪼개기

- $\sum_{k=1}^{n}$: 쪼개진 직사각형의 면적을 모두 더하기

- $f(x_k)\dfrac{b-a}{n}$: 각 직사각형의 면적[=(세로)×(가로)]

$$\underbrace{\lim_{n\to\infty}\sum_{k=1}^{n}}\ \underbrace{f(x_k)}\ \underbrace{\frac{b-a}{n}}$$
$$=\int_a^b \quad f(x) \quad dx$$

$\int$ 는 Sum의 첫 글자인 S를 길게 늘어뜨린 것으로 라이프니츠 표기를 따른 것이다. 정말 직관적이지 않나.

몇 가지 강조할 게 있다.

- 첫째, $\int_a^b f(x)dx$은 이 표시 자체가 '극한값'을 의미한다. 따라서 $\int_a^b f(x)$처럼 뭘 생략해서는 안 된다.
- 둘째, $\int_a^b f(x)dx$를 $\int_a^b f(y)dy$나 $\int_a^b f(w)dw$로 써도 상관없다. 변수만 일치시킨다면. 간단히 $\int_a^b f$로 쓰는 것은 괜찮다.
- 셋째, '정적분' $\int_a^b f(x)dx$을 정의하는 데 **미분은 전혀 사용되지 않았다.**

다음은 정적분의 여러 성질이다. 직관적으로 이해하는 것이 중요하다. 각 정적분을 높이가 f 또는 g인 직사각형의 면적으로 생각하고 그림을 그려보면 된다. 다시 한 번 이야기하지만, 정적분은 '잘게 쪼갠 직사각형 면적의 합'에 불과하다.

표 6-1 정적분의 기본 성질

구분	성질	설명
성질 1	$\int_a^a f(x)dx = 0$	밑변=0 ⇨ 면적=0
성질 2	$\int_a^c f(x)dx = \int_a^b f(x)dx + \int_b^c f(x)dx$	f(x) a b c
성질 3	$\int_a^b f(x)dx = -\int_b^a f(x)dx$	성질 2에서 $c=a$ 대입. 그리고 성질 1 사용
성질 4	$\int_a^b kf(x)dx = k\int_a^b f(x)dx$	높이 k배 ⇨ 면적 k배
성질 5	$\int_a^b (f(x) \pm g(x))dx = \int_a^b f(x)dx \pm \int_a^b g(x)dx$	높이 $(f+g)$인 직사각형 면적 = 높이 f, g인 두 직사각형 면적의 합
성질 6	$f(x) \le g(x)$이면 $\int_a^b f(x)dx \le \int_a^b g(x)dx$	밑변이 같을 때 높이가 크면 면적도 크다.

예제 6-2 정적분 계산

문제 $\int_0^1 x^2 dx$를 구하시오.[7]

풀이 $\Delta x = \dfrac{1-0}{n} = \dfrac{1}{n}$, $x_k = 0 + k\dfrac{1}{n} = \dfrac{k}{n}$ 그리고 $f(x_k) = \left(\dfrac{k}{n}\right)^2$이다.

따라서 다음이 성립한다.[8]

7 Stop! $\frac{1}{3}x^3\Big|_0^1$ 쓰면 반칙

8 복잡해 보이지만, 이런 종류의 식에서는 $\lim$은 잠시 무시하고 식을 최대한 정돈해라. 그리고 극한을 취하면 된다.

$$\begin{aligned}\int_a^b f(x)dx &= \lim_{n\to\infty}\sum_{k=1}^{n}\left(\frac{k}{n}\right)^2\frac{1}{n}\\ &= \lim_{n\to\infty}\frac{1}{n^3}\sum_{k=1}^{n}k^2\\ &= \lim_{n\to\infty}\frac{1}{n^3}\frac{n(n+1)(2n+1)}{6}\\ &= \frac{1}{3}\end{aligned}$$

둘째 등호에서 $1/n^3$은 $\sum$ 밖으로 나왔다(변하는 것은 k니까). 셋째 등호에서는 고등학교 때 배운 식 $\sum_{k=1}^{n}k^2=\frac{n(n+1)(2n+1)}{6}$을 사용했다. ■

이제 정적분 $\int_a^b f(x)dx$의 정의가 무엇인지, 그리고 무척 자연스러운 것으로 받아들여졌기를 바란다. 문제는 어떻게 계산하느냐이다. 사실 정의에 따라 '쪼갰다가 더했다가 극한으로 보내는' 번거로운 절차를 매번 할 수는 없다. 특히 계산기가 없었던 옛날에는 더더욱 그랬을 것이다. 함수가 조금만 더 복잡해지면 대책이 없다. 가령, $\int_0^1 \sqrt{x}\,dx$ 같은 건 어떻게 계산해야 하나?

2. 미적분학 기본 정리

미적분학 기본 정리(The Fundamental Theorem of Calculus)는 정적분을 구하는 절차를 놀랍게도 간단히 줄여준다. 여러분이 적분의 '정의'로 오해하고 있는 식은 사실 기본 정리의 결과이다.

미적분학 기본 정리

구간 $[a, b]$에서 연속인 함수 f 에 대해 다음이 성립한다.

- $g(x) := \int_a^x f(t)dt$의 도함수는 f이다. 즉, $g'(x) = f(x)$
- $F' = f$라면, $\int_a^b f(t)dt = F(b) - F(a)$가 성립한다.

$F' = f$일 때, 즉 미분해서 f가 되는 함수 F를 f의 **역도함수**(antiderivative)라고 한다.[9] 그리고 $F(b) - F(a)$를 $[F(x)]_a^b$, 또는 $F(x)|_a^b$으로 쓰기도 한다.

기본 정리가 이야기하는 내용을 대략 다시 쓰면 다음과 같다.[10]

- 구간 $[a, x]$와 f의 그래프로 둘러싸인 '면적' $g(x)$를 미분하면 $f(x)$가 된다.
- f의 역도함수만 알면, 두 끝점에서의 역도함수값 차이를 계산해서 면적을 구할 수 있다.

증명은 어렵지 않다. 여기서는 개요만 살펴본다.

미적분학의 기본 정리 증명 개요

- $g(x) := \int_a^x f(t)dt$ 라고 하면, g의 도함수 g' 은 다음과 같다.

$$
\begin{aligned}
g'(x) &= \lim_{h \to 0} \frac{g(x+h) - g(x)}{h} \\
&= \lim_{h \to 0} \frac{\int_a^{x+h} f(t)dt - \int_a^x f(t)dt}{h} \\
&= \lim_{h \to 0} \frac{\int_x^{x+h} f(t)dt}{h}
\end{aligned}
$$

첫 번째 등호는 도함수의 정의, 두 번째 등호는 g의 정의, 세 번째 등호는 정적분의 성질 2 덕분이다. 이제 다음 그림을 보자.

9 '역도함수'가 아니라 '역도힘수'이다. 노함수의 빈대

10 'f가 연속'이라는 조건은 경영 · 경제학에서는 문제될 일이 없다.

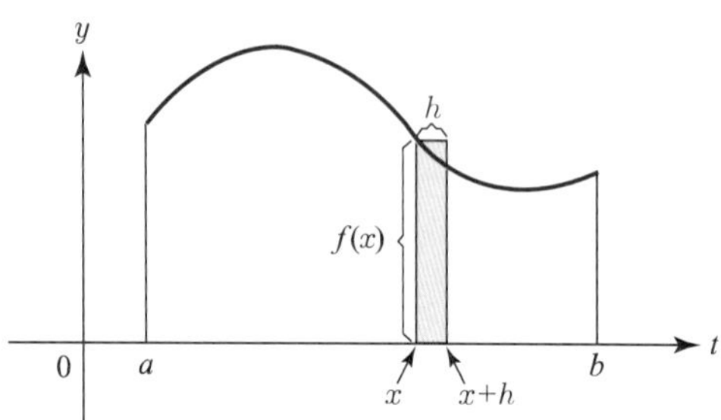

h가 매우 작다면, $\int_{x}^{x+h} f(t)dt$은 직사각형 면적과 매우 비슷해진다. 즉, 다음이 성립한다.[11]

$$\int_{x}^{x+h} f(t)dt \approx f(x^{*}) \cdot h$$

여기서, x^{*}는 구간 $[x, x+h]$상의 점이다.

따라서 $\frac{\int_{x}^{x+h} f(t)dt}{h} \approx f(x^{*})$가 되어, $\lim_{h \to 0} \frac{\int_{x}^{x+h} f(t)dt}{h} = f(x)$을 얻는다. 그러므로 $g' = f$가 성립한다.

- F가 f의 역도함수라면, $F' = f$이고, 앞서 증명한 대로 $g' = f$이므로, 다음이 성립한다.

$$g' = f = F'$$

따라서 $g(x) = F(x) + C$이다(단, C는 임의의 상수).

$x = a$를 대입하면 $g(a) = \int_{a}^{a} f(t)dt = F(a) + C = 0$이므로 $C = -F(a)$이다.

$x = b$를 대입하면 $g(b) = \int_{a}^{b} f(t)dt = F(b) + C$이다.

그러므로, 우리가 원했던 결과 $\int_{a}^{b} f(t)dt = F(b) - F(a)$를 얻는다. ■

반복의 위험을 무릅쓰고 다시 이야기하면, 미적분학 기본 정리가 말하는 바는 대략 다음과 같다. "'함수 f 밑의 면적(정적분)'을 미분하면 f가 된다. 그러니까, 미분 반대로 하면 면적(정적분)을 구할 수 있다."

11 여기가 f가 연속이라는 조건이 필요한 단계이다.

우리는 이제 $\int_0^1 \sqrt{x}\,dx$를 구할 수 있다.

예제 6-3 부정적분을 이용한 정적분의 계산

문제 $\int_0^1 \sqrt{x}\,dx$을 구하시오.

풀이 $\int_0^1 \sqrt{x}\,dx = \int_0^1 x^{\frac{1}{2}}\,dx = \left.\frac{1}{1+\frac{1}{2}} x^{1+\frac{1}{2}}\right|_0^1 = \frac{2}{3}(1-0) = \frac{2}{3}$ ■

3. 부정적분: 미분 반대로 하기

위대한 '미적분학 기본 정리' 덕분에, 함수 f에 대한 정적분 $\int_a^b f(x)dx$은 f의 역도함수 F를 찾는 문제로 귀결된다. 이제 역도함수가 너무 중요해졌다. 그래서 이를 $\int f(x)dx$로 표기하고 **부정적분**(indefinite integral)이라고 부르기로 하자. 즉, 다음의 관계이다.

$$\int f(x)dx = F(x) \text{이면 } F'(x) = f(x)$$

참고로, $F'(x) = f(x)$이면, 임의의 상수 C에 대해서 $(F(x)+C)' = f(x)$이다. 따라서 부정적분은 $\int f(x)dx = F(x) + C$의 형태로, 항상 상수항 C을 붙여주는 것을 잊지 말자.[12] 그리고 정적분에서는 적분변수가 중요하지 않았지만, 이제 부정적분에서는 매우 중요하다. 즉, $\int f(x)dx = F(x) + C$이고, $\int f(z)dz = F(z) + C$가 된다. 서로 다르다.

12 소문자 c로 쓰지 마시라.

자, 여러분이 정적분과 부정적분을 제대로 이해했는지 점검해 보자. 다음 두 진술이 이해되는가?[13]

정적분과 부정적분

- 정적분 $\int_a^b f(x)dx$는 숫자, 부정적분 $\int f(x)dx$는 함수
- 미적분학 기본 정리는 다음과 같이 쓸 수 있다.[14]

$$\int_a^b f(x)dx = \int f(x)dx \Big|_a^b$$

이해되었다면, 이제 부정적분에 집중하자. 미분해서 f가 되는 것을 찾으려면, 우리가 미분에 대해 알고 있는 사실을 역으로 짚어 나가면 된다(생각이 나지 않으면 이전 장 '일변수 미분'을 참조하라).

표 6-2 부정적분의 기본 성질

구분	성질	설명
성질 1	$\int kdx = kx + C$	$(kx)' = k$
성질 2	$\int x^n dx = \frac{1}{n+1}x^{n+1} + C \quad (n \neq -1)$	$(x^{n+1})' = (n+1)x^n$
성질 3	$\int kf(x)dx = k\int f(x)dx$	$(kf)' = kf'$
성질 4	$\int [f(x)+g(x)]dx = \int f(x)dx + \int g(x)dx$	$(f+g)' = f' + g'$
성질 5	$\int e^x dx = e^x + C$	$(e^x)' = e^x$
성질 6	$\int \frac{1}{x}dx = \ln\lvert x \rvert + C$	$(\ln x)' = \frac{1}{x}$

성질 6에서 조심하자. $\int \frac{1}{x}dx = \ln x + C$일 것 같은데, 갑자기 절댓값이 나왔다. 하지

13 '부정적분은 구간이 정해지지 않은 적분, 정적분은 구간이 정해진 적분'이 아니다.

14 좌변은 '면적'을 의미하지만, 우변은 단순한 함수값 계산이다. 미적분학 기본 정리는 면적을 쉽게 계산하는 방법을 알려준다.

만 미분해서 $\frac{1}{x}$인 것은 $\ln x$만 있는 것이 아니다. $x<0$인 경우도 고려해야 한다. $x<0$일 때 $\ln x$는 정의되지 않지만, $\ln(-x)$는 정의가 되고, 이를 미분하면 (연쇄법칙에 따라) $\frac{1}{-x}(-1)=\frac{1}{x}$이 된다[따라서 $\int\frac{1}{x}dx=\ln(-x)+C$].

그러므로 $\int\frac{1}{x}dx=\ln|x|+C$으로 써야 한다. 간과하기 쉬우니 유의하길.[15]

이것만 빼면 다행히 별로 어려워 보이지 않는다. 그런데 여기서 끝이 아니다. 우리가 미분에서 **곱의 법칙**이라고 불렀던 규칙 기억나는가? 여기에 대응되는 부정적분 세계에서의 규칙은 **부분적분**(integration by parts)이다. 곱의 법칙은 다음과 같았다.

$$(f(x)g(x))'=f'(x)g(x)+f(x)g'(x)$$

따라서 다음이 성립한다.

$$\begin{aligned}f(x)g(x)&=\int(f(x)g(x))'dx\\&=\int[f'(x)g(x)+f(x)g'(x)]dx\\&=\int f'(x)g(x)dx+\int f(x)g'(x)dx\end{aligned}$$

첫 번째 등호는 부정적분의 정의, 두 번째 등호는 곱의 법칙, 세 번째 등호는 부정적분의 성질 4이다.

여기서 항을 하나 살짝 옮기면 **부분적분**이라고 부르는 다음의 관계를 얻는다.

$$\int f'(x)g(x)dx=f(x)g(x)-\int f(x)g'(x)dx$$ [16]

$\int f'g=fg-\int fg'$로 쓰기도 한다. 외우기 좀 낫다.

보기에는 별거 아닌데, 무척 유용하다. 다음 예제를 보자.

---

15 주관식 단답형으로 물어보기 좋은 문제이다. $\int\frac{1}{x}dx=\ln x+C$로 쓰면 절반 감점

16 $\int f(x)g'(x)dx=f(x)g(x)-\int f'(x)g(x)dx$이라고 써도 상관없다.

예제 6-4 부분적분법

문제 **부정적분 $\int xe^{2x}dx$ 을 구하시오.**

풀이 부분적분을 적용할 때는 f와 g의 선택이 중요하다. $f'(x)=x$, $g(x)=e^{2x}$로 두었다고 하자. 그렇다면 $f(x)=x^2/2$, $g'(x)=2e^{2x}$가 되어, 부분적분을 이용하면 다음을 얻는다.

$$\int xe^{2x}dx=\int (\frac{x^2}{2})'e^{2x}dx=\frac{x^2}{2}e^{2x}-\int x^2e^{2x}dx$$

윽스. 더 어려운 항 $\int x^2e^{2x}dx$이 나타났다.

부분적분은 곱해져 있는 항을 미분을 통해 '단순'하게 할 수 있을 때 유용하다. 그런데 e^{2x}와 지수함수는 미분을 해도 그 형태가 변하지 않는다. 따라서 $f'(x)=e^{2x}$, $g(x)=x$로 하는 게 낫다. 이제 $f(x)=e^{2x}/2$, $g'(x)=1$이 되고, 부분적분을 적용하면 다음을 얻는다.

$$\int xe^{2x}dx=\int x\left(\frac{e^{2x}}{2}\right)'dx=\frac{x}{2}e^{2x}-\int 1\cdot\frac{e^{2x}}{2}dx=\frac{x}{2}e^{2x}-\frac{1}{4}e^{2x}+C$$

참고로, 적분상수는 제일 마지막에만 써주면 된다. ■

다음은 부분적분이 유용한 다른 예제이다.

예제 6-5 부분적분법의 응용

문제 **부정적분 $\int \ln x\,dx$ 을 구하시오.**

풀이 처음에는 $1/x+C$로 생각하는 사람이 꽤 있다(물론 틀렸다). 여기서 핵심은 (착한 사람의 눈에만 보이는) $\ln x$ 앞에 곱해져 있는 숫자 1이다. $f'(x)=1$, $g(x)=\ln x$로 두면, $f(x)=x$, $g'(x)=1/x$가 되고, 부분적분을 이용하면 다음을 얻는다.

$$\int \ln x\,dx=\int (x)'\ln x\,dx=x\ln x-\int x\frac{1}{x}dx=x\ln x-x+C$$

다시 한 번, 적분상수는 마지막에만 살포시 붙여주면 된다. ■

앞의 두 예제는 부분적분을 사용하는 전형적인 예이다. 핵심은, 미분을 통해서 간단하게 할 수 있는 부분을 찾는 것이다.

아, 그런데 미분에서 곱의 법칙 말고 다른 법칙도 있었다. 몫의 법칙과 연쇄법칙. 다행히도 몫의 법칙에 대응하는 적분 규칙은 없다. 하지만 연쇄법칙에 해당하는 규칙이 있는데, 바로 치환적분(integration by substitution)이다.

미분의 연쇄법칙은 다음과 같았다.

$$(f \circ g)'(x) = f'(g(x))g'(x)$$

그렇다면 다음이 성립한다.

$$\begin{aligned} f(g(x)) &= (f \circ g)(x) \\ &= \int (f \circ g)'(x)dx \\ &= \int f'(g(x))g'(x)dx \end{aligned}$$

첫 번째 등호는 합성함수 정의, 두 번째 등호는 부정적분의 정의, 세 번째 등호는 연쇄법칙 때문이다. 한편, $u = g(x)$라고 하면 $f(g(x)) = f(u) = \int f'(u)du$이다. 따라서 두 식을 결합하면 다음의 치환적분을 얻는다.

$$\int f'(u)du = \int f'(g(x))g'(x)dx$$

치환적분 역시 복잡한 적분을 간단히 하는 네 매우 유용하다. 치환적분의 핵심은 적분기호 안의 '어려워 보이는 부분'을 잘 '치환'하여, 해당 부분의 미분이 적분기호 안의 나머지 부분과 같아져 원래 적분을 간단한 형태로 만드는 것이다. 다음 예의 경우 적분기호 안의 (x^2+x+3)을 미분하면 $(2x+1)$이 나온다. 따라서 다음의 적분은 $g(x) = x^2+x+3$으로 치환하면 적분을 쉽게 할 수 있다.

$$\begin{aligned} \int (x^2+x+3)^3(2x+1)dx &= \int g(x)^3 g'(x)dx \\ &= \int u^3 du = \frac{1}{4}u^4 + C \\ &= \frac{1}{4}(x^2+x+3)^4 + C \end{aligned}$$

첫 번째 등호는 $g(x)$의 정의, 두 번째 등호는 치환적분을 사용하였다. 원래 변수 x에 대해 나타내어야 하므로 네 번째 등호에서 '역치환'하였다.[17]

치환적분에 대한 다음 예제를 보자.

예제 6-6 치환적분법의 응용

문제 **부정적분** $\int \frac{1}{x\ln x}dx$ **을 구하시오.**

풀이 $g(x)=\ln x$로 치환하자. $g'(x)=1/x$가 되어 간단해진다.

$$\int \frac{1}{x\ln x}dx = \int \frac{1}{g(x)}g'(x)dx = \int \frac{1}{u}du$$
$$= \ln|u| + C = \ln|\ln x| + C$$

다시 한 번, $\int \frac{1}{x}dx = \ln|x| + C$임에 유의하자. ■

정적분을 할 경우, 원래 변수로 돌아가는 '역치환'을 할 필요는 없다. 원래 변수 x의 범위를 치환된 변수의 범위로 변경해서 계산하면 된다. 다음 예제를 보자.

예제 6-7 정적분의 치환적분법

문제 **정적분** $\int_1^2 (x^2+x+3)^3(2x+1)dx$ **을 구하시오.**

풀이 $g(x)=x^2+x+3$이라고 하면, $g'(x)=2x+1$이다. x의 범위가 $[1, 2]$이면, $u=g(x)$의 범위는 $[5, 9]$가 된다.

$$\int_1^2 (x^2+x+3)^3(2x+1)dx = \int_1^2 g(x)^3 g'(x)dx$$
$$= \int_5^9 u^3 du = \frac{1}{4}u^4\Big|_5^9 = 1{,}484 \quad ■$$

좀 익숙해지면, $g(x)$를 두는 단계를 거치지 않고 바로 u로 치환할 수도 있다.

---

17 이 단계를 잊지 말자. g나 u는 우리가 문제 푸는 도중에 임의로 만든 것이다.

4. 정적분의 응용

경영·경제학에서 다행히 적분은 (미분만큼) 많이 나오진 않는다.[18] 대략 '면적'에 해당하는 개념이 나오면 바로 정적분을 떠올리면 된다.

경제학에서 '면적'과 관련된 대표적인 주제는 미시경제학에서 배우는 소비자 잉여, 그리고 생산자 잉여이다. 시장에서 일어나는 자발적 거래는 **사회적 후생**(social surplus)을 만들어 내는데, 이는 **소비자 잉여**(consumer surplus, CS)와 **생산자 잉여**(producer supply, PS)로 구성된다(보다 정확한 경제학적 의미는 미시경제학 시간에 배우자). 소비자 잉여는 소비자가 지불할 용의가 있는 최대가격과 실제 지불한 가격의 차이를 말하고, 생산자 잉여는 실제 제공한 가격과 생산자가 제공할 용의가 있는 최소가격의 차이를 말한다.[19]

역수요함수는 $p=f(x)$, 역공급함수가 $p=g(x)$일 때, 두 곡선이 만나는 점 (x_0, p_0)에서 시장 균형이 결정되고, 소비자 잉여와 생산자 잉여는 다음과 같이 계산된다.

$$CS=\int_0^{x_0}(f(x)-p_0)dx \qquad PS=\int_0^{x_0}(p_0-g(x))dx$$

소비자 잉여와 생산자 잉여를 그림으로 나타내면 다음과 같다.

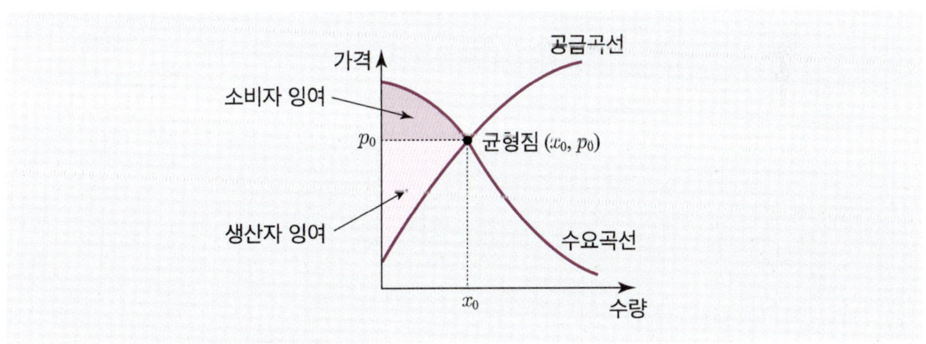

그림 6-4 소비자 잉여와 생산자 잉여

다음 예제를 보자.

---

18 확률론이나 통계학도 배울 텐데, 여기서는 적분이 훨씬 더 많이 나온다.

19 19세기 중반 프랑스 공학자 쥘스 듀피(Jules Dupuit)가 고안하였다. 별거 아닌 것처럼 보일 수 있는데, 사회적 후생을 숫자로 측정하려는 담대한 시도였다. 19세기와 20세기 초에는 엄밀한 방법론으로 무장한 공학자들이 경제학의 발전에 기여했다.

예제 6-8 정적분의 경제적 응용

문제 **완전경쟁시장에서 역수요함수는** $p = -3x^2 + 432$, **역공급함수는** $p = 12x + 81$ **이라고 하자. 균형가격** p_0, **균형생산량** x_0, **소비자 잉여 그리고 생산자 잉여를 구하시오.**

풀이 $12x + 81 = -3x^2 + 432$를 풀면 균형생산량 $x_0 = 9$를 얻고, 이를 대입하면 균형가격 $p_0 = 189$을 얻는다. 그리고 소비자 잉여는 다음과 같다.

$$CS = \int_0^9 (-3x^2 + 432 - 189)dx = 1,458$$

한편, 생산자 잉여는 다음과 같다.

$$PS = \int_0^9 [189 - (12x + 81)]dx = 486$$

학부 과정에서 실제로 복잡한 계산을 할 일은 그렇게 많지 않다. 소비자 잉여와 생산자 잉여를 정적분 식으로 쓸 수 있는 것이 중요하다. ■

또 다른 '면적'의 대표적 예는 불평등 정도를 나타내는 지니계수(Gini coefficient)이다. 지니계수를 산정하기 위해서는 로렌츠 곡선(Lorentz curve)이 주어져야 하는데, 이 곡선은 인구의 누적 비율과 소득의 누적 비율 간의 관계를 나타낸다.

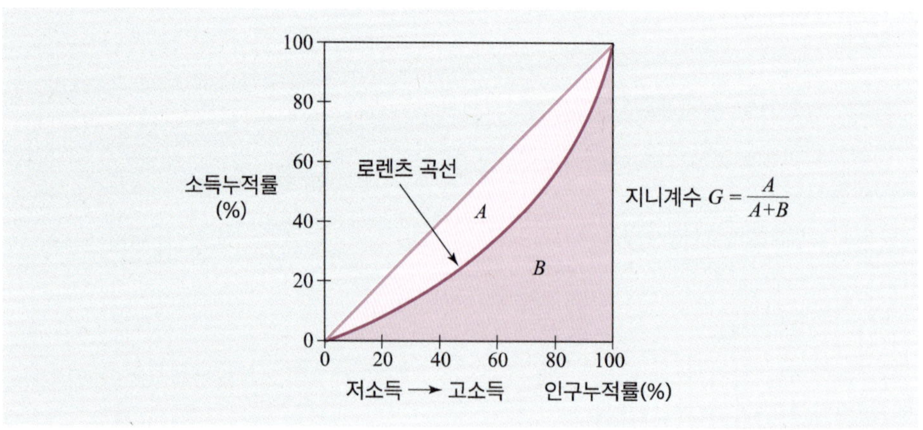

그림 6-5 로렌츠 곡선과 지니계수의 개념

로렌츠 곡선이 45° 선에 가까울수록 소득이 균등하게 분배되고 있음을, 곡선이 x축에 가까울수록 불균등함을 의미한다(보다 정확한 의미는 미시경제학 시간에 배우자). 따라서 그림 6-5에서 면적 A가 작을수록 균등함을 의미한다고 할 수 있다.

지니계수는 이 아이디어를 구체화한 것으로, 아래 삼각형 면적 $A+B$ (=1×1×1/2) 대비 면적 A의 비중이다. $L(x)$를 로렌츠 곡선이라고 할 때, 다음과 같이 계산된다.

$$G=\frac{A}{A+B}=\frac{\int_0^1 [x-L(x)]dx}{1/2}=2\int_0^1 [x-L(x)]dx$$

다음 예제를 보자.

예제 6-9 지니계수의 계산

문제 **어느 국가의 소득분포에 대한 로렌츠 곡선이 $L(x)=x^{1.8}$과 같이 주어졌을 때 지니계수를 구하시오.**

풀이 $G=2\int_0^1 (x-x^{1.8})dx=2\left(\frac{1}{2}x^2-\frac{1}{2.8}x^{2.8}\right)\Big|_0^1=0.2857$

따라서 지니계수는 $G=0.2857$이다. ■

이제 경영학으로 넘어와서, 학습곡선(learning curve)에 대해 알아보자. 그림 6-6에서 x는 누적 생산량, y는 단위당 생산시간으로, 학습곡선은 생산 경험을 쌓음에 따라, 추가적인 생산을 하는 데 걸리는 시간이 어떻게 변화하는지 보여준다. 보통 학습곡선은 우하향하는데, 이는 경험이 누적됨에 따라 1단위 생산에 걸리는 시간이 점차 감소하기 때문이다.

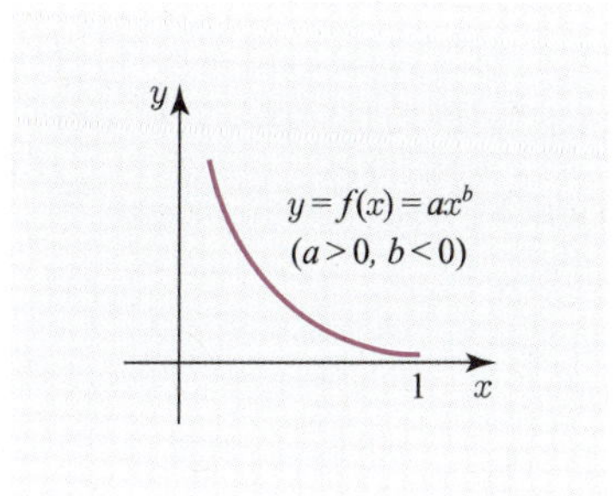

그림 6-6 학습곡선의 형태

처음부터 q단위까지 생산하는 데 걸리는 시간은 학습곡선 아래의 면적 $T=\int_0^q f(x)dx$ 으로 주어진다. 그리고 c단위를 생산한 후 다음 d단위를 생산하는 데 걸리는 시간은 다음과 같이 계산할 수 있다.

$$\Delta T=\int_c^d f(x)dx=\int_c^d ax^b dx$$

다음 예제를 보자.

예제 6-10 학습곡선의 응용

문제 **학습곡선이 $f(x)=10x^{-0.15}$ 일 때, 100개의 제품을 생산 후 추가 50단위를 생산하는 데 필요한 시간은 얼마인가?**

풀이 $\int_{100}^{150} 10x^{-0.15}dx=10\left(\frac{1}{-0.15+1}x^{-0.15+1}\right)\Big|_{100}^{150}=242.63$ 이므로, 추가로 필요한 시간은 약 243단위 시간이다. ■

물론, 위 예제의 답을 손으로 계산하지 않았다. 중요한 것은 정적분 식을 여러분이 명확히 쓸 수 있는지이다.

끝으로 연속적으로 발생하는 수익의 현재가치에 대해 살펴보자. $f(t)$가 수익 흐름(flow of payoff)이고, 시점 T까지 발생한다고 했을 때, 이 연속적인 수익의 현재가치(present value)는 다음과 같은 식으로 주어진다.[20]

$$\int_0^T f(t)e^{-rt}dt$$

20 이런 형태의 식은 고학년 과목(예: 경영과학, 경제성장론, 금융수학)에서 나온다.

다음 예제를 보자.

예제 6-11 현재가치의 계산

문제 $f(t) = 3,000e^{0.03t}$ **의 비율로 연속적인 수입을 5년간 창출하는 경우 현재가치는 얼마인가? 이자율은 연속 복리 4%이다.**

풀이 $$\int_0^5 3,000e^{0.03t}e^{-0.04t}dt = 3,000\int_0^5 e^{-0.01t}dt = 3,000\left(\frac{1}{-0.01}e^{-0.01t}\right)\Bigg|_0^5$$

$$= 14,631.17$$

따라서 현재가치는 14,631이다. ■

연습문제

6.1 다음 극한값이 나타내는 면적을 xy-평면에 나타내보시오(계산할 필요는 없음).

(1) $\lim_{n\to\infty}\sum_{k=1}^{n}\frac{3}{n}\sqrt{1+\frac{3k}{n}}$

(2) $\lim_{n\to\infty}\sum_{k=1}^{n}\frac{1}{n}\ln\left(2+\frac{k}{n}\right)$

6.2 그래프를 그려 면적을 계산하여 다음 정적분을 구하시오.

(1) $\int_0^1 |2x-1|dx$ (2) $\int_0^2 (1-t)dt$

(3) $\int_{-3}^0 \sqrt{9-x^2}\,dx$ (4) $\int_0^9 (\frac{1}{3}x-2)dx$

6.3 아래 그림에서 B는 A보다 두 배 넓다. b를 a로 나타내시오.

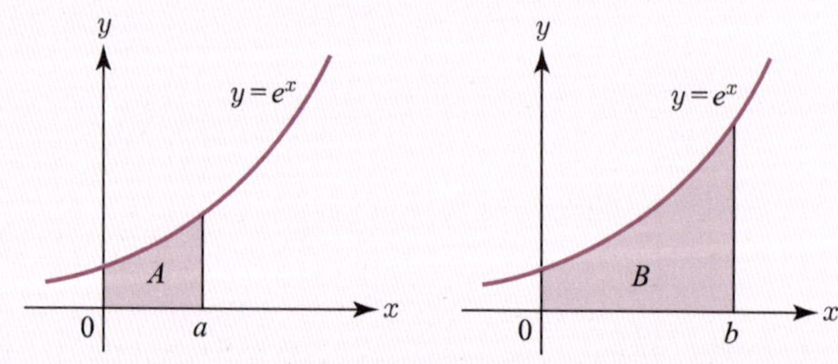

6.4 어느 국가의 소득분포에 대한 로렌츠 곡선이 $L(x)=x^{2.3}$으로 주어졌을 때 지니계수를 구하시오.

6.5 정적분 $\int_1^2 xe^{x^2}dx$를 구하시오.

6.6 치환적분을 이용하여 다음 부정적분 또는 정적분을 구하시오.

(1) $\int x^2 \sqrt{x^3+1}\,dx$ (2) $\int \sqrt{3t+1}\,dt$

(3) $\int_0^1 (3x-1)^{50} dx$

6.7 사과전자는 해외공장에 새로운 스마트폰을 생산하기 위해 생산라인을 구축하였다. 생산 시작 후 t주가 지났을 때, 스마트폰 주당 생산 속도는 다음과 같다.

$$\frac{dx}{dt} = 5{,}000\left(1 - \frac{100}{(t+10)^2}\right)$$

세 번째 주 월요일부터 네 번째 주 금요일까지 생산된 스마트폰의 대수를 구하시오.

6.8 구간 [-1,3]에서 정의된 연속함수 f와 g는 다음의 성질을 만족시킨다.

$$\int_{-1}^{3} [f(x)+g(x)]dx = 6,\ \int_{-1}^{3} [3f(x)+4g(x)]dx = 9$$

$\int_{-1}^{3} [2f(x)+g(x)]dx$를 구하시오.

6.9 역수요함수는 $p = 100 - 0.05x$, 역공급함수는 $p = 10 + 0.1x$라고 하자. 균형가격 p_0, 균형생산량 x_0, 소비자 잉여 그리고 생산자 잉여를 구하시오.

6.10 부분적분을 이용하여 함수 $f(x)$에 대해 다음을 확인하시오.

$$\int f(x)dx = xf(x) - \int xf'(x)dx$$

이를 이용하여 $\int \ln x\,dx$와 $\int (\ln x)^2 dx$를 구하시오.

PART 3

선형대수

LINEAR ALGEBRA

CHAPTER 07

선형대수 기초

경제는 흔히 시스템이라고 한다. 그리고 경영·경제학은 이 시스템을 모형화하여 설명하려는 시도이다(항상 성공하는 것은 아니다).

현대 경영·경제학은 이 모형화 과정에서 수학적 방법론을 주로 사용하고 있고, 그 결과 나오는 수학적 모형은 여러 방정식으로 주어진다. 각 방정식은 하나 이상의 내생변수가 여러 외생변수에 어떻게 의존하는지 표현하는데, 방정식이 모두 선형으로 주어지는 선형 모형(linear model)이라면 이를 풀기 위해서 우리는 선형대수학이라는 도구가 필요하다. 물론, 비선형 모형(nonlinear model)이 일반적이지만, 이를 푸는 것도 기본적으로 선형 모형을 푸는 방식에 기반한다.

선형대수학의 유용성은 단순히 연립방정식을 푸는 데 국한되지 않는다. 선형대수학 없이 통계학이나 계량경제학의 초급 단계를 넘어서는 것은 불가능하다. 구글의 창립자 세르게이 브린과 래리 페이지를 억만장자로 만들어 준 검색 알고리즘도 선형대수학이다. 최적화 이론에서도, 게임이론에서도 선형대수는 활용된다. 경영·경제학뿐만 아니라 기계학습(machine learning)의 방법론을 받치는 두 개의 축은 미적분학과 선형대수학이다.

그러니까, 아무튼 중요하다. 배우고 익히자.*

* 대학 졸업 전에 따로 '선형대수학'을 수강하는 것을 추천한다.

1. 행렬과 벡터

행렬(matrix)은 수를 직사각형 형태로 배열한 것이다. 이 배열이 m개의 행(row)과 n개의 열(column)로 이루어져 있다면,[1] 우리는 이를 $m \times n$ 행렬이라고 한다. 이때 $m \times n$을 행렬 $\boldsymbol{A}$의 **차원**(dimension) 또는 **차수**(order)라고 한다. 일반적으로 행렬은 $\boldsymbol{A}, \boldsymbol{B}$ 처럼 진한 대문자로 표기하고, $m \times n$ 행렬은 다음의 형태를 가진다.

$$\boldsymbol{A} = \begin{pmatrix} a_{11} & a_{12} & \cdots & a_{1j} & \cdots & a_{1n} \\ a_{21} & a_{22} & \cdots & a_{2j} & \cdots & a_{2n} \\ \vdots & \vdots & & \vdots & & \vdots \\ a_{i1} & a_{i2} & \cdots & a_{ij} & \cdots & a_{in} \\ \vdots & \vdots & & \vdots & & \vdots \\ a_{m1} & a_{m2} & \cdots & a_{mj} & \cdots & a_{mn} \end{pmatrix}$$

a_{ij} (행 ↗ i, 열 ↖ j)

행렬 $\boldsymbol{A}$를 구성하는 각 숫자를 **원소**(element 또는 entity)라 하고, i번째 행과 j번째 열의 원소는 $(\boldsymbol{A})_{ij}$ 또는 a_{ij}으로 나타낸다. 행렬의 원소를 여러 줄에 일일이 나열하기 번거로울 때, 행렬 $\boldsymbol{A}$를 간단히 $(a_{ij})_{m \times n}$로 쓰기도 한다. 차원 때문에 오해할 일이 없을 것 같으면 더 간단히 (a_{ij})라고도 쓴다.

행의 숫자와 열의 숫자가 같은 행렬을 **정사각행렬**(square matrix)이라고 한다(예: 2×2, 3×3). 그리고 특히 정사각행렬 중 대각선에 있는 원소만 제외하고 모두 0인 행렬을 **대각행렬**(diagonal matrix)이라고 한다.

예를 들면 다음의 행렬을 보자.

$$\boldsymbol{A} = \begin{pmatrix} 2 & 3 \\ 4 & 7 \end{pmatrix}, \boldsymbol{B} = (2, -2, 3), \ \boldsymbol{C} = \begin{pmatrix} 3 \\ 9 \\ 7 \\ 2 \end{pmatrix}, \boldsymbol{D} = \begin{pmatrix} 1 & 0 & 0 \\ 0 & 2 & 0 \\ 0 & 0 & 3 \end{pmatrix}$$

$\boldsymbol{A}$는 2×2 정사각행렬, $\boldsymbol{B}$는 1×3 행렬, $\boldsymbol{C}$는 4×1 행렬, $\boldsymbol{D}$는 3×3 대각행렬이다.

행이 하나거나, 열이 하나인 행렬을 **벡터**(vector)라고 한다. 특히 행이 하나인 $1 \times n$ 행렬은 **행벡터**(row vector), 열이 하나인 $m \times 1$ 행렬은 **열벡터**(column vector)이다. 가령, 위에서 $\boldsymbol{B}$는 행벡터, $\boldsymbol{C}$는 열벡터이다. n차원 벡터라고 할 때는, $n \times 1$ 열벡터일 수도,

---

1 '행(行)'은 가로줄, '열(列)'은 세로줄. 익숙해지기 바란다. 군대에서는 '오'와 '열'이라고 한다.

$1 \times n$ 행벡터일 수도 있다. 벡터는 $\boldsymbol{a}, \boldsymbol{b}$처럼 진한 소문자로, a, b처럼 그냥 소문자로도 표기한다.

2. 행렬의 연산

우리는 행렬이라는 새로운 무언가를 정의했다. 이것을 써먹기 위해서는 여기에 대한 연산을 정의해야 한다.[2] 우선, 두 행렬 $\boldsymbol{A}$, $\boldsymbol{B}$가 언제 같다고 할 수 있을까? 우선 두 '사각형'의 사이즈가 같아야 할 것 같다. 즉, 행과 열의 숫자가 같아야 한다. 그리고 같은 자리에 있는 숫자가 같아야 할 것이다. 그래서 두 행렬 $\boldsymbol{A} = (a_{ij})_{m \times n}$와 $\boldsymbol{B} = (b_{ij})_{p \times q}$가 차원이 같고 $(m = p,\ n = q)$, 각 원소가 같으면$(a_{ij} = b_{ij})$, $\boldsymbol{A} = \boldsymbol{B}$이다.

두 행렬의 덧셈, 뺄셈도 차원이 같은 두 행렬에 대해서만 정의되며, 원소별로 더하거나 빼면 된다. 즉, $\boldsymbol{A} = (a_{ij})_{m \times n}$와 $\boldsymbol{B} = (b_{ij})_{m \times n}$에 대해, 덧셈과 뺄셈은 다음과 같다.

$$(\boldsymbol{A} \pm \boldsymbol{B})_{ij} = (a_{ij} \pm b_{ij})$$

예제 7-1 행렬의 덧셈과 뺄셈

문제 $\boldsymbol{A} = \begin{pmatrix} 0 & 1 & -1 \\ 4 & 7 & 8 \end{pmatrix}$, $\boldsymbol{B} = \begin{pmatrix} 5 & 1 & -1 \\ 1 & 0 & 9 \end{pmatrix}$**일 때, $\boldsymbol{A} + \boldsymbol{B}$와 $\boldsymbol{A} - \boldsymbol{B}$를 구하시오.**

풀이 $\boldsymbol{A} + \boldsymbol{B} = \begin{pmatrix} 5 & 2 & -2 \\ 5 & 7 & 17 \end{pmatrix}$, $\boldsymbol{A} - \boldsymbol{B} = \begin{pmatrix} -5 & 0 & 0 \\ 3 & 7 & -1 \end{pmatrix}$이다. ■

덧셈과 뺄셈은 그냥 원소별로 더하거나 빼면 되니 사실 그리 어렵지 않다. 그런데 '곱셈'과 '나눗셈'부터 약간 미묘해진다.[3] '나눗셈'은 다음 장에서 하기로 하고, '곱셈'부터 정의하자. 곱셈은 우선 두 가지가 가능하다. 첫 번째는 **숫자와 행렬을 곱**하는 경우, 두 번째는 **행**

2 대수학(algebra)은 어떤 물체에 대해 더하기나 곱하기 같은 연산을 정의하는 것부터 시작한다.

3 선형대수학이 여기에서부터 어려워진다.

렬과 행렬을 곱하는 경우이다.

선형대수에서는 2, -3와 같은 숫자를 행렬이나 벡터와 구분하기 위하여 **스칼라**(scalar)라고 한다.[4, 5] 스칼라 c를 행렬 $\boldsymbol{A}$에 곱할 때 $c\boldsymbol{A}$라고 쓰고(예: $2\boldsymbol{A}$),[6] 그냥 각 원소마다 c를 곱하면 된다.

$$c\boldsymbol{A} = (ca_{ij})$$

다음의 성질이 성립함을 어렵지 않게 확인할 수 있다.

행렬의 덧셈 성질

$\boldsymbol{A}$와 $\boldsymbol{B}$를 $m \times n$ 행렬, a와 b를 스칼라라고 하자.

- $\boldsymbol{A}+\boldsymbol{B}=\boldsymbol{B}+\boldsymbol{A}$
- $(\boldsymbol{A}+\boldsymbol{B})+\boldsymbol{C}=\boldsymbol{A}+(\boldsymbol{B}+\boldsymbol{C})$
- $a(\boldsymbol{A}+\boldsymbol{B})=a\boldsymbol{A}+a\boldsymbol{B}$
- $(a+b)\boldsymbol{A}=a\boldsymbol{A}+b\boldsymbol{A}$

문제는 행렬과 행렬을 곱하는 경우이다. 먼저 두 벡터 $\boldsymbol{a}, \boldsymbol{b}$의 곱부터 시작하자.[7] 두 벡터의 곱 $\boldsymbol{a} \cdot \boldsymbol{b}$의 정의는 다음과 같다.

정의

두 n차원 행벡터 $\boldsymbol{a}=(a_1, a_2, \cdots, a_n)$, $\boldsymbol{b}=(b_1, b_2, \cdots, b_n)$에 대해, 벡터의 곱 $\boldsymbol{a} \cdot \boldsymbol{b}$을 다음과 같이 정의한다.

$$\boldsymbol{a} \cdot \boldsymbol{b} := a_1b_1 + a_2b_2 + \cdots + a_nb_n = \sum_{i=1}^{n} a_ib_i$$

예를 들면, $\boldsymbol{a}=(1,2,3)$, $\boldsymbol{b}-(4,5,6)$일 때, $\boldsymbol{a} \cdot \boldsymbol{b}=1\times 4+2\times 5+3\times 6=32$이다.

몇 가지 유의할 사항이 있다.

첫째, 두 벡터 $\boldsymbol{a}, \boldsymbol{b}$가 n차원 열벡터인 경우에도 동일하게 정의된다.

---

4 한국어로는 '스칼라'라고 쓰지만, '스케일러'라고 발음하는 경우가 많다. 그리고 스칼라는 사실 1×1 행렬이다.

5 (수학적으로 민감한 독자를 위해) 복소행렬로 확장하는 경우, 스칼라는 복소수가 된다.

6 $\boldsymbol{A}c$라고는 절대 안 쓴다. 가령, $\boldsymbol{A}2$같이 쓰면 안 된다.

7 벡터 간 등호($\boldsymbol{a}=\boldsymbol{b}$), 벡터의 덧셈($\boldsymbol{a}+\boldsymbol{b}$), 벡터의 뺄셈($\boldsymbol{a}-\boldsymbol{b}$) 그리고 스칼라 곱하기($c\boldsymbol{a}$)는 행렬에 대해서 정의한 것과 동일하다.

둘째, $\boldsymbol{a} \cdot \boldsymbol{b}$를 **스칼라 곱**(scalar product) 혹은 **내적**(inner product)이라고 부른다. 스칼라 곱이라고 부르는 이유는 두 벡터를 곱했는데 결과물이 숫자, 즉 스칼라이기 때문이다. 그렇다면, 아닌 것도 있나? 그렇다. 두 벡터를 곱한 결과가 벡터인 경우도 있다. 다행히 지금은 내적에만 집중해도 된다.[8]

셋째, 내적은 $\boldsymbol{ab}$라고 쓰면 안 된다. 꼭 가운데에 점을 찍어줘야 한다. 두 벡터 $\boldsymbol{a}, \boldsymbol{b}$에 대해서 $\boldsymbol{ab}$라고 쓰는 경우는 $\boldsymbol{a}$는 행벡터, $\boldsymbol{b}$는 열벡터, 혹은 그 반대의 경우에만 가능하다. 나중에 행렬곱을 정의한 다음에는 명확해질 것이다.

내적은 표기를 무척 간단하게 해준다. 두 재화의 가격이 각각 p_1, p_2이고, 소비량이 x_1, x_2일 때, 총지출은 $p_1x_1 + p_2x_2$이다. 그런데 가격 '벡터'를 $\boldsymbol{p} = (p_1, p_2)$이라 하고, 소비량 '벡터'를 $\boldsymbol{x} = (x_1, x_2)$라고 하면, 총지출은 간단히 $\boldsymbol{p} \cdot \boldsymbol{x}$라고 쓸 수 있다. 재화가 100개 있어도 마찬가지이다. 하지만 내적의 유용성은 표기의 단순화에 그치지 않는다. 나중에 보겠지만 중요한 수학적·물리적 의미가 있다.

내적에 관한 다음의 성질도 어렵지 않게 확인할 수 있다. 우리에게 익숙한 '숫자끼리 곱셈'과 별반 차이가 없다. 그래도 대충 넘기지 말고 하나씩 확인해 보자.

벡터의 내적 성질

$\boldsymbol{a}, \boldsymbol{b}, \boldsymbol{c}$를 n차원 벡터, k를 스칼라라고 하자.

- $\boldsymbol{a} \cdot \boldsymbol{b} = \boldsymbol{b} \cdot \boldsymbol{a}$
- $(k\boldsymbol{a}) \cdot \boldsymbol{b} = \boldsymbol{a} \cdot (k\boldsymbol{b}) = k(\boldsymbol{a} \cdot \boldsymbol{b})$
- $\boldsymbol{a} \cdot (\boldsymbol{b} + \boldsymbol{c}) = \boldsymbol{a} \cdot \boldsymbol{b} + \boldsymbol{a} \cdot \boldsymbol{c}$
- $\boldsymbol{a} \cdot \boldsymbol{a} \geq 0$
- $\boldsymbol{a} \cdot \boldsymbol{a} = 0 \;\Leftrightarrow\; \boldsymbol{a} = \boldsymbol{0}$ (단, $\boldsymbol{0}$은 모든 원소가 0인 n차원 벡터)

이제 두 행렬 $\boldsymbol{A}, \boldsymbol{B}$의 곱 $\boldsymbol{AB}$를 정의하자. 어떻게 정의하는 것이 자연스러울까? 덧셈이나 뺄셈이 그랬던 것처럼 원소끼리 곱하면, 즉, $(\boldsymbol{AB})_{ij} = a_{ij}b_{ij}$은 어떨까? 이해하기 쉽지만, 아쉽게도 우리의 일차적 목적, 즉 연립방정식을 푸는 데는 유용하지 않다.[9]

---

8 수학 공부를 특별히 더 하지 않는다면, 졸업 때까지 내적만으로 충분할 것이다.

9 이렇게 원소끼리 곱하는 것을 아다마르 곱(Hadamard product)이라 하고 $\boldsymbol{A} \circ \boldsymbol{B}$로 표기한다. 하지만 여러분이 이 곱을 쓸 일은 없을 것이다. 행렬이나 벡터는 사실 여러 숫자로 구성되어 있어 '곱하는 방법'이 여러 가지일 수 있다. 원하면 여러분이 하나 만들어서 자신의(혹은 남친·여친의) 이름을 붙여도 된다. 물론, 남들이 쓸지는 다른 문제이다.

앞서 이야기한 것처럼, 행렬은 원래 연립일차방정식을 풀기 위하여 고안되었다. 연립일차방정식이 다음과 같다고 하자.

$$\begin{aligned} 2x + \ y &= 3 \\ 5x + 2y &= 7 \end{aligned}$$

연립방정식을 스칼라 일차방정식 $ax = b$의 형태, 즉 $\begin{pmatrix} 2 & 1 \\ 5 & 2 \end{pmatrix}\begin{pmatrix} x \\ y \end{pmatrix} = \begin{pmatrix} 3 \\ 7 \end{pmatrix}$처럼 쓰고 싶다. 그렇다면 $\begin{pmatrix} 2 & 1 \\ 5 & 2 \end{pmatrix}\begin{pmatrix} x \\ y \end{pmatrix}$은 어떻게 정의해야 할까? 다음과 같이 하면 된다.

$$\begin{pmatrix} \boxed{2 \ \ 1} \\ \boxed{5 \ \ 2} \end{pmatrix} \begin{pmatrix} \boxed{\begin{matrix} x \\ y \end{matrix}} \end{pmatrix} \Rightarrow \begin{matrix} (2 \ \ 1)\begin{pmatrix} x \\ y \end{pmatrix} = 2x + y \\ (5 \ \ 2)\begin{pmatrix} x \\ y \end{pmatrix} = 5x + 2y \end{matrix}$$

이를 확장시키면, 두 행렬 $\boldsymbol{A}, \boldsymbol{B}$의 곱 $\boldsymbol{AB}$는 A의 행과 B의 열의 각 원소끼리 곱해서 합하는 방식으로 정의하는 것이 자연스러울 것 같다. 즉, 다음과 같다.

정의

두 행렬 $\boldsymbol{A} = (a_{ij})_{m \times n}$와 $\boldsymbol{B} = (b_{ij})_{n \times p}$에 대해, 행렬 곱 $\boldsymbol{C} = \boldsymbol{AB}$는 $m \times p$ 행렬로 $\boldsymbol{C} = (c_{ij})_{m \times p}$는 다음과 같다.

$$c_{ij} := \sum_{k=1}^{n} a_{ik}b_{kj} = a_{i1}b_{1j} + a_{i2}b_{2j} + \cdots + a_{ik}b_{kj} + \cdots + a_{in}b_{nj}$$

$$\begin{pmatrix} a_{11} & \cdots & a_{1j} & \cdots & a_{1n} \\ \vdots & & \vdots & & \vdots \\ a_{i1} & \cdots & a_{ik} & \cdots & a_{in} \\ \vdots & & \vdots & & \vdots \\ a_{m1} & \cdots & a_{mj} & \cdots & a_{mn} \end{pmatrix} \begin{pmatrix} b_{11} & \cdots & b_{1j} & \cdots & b_{1p} \\ \vdots & & \vdots & & \vdots \\ b_{k1} & \cdots & b_{kj} & \cdots & b_{kp} \\ \vdots & & \vdots & & \vdots \\ b_{n1} & \cdots & b_{nj} & \cdots & b_{np} \end{pmatrix} = \begin{pmatrix} c_{11} & \cdots & c_{1j} & \cdots & c_{1p} \\ \vdots & & \vdots & & \vdots \\ c_{i1} & \cdots & \boxed{c_{ij}} & \cdots & c_{ip} \\ \vdots & & \vdots & & \vdots \\ c_{m1} & \cdots & c_{mj} & \cdots & c_{mp} \end{pmatrix}$$

i번째 행　　j번째 열

행렬곱에 대해 유의할 점이 있다. 첫째, 행렬 곱 $\boldsymbol{AB}$가 정의되기 위해서는 $\boldsymbol{A}$의 열의 개수와 $\boldsymbol{B}$의 행의 개수가 일치해야 한다. 즉, $\boldsymbol{A}$는 $\bigcirc \times n$ 차원, $\boldsymbol{B}$는 $n \times \triangle$ 차원이어야 한다. 그리고 결과물 행렬은 $\bigcirc \times \triangle$ 차원이다.

둘째, ('스칼라 세상'[10]과는 다르게) 일반적으로 행렬곱은 교환법칙이 성립하지 않는다.

---

10 (수학적으로 민감한 독자를 위해) '스칼라 세상'이라는, 엄밀하지 않은 표현이 거슬렸다면 미안하다. 엄밀히는 '벡터공간(vector space)', '군(group)', '체(field)', 이러한 개념이 필요한데, 생략하자.

즉, $AB \neq BA$이다. 행렬을 곱할 때 **절대, 절대** 순서를 바꾸지 말자.

셋째, ('스칼라 세상'과는 다르게) 행렬곱은 AB라고만 쓴다. $A \times B$나 $A \cdot B$라고 써서는 안 된다.

넷째, ('스칼라 세상'과는 다르게) $AB = 0$이라고 해서, $A = 0$ 또는 $B = 0$이 성립하지 않는다.

마지막 내용은 다음 예제를 통해 확인하자.

예제 7-2 행렬의 곱셈

문제 $A = \begin{pmatrix} 1 & 0 \\ 0 & 0 \end{pmatrix} B = \begin{pmatrix} 0 & 0 \\ 1 & 0 \end{pmatrix}$**일 때, AB를 구하시오.**

풀이 $AB = \begin{pmatrix} 1 & 0 \\ 0 & 0 \end{pmatrix}\begin{pmatrix} 0 & 0 \\ 1 & 0 \end{pmatrix} = \begin{pmatrix} 0 & 0 \\ 0 & 0 \end{pmatrix}$이다. ■

이제 행렬의 덧셈과 곱셈을 모두 정의하였다. 두 연산은 다음의 성질을 가진다.

행렬의 곱셈 성질

A, B, C를 행렬, a를 스칼라라고 하자(아래의 각 행렬곱은 적절히 정의된다고 하자).

- $(AB)C = A(BC)$
- $A(B+C) = AB + AC$
- $(A+B)C = AC + BC$
- $(aA)B = A(aB) = a(AB)$

A가 정사각행렬일 때, 곱 AA를 간단히 A^2이라고 쓴다. 그리고 AAA는 A^3이라고 쓰자.[11] 일반적으로, 다음과 같이 쓰기로 한다.

$$A^n := \underbrace{AA \cdots A}_{n\text{번}}$$

11 $(AA)A = A(AA)$이므로 결과는 곱의 순서(앞에서부터 곱하는지, 뒤에서부터 곱하는지)와는 무관하다. 따라서 AAA는 '잘 정의된다'.

예제 7-3 행렬의 거듭제곱

문제 $\boldsymbol{A}=\begin{pmatrix}1 & -1\\0 & 1\end{pmatrix}$ **일 때, $\boldsymbol{A}^2$, $\boldsymbol{A}^3$, $\boldsymbol{A}^4$를 구하시오. $\boldsymbol{A}^n$은 무엇일까?**

풀이 $\boldsymbol{A}^2=\boldsymbol{A}\boldsymbol{A}=\begin{pmatrix}1 & -2\\0 & 1\end{pmatrix}$, $\boldsymbol{A}^3=\boldsymbol{A}^2\boldsymbol{A}=\begin{pmatrix}1 & -3\\0 & 1\end{pmatrix}$, $\boldsymbol{A}^4=\boldsymbol{A}^3\boldsymbol{A}=\begin{pmatrix}1 & -4\\0 & 1\end{pmatrix}$이다.

결과를 보니 $\boldsymbol{A}^n=\begin{pmatrix}1 & -n\\0 & 1\end{pmatrix}$으로 짐작된다. 이를 수학적 귀납법으로 확인하자.

첫째, $n=1$일 때 성립한다.

둘째, $n=k$일 때, $\boldsymbol{A}^k=\begin{pmatrix}1 & -k\\0 & 1\end{pmatrix}$라고 하자. $n=k+1$에 대해 다음이 성립한다.

$$\boldsymbol{A}^{k+1}=\boldsymbol{A}^k\boldsymbol{A}=\begin{pmatrix}1 & -k\\0 & 1\end{pmatrix}\begin{pmatrix}1 & -1\\0 & 1\end{pmatrix}=\begin{pmatrix}1 & -(k+1)\\0 & 1\end{pmatrix}$$

따라서 $\boldsymbol{A}^n=\begin{pmatrix}1 & -n\\0 & 1\end{pmatrix}$ 이다. ■

이제 '행렬 세계'에서 덧셈에 대한 항등원 '0'과 곱셈에 대한 항등원 '1'의 역할을 하는 것이 무엇인지 알아보자.

- 영행렬(zero matrix): 모든 원소가 0인 행렬이다. 행렬의 차원은 맥락에 따라 결정되며, 스칼라 0과 구분하기 위하여 진하게 **0**으로 표시하기도 한다. 임의의 행렬 $\boldsymbol{A}$에 대해, $\boldsymbol{A}+\boldsymbol{0}=\boldsymbol{0}+\boldsymbol{A}-\boldsymbol{A}$이다.
- 항등행렬(identity matrix): 대각선에 있는 원소가 모두 1인 대각행렬이다. 행렬의 차원은 맥락에 따라 결정되며, '항등(identity)'의 첫 글자를 따서 $\boldsymbol{I}$로 표시한다. 차원을 명시할 필요가 있을 때는 $\boldsymbol{I}_n$이라고 쓰기도 한다. 임의의 행렬 $\boldsymbol{A}$에 대해, $\boldsymbol{A}\boldsymbol{I}=\boldsymbol{I}\boldsymbol{A}=\boldsymbol{A}$이다.[12]

12 행렬 곱 순서를 마음놓고 바꿀 수 있는 몇 안 되는 경우이다.

영행렬과 항등행렬 예는 다음과 같다.

$$\mathbf{0}_{2\times 3} = \begin{pmatrix} 0\,0\,0 \\ 0\,0\,0 \end{pmatrix},\ \boldsymbol{I}_2 = \begin{pmatrix} 1\,0 \\ 0\,1 \end{pmatrix},\ \boldsymbol{I}_3 = \begin{pmatrix} 1\,0\,0 \\ 0\,1\,0 \\ 0\,0\,1 \end{pmatrix}$$

마지막으로, '스칼라 세상'에는 없고, '행렬 세상'에만 있는 연산을 하나 소개한다.

정의

행렬 $\boldsymbol{A}$의 전치행렬(transpose matrix) $\boldsymbol{A}'$은 행과 열을 바꾼 행렬이다. 즉, $(\boldsymbol{A}')_{ij} = (\boldsymbol{A})_{ji}$ 이다(아래 첨자 순서를 잘 보라).

전치행렬은 transpose의 첫 문자 T를 이용해 $\boldsymbol{A}^T$로 표기하기도 한다.[13] 전치행렬은 직접 해보면 이해된다. 행과 열을 바꾸기만 하면 된다.

예를 들면, $\boldsymbol{A} = \begin{pmatrix} 1 & 0 & -1 \\ 2 & 5 & 3 \end{pmatrix}$, $\boldsymbol{B} = \begin{pmatrix} 2\,0 \\ 4\,5 \\ 1\,3 \end{pmatrix}$일 때, $\boldsymbol{A}' = \begin{pmatrix} 1 & 2 \\ 0 & 5 \\ -1 & 3 \end{pmatrix}$, $\boldsymbol{B}' = \begin{pmatrix} 2\,4\,1 \\ 0\,5\,3 \end{pmatrix}$이다.

전치행렬은 다음과 같은 성질을 가진다.

전치행렬의 성질

$\boldsymbol{A}, \boldsymbol{B}, \boldsymbol{C}$를 행렬, a를 스칼라라고 하자(아래의 행렬 합과 곱은 적절히 정의된다고 하자).

(1) $(\boldsymbol{A}')' = \boldsymbol{A}$

(2) $(\boldsymbol{A}+\boldsymbol{B})' = \boldsymbol{A}' + \boldsymbol{B}'$

(3) $(a\boldsymbol{A})' = a\boldsymbol{A}'$

(4) $(\boldsymbol{AB})' = \boldsymbol{B}'\boldsymbol{A}'$

증명은 어렵지 않다. 성질 (1)~(3)은 자명해 보이는데 마지막 성질 (4)는 당연해 보이지 않는다. 하지만 정말 자주 쓰이는 성질이다. 증명해 보자. 행렬곱과 전치의 정의를 잘 이용해야 한다(아래 첨자를 잘 따라가라).

$$\begin{aligned} ((\boldsymbol{AB})')_{ij} &= (\boldsymbol{AB})_{ji} \\ &= \sum_k (\boldsymbol{A})_{jk}(\boldsymbol{B})_{ki} = \sum_k (\boldsymbol{B})_{ki}(\boldsymbol{A})_{jk} \\ &= \sum_k (\boldsymbol{B}')_{ik}(\boldsymbol{A}')_{kj} = (\boldsymbol{B}'\boldsymbol{A}')_{ij} \end{aligned}$$

13 보통 귀찮아서 $\boldsymbol{A}'$를 더 많이 쓴다. 물론 y'과 같은 미분 표기와 같이 나올 때는 유의할 필요는 있다.

첫 번째 등호는 전치행렬의 정의, 다음 등호는 행렬곱의 정의, 다음 등호는 곱셈 순서 변경, 다음 등호는 전치행렬의 정의, 다음 등호는 행렬곱의 정의이다(꼭 직접 증명해 보라). 이 성질은 생각보다 자주 쓰이니 잊지 말기 바란다.

전치행렬과 원래 행렬이 일치할 때, 즉, $\boldsymbol{A}' = \boldsymbol{A}$일 때, 행렬 $\boldsymbol{A}$를 **대칭행렬**(symmetric matrix)이라고 한다. 그리고 $\boldsymbol{A}' = -\boldsymbol{A}$이면 **비대칭행렬**(skew-symmetric matrix)이라고 한다.[14] 대칭행렬이나 비대칭행렬이 매우 예외적인 경우라고 생각할 수 있지만, 사실 모든 정사각행렬은 대칭행렬과 반대칭행렬의 합이다.[15] 대칭행렬은 자주 등장하니 잊지 말자.[16]

예제 7-4 대칭행렬

문제 **A가 $m \times n$ 행렬일 때, AA'와 $A'A$가 대칭행렬임을 보이시오. 그리고 두 행렬의 차수는 무엇인가?**

풀이 대칭행렬의 정의를 이용하면 된다.

$$(\boldsymbol{A}\boldsymbol{A}')' = (\boldsymbol{A}')'\boldsymbol{A}' = \boldsymbol{A}\boldsymbol{A}'$$
$$(\boldsymbol{A}'\boldsymbol{A})' = \boldsymbol{A}'(\boldsymbol{A}')' = \boldsymbol{A}'\boldsymbol{A}$$

따라서 $\boldsymbol{A}\boldsymbol{A}'$, $\boldsymbol{A}'\boldsymbol{A}$는 대칭행렬이다. 그리고 $\boldsymbol{A}\boldsymbol{A}'$은 $m \times m$ 행렬, $\boldsymbol{A}'\boldsymbol{A}$은 $n \times n$ 행렬이다. ■

3. 벡터의 기하학적 성질

숫자를 쌓아둔 것 같은 행렬과는 달리, 2차원이나 3차원 벡터는 머릿속이나 연습장에 그려서 기하학적 해석을 할 수 있다. 벡터는 사실 무언가를 한 장소에서 다른 장소로 옮기는 행

14 '반대칭행렬'이라고도 한다. 여기서는 대한수학회 기준에 따라 '비대칭행렬'이라고 쓴다.

15 $A = (\boldsymbol{A} + \boldsymbol{A}')/2 + (\boldsymbol{A} - \boldsymbol{A}')/2$

16 특히 대칭행렬은 수학적으로 매력적인 성질을 많이 가지고 있다(당신은 선형대수학이 점점 듣고 싶어지고 있다).

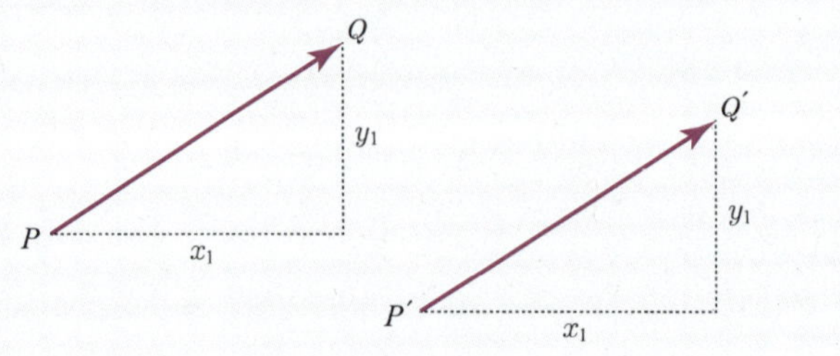

그림 7-1 벡터의 평행 이동

위와 관련이 있다.[17]

xy-평면상에서 모든 이동은 x축을 따라 x_1만큼, 그리고 y축을 따라 y_1만큼 움직이는 것으로 이해할 수 있다. 따라서 평면 위에서의 이동은 순서쌍, 즉 2차원 벡터 (x_1, y_1)에 의해 결정된다. 그림 7-1에서 보듯, 이러한 이동은 점 P에서 점 Q로 향하는 화살표로 표현될 수 있다.

P에서 Q로 향하는 화살표 $\overrightarrow{PQ}$와 P'에서 Q'로 향하는 화살표 $\overrightarrow{P'Q'}$는 시작점은 다르지만 사실 같은 벡터 (x_1, y_1)에 의해 이동이 결정된다. 따라서 같은 방향과 같은 길이를 가진 움직임은 (시작점이 다르더라도) 서로 같은 것으로 간주한다.

이제 벡터의 연산을 살펴보자. 앞서 정의한 행렬의 연산이 그대로 적용된다. 즉, 두 벡터 $\boldsymbol{a} = (x_1, y_1)$, $\boldsymbol{b} = (x_2, y_2)$의 덧셈과 뺄셈은 다음과 같다.

$$\boldsymbol{a} + \boldsymbol{b} = (x_1 + x_2, y_1 + y_2)$$
$$\boldsymbol{a} - \boldsymbol{b} = (x_1 - x_2, y_1 - y_2)$$

흥미로운 것은 두 벡터의 합과 차의 기하학적인 의미이다. 그림 7-2를 보자. 두 벡터 $\boldsymbol{a}, \boldsymbol{b}$가 원점 O에서 시작한다고 하면, $\boldsymbol{a} + \boldsymbol{b}$는 원점 O와 두 벡터로 만들 수 있는 평행사변형의 '긴' 대각선 $\overrightarrow{OQ}$를, $\boldsymbol{a} - \boldsymbol{b}$는 '짧은' 대각선 $\overrightarrow{RP}$를 의미한다.

17 우리가 접종했던 코로나19 백신은 두 종류였다. 하나는 모더나 계열의 'mRNA' 백신이고, 다른 하나는 얀센 계열의 '바이러스 벡터(virus vector)' 백신이다. 바이러스 '벡터'라는 이름은 인체에서 면역반응을 유도하기 위해 바이러스를 '운반체'로 사용한다는 데에서 비롯된 것이다.

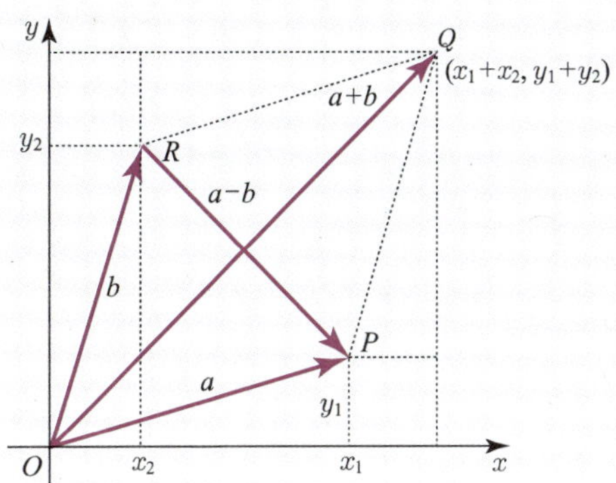

그림 7-2 벡터의 합과 차의 기하학적 표현

$\boldsymbol{a}+\boldsymbol{b}$와 $\boldsymbol{a}-\boldsymbol{b}$의 방향에 주목하라. 그림 7-3을 보자.

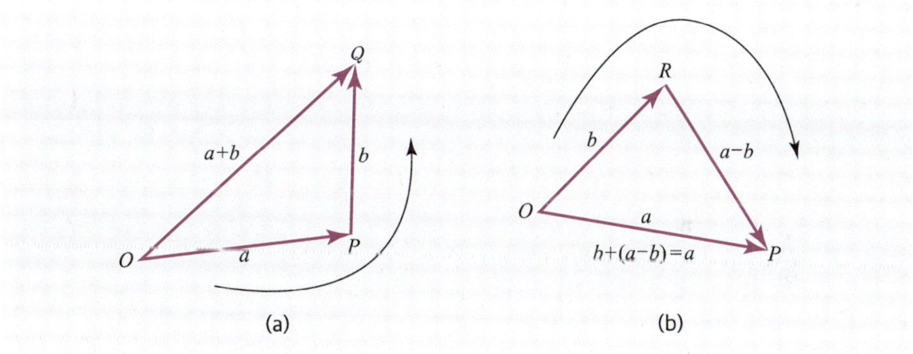

그림 7-3 벡터의 합과 차의 삼각형 표현

$\boldsymbol{a}+\boldsymbol{b}$는 원점에서 출발하여 $\boldsymbol{a}$를 따라 P에 도착하고, $\boldsymbol{b}$를 따라 Q에 도착하게 된다. 한편, $\boldsymbol{a}-\boldsymbol{b}$는 원점에서 출발하여, 이번에는 $\boldsymbol{b}$를 따라 R에 도착한 후, $\boldsymbol{a}-\boldsymbol{b}$를 따라가면, $\boldsymbol{a}$의 끝점 P에 도착하게 된다[$a=b+(a-b)$].

또한 상수배하는 경우, 즉 $\boldsymbol{a}=(a_{1,}\,a_2)$를 c배 한다면 $c\boldsymbol{a}=(ca_{1,}\,ca_2)$이 된다. 기하학적으로는 벡터 $\boldsymbol{a}$와 방향은 그대로지만 크기가 c배가 된다. 단, $c<0$이라면 방향이 반대가 된다.

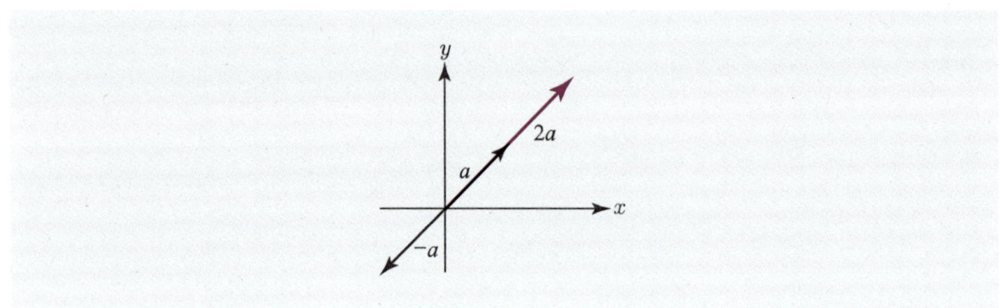

그림 7-4 벡터의 스칼라배

벡터가 3차원, 4차원, ⋯, n차원일 때도 같다고 생각하면 된다(상상하기는 힘들지만).

한편, 벡터 $\boldsymbol{a} = (a_1, a_2, \cdots, a_n)$의 **길이**(length)는 $\| \boldsymbol{a} \|$로 나타내고,[18] 다음처럼 계산한다.[19]

$$\| \boldsymbol{a} \| := \sqrt{a_1^2 + a_2^2 + \cdots + a_n^2}$$

이는 직각삼각형 빗변의 길이를 구하는 식, 그러니까 피타고라스 정리를 n차원으로 확대한 것이다. 이는 직관적으로 자연스럽다(그렇지 않나?).

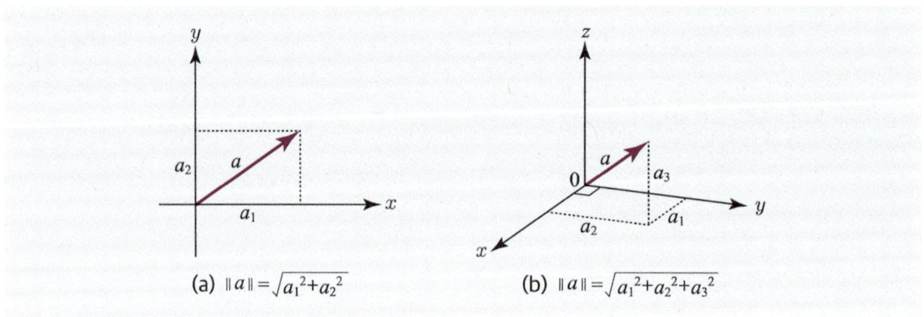

그림 7-5 벡터의 크기와 피타고라스 정리

여기서 중요한 사실 하나는 $a_1^2 + a_2^2 + \cdots + a_n^2 = \boldsymbol{a} \cdot \boldsymbol{a}$이라는 것이다. 따라서 벡터의 길이는 자기 자신과의 내적 제곱근과 같다.

$$\| \boldsymbol{a} \| = \sqrt{\boldsymbol{a} \cdot \boldsymbol{a}}$$

18 그냥 절댓값 표시와 동일한 $| \boldsymbol{a} |$를 쓰기도 한다.

19 '길이'를 정의하는 방법은 이것만 있는 것은 아니다. '특정 조건'을 만족하면 모두 '길이'라고 부를 수 있다.

한편, 벡터의 길이가 정의되면, 두 벡터 $\boldsymbol{a}$와 $\boldsymbol{b}$ 사이의 **거리**(distance)를 정의할 수 있다. 거리는 벡터 $\boldsymbol{a}-\boldsymbol{b}$의 길이(또는 $\boldsymbol{b}-\boldsymbol{a}$의 길이)로 정의한다.[20]

$$\begin{aligned} d(\boldsymbol{a}, \boldsymbol{b}) &:= \|\boldsymbol{a}-\boldsymbol{b}\| \\ &= \sqrt{(a_1-b_1)^2+(a_2-b_2)^2+\cdots+(a_n-b_n)^2} \end{aligned}$$

벡터의 길이에 대해 다음이 성립한다. 천천히 보면 그렇게 이상해 보이진 않는다. 자연스러운지 하나씩 스스로 점검해 보라.

표 7-1 벡터의 길이에 대한 기본 성질

구분	성질	해석
성질 1	$\|\boldsymbol{a}\| \geq 0$	'길이'는 0 이상
성질 2	$\|-\boldsymbol{a}\| = \|\boldsymbol{a}\|$	'길이'는 방향에 무관
성질 3	임의의 상수 c에 대해, $\|c\boldsymbol{a}\| = \lvert c\rvert \|\boldsymbol{a}\|$	2배 혹은 -2배 하면 길이는 2배
성질 4	$\|\boldsymbol{a}\| = 0 \Leftrightarrow \boldsymbol{a} = \boldsymbol{0}$	거리가 0인 벡터 = $\boldsymbol{0}$[21]

길이가 1인 벡터를 **단위벡터**(unit vector)라고 한다. $\boldsymbol{0}$이 아닌 임의의 벡터 $\boldsymbol{a}$에 대해 $\dfrac{\boldsymbol{a}}{\|\boldsymbol{a}\|}$는 $\boldsymbol{a}$와 같은 방향의 단위벡터이다. 단위벡터의 대표적인 예는 각 축을 나타내는 벡터로 2차원에서는 $\boldsymbol{e}_1 := (1, 0), \boldsymbol{e}_2 := (0, 1)$, 3차원에서는 $\boldsymbol{e}_1 := (1, 0, 0)$, $\boldsymbol{e}_2 := (0, 1, 0)$, $\boldsymbol{e}_3 := (0, 0, 1)$이다. 이들 벡터를 **기본 단위벡터**(standard unit vector)라고 한다.

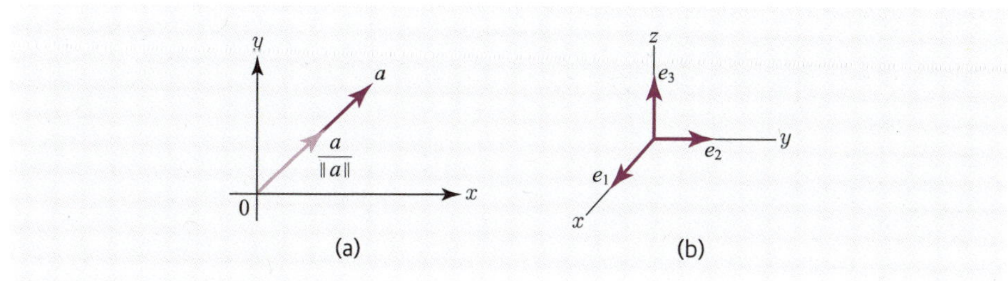

그림 7-6 단위벡터와 기본 단위벡터

20 다시 한 번 흐름을 보라. '길이'를 정의하고 나서, '거리'를 정의했다. '거리'를 어떻게 정의하는지는 중요하다. 참고로 넷플릭스가 당신에게 영화를 추천하는 알고리즘은 당신의 과거 시청 기록에서 최대한 '거리'가 가까운 영화를 찾아주는 것이다.

21 여기서 0은 숫자, $\boldsymbol{0}$은 벡터이다.

예제 7-5 단위벡터의 계산

문제 $\boldsymbol{a}=(1,3,-2)$**일 때** $\boldsymbol{a}$**와 같은 방향의 단위벡터를 구하시오.**

풀이 $\|\boldsymbol{a}\|=\sqrt{1^2+3^2+(-2)^2}=\sqrt{14}$ 이다. 따라서 $\boldsymbol{a}$와 같은 방향의 단위벡터는 $\dfrac{\boldsymbol{a}}{\|\boldsymbol{a}\|}=\left(\dfrac{1}{\sqrt{14}},\dfrac{3}{\sqrt{14}},\dfrac{-2}{\sqrt{14}}\right)$이다. ■

두 벡터 $\boldsymbol{a},\boldsymbol{b}$가 수직으로 교차할 때, $\boldsymbol{a},\boldsymbol{b}$가 **직교**(orthogonal)한다고 한다. 그런데 직교하는지 어떻게 알 수 있을까? 각도기를 쓰기는 곤란하다.[22] 다음의 직각삼각형을 보자.

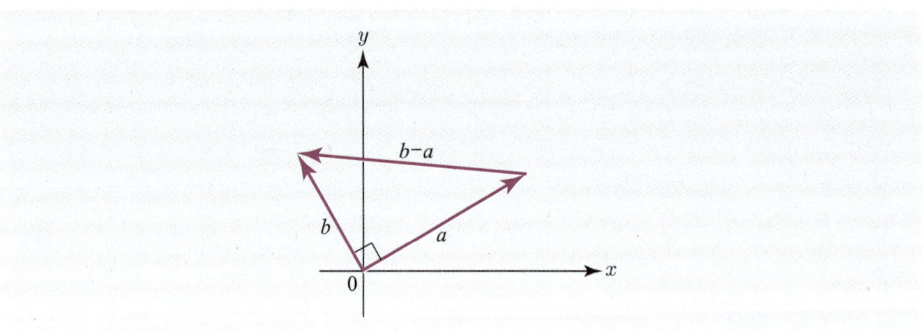

그림 7-7 직교 벡터와 피타고라스 정리

피타고라스 정리에 의해, $\|\boldsymbol{a}\|^2+\|\boldsymbol{b}\|^2=\|\boldsymbol{b}-\boldsymbol{a}\|^2$가 성립한다.[23]

이를 $\|\boldsymbol{a}\|=\sqrt{\boldsymbol{a}\cdot\boldsymbol{a}}$ 임을 이용하면 다음과 같이 쓸 수 있다.

$$
\begin{aligned}
&\boldsymbol{a}\cdot\boldsymbol{a}+\boldsymbol{b}\cdot\boldsymbol{b}=(\boldsymbol{b}-\boldsymbol{a})\cdot(\boldsymbol{b}-\boldsymbol{a})\\
\Leftrightarrow\ &\boldsymbol{a}\cdot\boldsymbol{a}+\boldsymbol{b}\cdot\boldsymbol{b}=\boldsymbol{b}\cdot(\boldsymbol{b}-\boldsymbol{a})-\boldsymbol{a}\cdot(\boldsymbol{b}-\boldsymbol{a})\\
\Leftrightarrow\ &\boldsymbol{a}\cdot\boldsymbol{a}+\boldsymbol{b}\cdot\boldsymbol{b}=\boldsymbol{b}\cdot\boldsymbol{b}-(\boldsymbol{b}\cdot\boldsymbol{a})-(\boldsymbol{a}\cdot\boldsymbol{b})+\boldsymbol{a}\cdot\boldsymbol{a}\\
\Leftrightarrow\ &2\boldsymbol{a}\cdot\boldsymbol{b}=0
\end{aligned}
$$

22 초등학교 이후 쓴 적이 있나?

23 물론 $\|\boldsymbol{a}\|^2+\|\boldsymbol{b}\|^2=\|\boldsymbol{a}-\boldsymbol{b}\|^2$이어도 된다.

즉, 두 벡터 $\boldsymbol{a}, \boldsymbol{b}$가 직교하면, 그 내적은 0이다. '직교'는 별 게 아닌 것처럼 보일 수도 있지만, 벡터 간의 관계를 규정하는 매우 독특한 특질이다. 가령, 통계학에 등장하는 변수 간 상관계수(correlation coefficient)는 사실 '내적'이며, 각 변수를 나타내는 두 벡터가 서로 직교할 때(= '선형관계가 없을 때') 상관계수는 0이 된다.

직교를 활용하는 다른 개념으로 정사영이 있다. 영벡터가 아닌 두 벡터 $\boldsymbol{a}, \boldsymbol{b}$에 대해, 벡터 $\boldsymbol{a}$를 벡터 $\boldsymbol{b}$로 만들어지는 '스크린'에 수직으로 조명을 비춘다고 해보자.

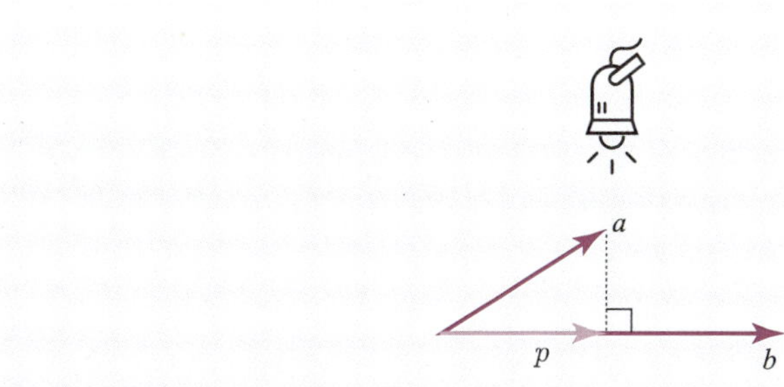

그림 7-8 벡터의 정사영

이때 얻어지는 벡터 $\boldsymbol{a}$의 '그림자' 벡터 $\boldsymbol{p}$를 $\boldsymbol{a}$의 $\boldsymbol{b}$ 방향으로의 **정사영**(projection)이라고 한다. 이때 정사영 벡터 $\boldsymbol{p}$는 다음의 조건을 만족시킨다.

- $\boldsymbol{p}$는 $\boldsymbol{b}$의 상수배. 즉, $\boldsymbol{p} = k\boldsymbol{b}$ (그림자는 스크린 위에 있다)
- $\boldsymbol{a} - \boldsymbol{p}$는 $\boldsymbol{b}$와 직교. 즉, $(\boldsymbol{a} - \boldsymbol{p}) \cdot \boldsymbol{b} = 0$ (조명에 수직이다)

두 조건을 결합하면 $(\boldsymbol{a} - k\boldsymbol{b}) \cdot \boldsymbol{b} = 0$이므로, $k = \dfrac{\boldsymbol{a} \cdot \boldsymbol{b}}{\boldsymbol{b} \cdot \boldsymbol{b}}$를 얻는다. 따라서 정사영 벡터는 다음과 같다.

$$\boldsymbol{p} = \frac{\boldsymbol{a} \cdot \boldsymbol{b}}{\boldsymbol{b} \cdot \boldsymbol{b}} \boldsymbol{b}$$

사실 정사영은 우리가 잘 모르는 것(여기서는 $\boldsymbol{a}$)을 우리가 아는 것(여기서는 $\boldsymbol{b}$)으로 최대한 설명하려는 시도이다(여기서는 k 찾기).[24] 회귀분석의 기초가 되는 최소자승법(Least Squares Method)도 사실 정사영의 특별한 경우이다.[25]

24 2차원인 벽에 투영시키는 그림자 놀이 같은 거다.

25 지금은 무슨 소리인지 몰라도 된다. 그래도 정사영이 무엇인지는 이해하고 넘어가자. 통계학이나 계량경제학에 등장하는 많은 추정 방식이 사실 수학적으로는 정사영이다.

예제 7-6 정사영 계산

문제 $a=(1,2,3)$, $b=(1,-1,2)$**일 때** a**의** b **방향으로의 정사영** p**를 구하시오.**

풀이 $k=\dfrac{a\cdot b}{b\cdot b}=\dfrac{1\times1+2\times(-1)+3\times2}{1^2+(-1)^2+2^2}=\dfrac{5}{6}$ 이다(k를 외울 필요는 없고, 그림을 그려서 생각하라).

따라서 $p=\dfrac{a\cdot b}{b\cdot b}b=\dfrac{5}{6}(1,-1,2)=\left(\dfrac{5}{6},-\dfrac{5}{6},\dfrac{5}{3}\right)$이다. ■

이제 내적 $a\cdot b$ 의 기하학적 의미를 알아보자. 내적은 직교 말고도 훨씬 일반적인 의미를 가진다.

정리

a와 b가 n차원 벡터라고 하자. 두 벡터가 이루는 각을 θ라고 하면, 다음의 관계가 성립한다.

$$a\cdot b=\|a\|\,\|b\|\cos\theta$$

증명의 아이디어는 다음과 같다. 논의의 단순화를 위하여 두 벡터가 이루는 각이 $0\le\theta\le\pi/2$라고 하자. a 의 b 방향으로의 정사영 벡터 $p=\dfrac{a\cdot b}{b\cdot b}b$는 벡터 b와 같은 방향이므로 $\dfrac{a\cdot b}{b\cdot b}\ge 0$ 이다. 아래 그림을 참조하자.

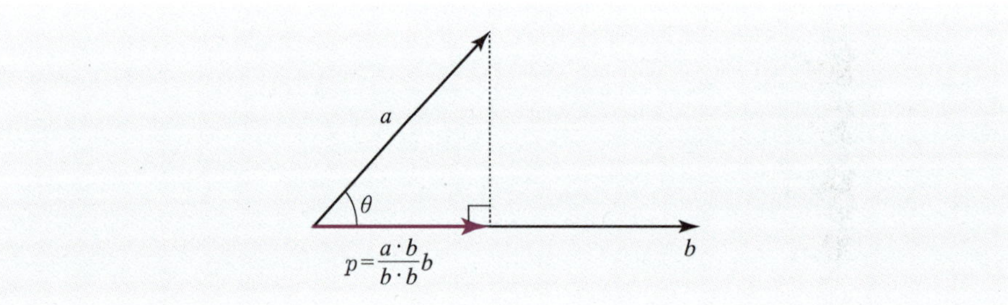

그림 7-9 벡터의 정사영 표현식

두 벡터가 이루는 각을 θ라고 하면, 다음이 성립한다.

$$\begin{aligned}\cos\theta &= \frac{\| \boldsymbol{p} \|}{\| \boldsymbol{a} \|} \\ &= \frac{1}{\| \boldsymbol{a} \|}\left(\frac{\boldsymbol{a}\cdot\boldsymbol{b}}{\boldsymbol{b}\cdot\boldsymbol{b}}\right)\| \boldsymbol{b} \| \\ &= \frac{1}{\| \boldsymbol{a} \| \ \| \boldsymbol{b} \|}(\boldsymbol{a}\cdot\boldsymbol{b})\end{aligned}$$

따라서 원하는 결과를 얻는다. 이 정리는 중요하니 꼭 기억하기 바란다.

몇 가지 언급할 사항이 있다.

첫째, 앞에서 본 「두 벡터 $\boldsymbol{a}, \boldsymbol{b}$가 직교하면, $\boldsymbol{a}\cdot\boldsymbol{b}=0$」은 위 정리의 특별한 경우이다. 두 벡터가 직교한다면, 즉, $\theta=\pi/2$이면 $\cos\pi/2=0$ 이므로 $\boldsymbol{a}\cdot\boldsymbol{b}=0$이다.

둘째, 내적의 부호를 통해 두 벡터가 이루는 각이 예각($0<\theta<\pi/2$)인지 둔각($\pi/2<\theta<\pi$)인지 알 수 있다. 내적이 (+)이면 예각, (−)이면 둔각이다.

셋째, 두 벡터가 이루는 각은 벡터 $\boldsymbol{a}$를 기준선으로 잴 수도 있고, 벡터 $\boldsymbol{b}$를 기준선으로 잴 수도 있는데, 혹시 결과가 달라지지 않을까 생각할 수 있다(훌륭하다!). 하지만 $\cos\theta=\cos(-\theta)$ 이므로 다행히 결과는 동일하다. 그래서 그 걱정은 하지 않아도 된다.

예제 7-7 두 벡터 사이의 각도 계산

문제 **두 벡터 $\boldsymbol{a}=(1,0,0)$과 $\boldsymbol{b}=(1,0,1)$일 때 두 벡터 사이의 각 θ를 구하시오.**

풀이 $\cos\theta=\dfrac{\boldsymbol{a}\cdot\boldsymbol{b}}{\| \boldsymbol{a} \| \ \| \boldsymbol{b} \|}=\dfrac{1}{\sqrt{1^2}\sqrt{1^2+1^2}}=\dfrac{1}{\sqrt{2}}$ 이므로, $\theta=\dfrac{\pi}{4}$ 이다. ■

4. 직선과 평면 방정식

2차원에서 직선을 정하기 위해서는 한 점, 그리고 직선의 방향(기울기)이 필요했다. 3차원, 4차원, ⋯ , n차원에서도 마찬가지이다. 직선을 결정하기 위해서는 한 점과 직선의 방향만 있으면 된다. 점 $\boldsymbol{a}$를 지나고 벡터 $\boldsymbol{b}$에 평행한 직선의 방정식을 구해보자.

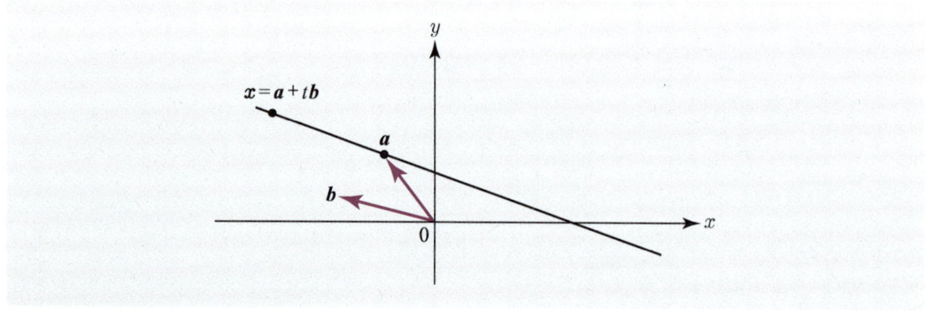

그림 7-10 한 점을 지나는 직선의 벡터식

이 직선 위의 임의의 한 점을 $\boldsymbol{x}$라고 하면, 벡터 $\boldsymbol{x}$는 벡터 $\boldsymbol{a}$에 벡터 $\boldsymbol{b}$의 상수배를 더한 것과 같다. 즉, 다음이 성립한다.

$$\boldsymbol{x} = \boldsymbol{a} + t\boldsymbol{b} \text{ (단, } t\text{는 임의의 실수)}$$

2차원인 경우, 즉 $\boldsymbol{x} = (x, y)$, $\boldsymbol{a} = (a_1, a_2)$, $\boldsymbol{b} = (b_1, b_2)$이면 위의 식은 다음과 같다.

$$(x, y) = (a_1, a_2) + t(b_1, b_2)$$

예제 7-8 방향 벡터를 이용한 직선의 방정식

문제 **2차원 평면에서 점 $p = (1, 2)$를 지나 벡터 $a = (2, 3)$에 평행한 직선의 방정식을 구하시오.**

풀이 이를 나타내는 직선의 방정식은 $(x, y) = (1, 2) + t(2, 3)$, 즉 다음과 같다.

$$x = 1 + 2t,\ y = 2 + 3t$$

각 식을 t에 대해서 정리한 후 등치시키면 다음을 얻는다.

$$t = \frac{x-1}{2} = \frac{y-2}{3}$$

따라서 $y = \dfrac{3(x-1)}{2} + 2 = \dfrac{3}{2}x + \dfrac{1}{2}$이다. ■

즉, $x = a_1 + tb_1$, $y = a_2 + tb_2$이다. 우리가 익숙한 형태, 즉 $y = mx + c$와 같은 형태로 바꾸기 위해서는 아래 예제처럼 t를 소거하면 된다. 3차원부터는 직선의 방정식을 t와 같은 변수를 매개로 하여 각 좌표를 표시하는 것이 편리한 경우가 많은데, 이러한 변수를 **매개변수**(parameter)라고 한다.

한 점과 방향이 아닌, 직선을 지나는 두 점 $\boldsymbol{p}$, $\boldsymbol{q}$가 주어졌을 때 방정식은 어떻게 될까. 2차원에서 우리는 두 점의 차, x의 변화량 Δx와 y의 변화량 Δy을 계산하였다. n차원에서도 비슷하다. 두 점 $\boldsymbol{p}$, $\boldsymbol{q}$를 지나는 직선은 벡터 $\boldsymbol{q} - \boldsymbol{p}$에 평행하므로 이 직선의 방정식은 다음과 같다.

$$\boldsymbol{x} = \boldsymbol{p} + t(\boldsymbol{q} - \boldsymbol{p}) \text{ (단, } t\text{는 임의의 실수)}$$

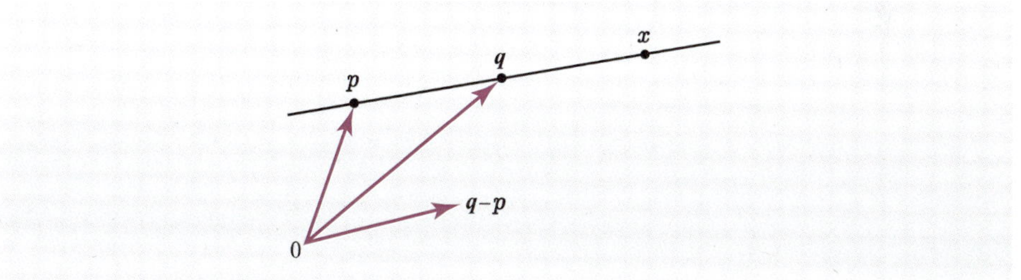

그림 7-11 두 점을 지나는 직선의 벡터식

위 식을 정리하면 $\boldsymbol{x} = (1-t)\boldsymbol{p} + t\boldsymbol{q}$으로 쓸 수 있는데,[26] 사실 두 점을 잇는 직선의 방정식은 이러한 형태로 더 많이 쓴다. 그리고 t를 '임의의 실수'가 아니라, $0 \le t \le 1$로 범위를 제한한다면, $\boldsymbol{x} = (1-t)\boldsymbol{p} + t\boldsymbol{q}$은 '직선'이 아닌 두 점 $\boldsymbol{p}$, $\boldsymbol{q}$를 잇는 '선분'을 나타내게 된다.[27] 미시경제학에서 $\boldsymbol{x} = (1-t)\boldsymbol{p} + t\boldsymbol{q}$의 형태가 종종 나오므로 식의 기하학적 의미를 꼭 기억해두길.

26 $\boldsymbol{x} = t\boldsymbol{p} + (1-t)\boldsymbol{q}$ 와 같은 형태로 쓸 수도 있다. 중요한 것은 $\boldsymbol{p}$, $\boldsymbol{q}$ 계수의 합이 1이라는 것이다.

27 직선은 양방향으로 무한히 뻗어 나가고, 선분은 직선 중 두 점 사이에 있는 부분이다.

예제 7-9 두 점을 지나는 3차원 직선의 방정식

문제 **3차원 공간에서 점 $p=(2,-1,3)$, $q=(3,2,-1)$을 지나는 직선의 방정식을 구하시오.**

풀이 직선의 방정식은 다음과 같다.

$$\begin{aligned}(x,y,z) &= (1-t)(2,-1,3)+t(3,2,-1)\\ &= (2+t,-1+3t,3-4t)\end{aligned}$$

각 좌표를 t에 대해서 정리한 후 등치시키면 다음을 얻는다.

$$x-2=\frac{y+1}{3}=\frac{z-3}{-4}$$

3차원에서 직선의 방정식은 이렇게 두 개의 일차식으로 주어진다(그럼 4차원에서는?). ■

이제 **평면의 방정식**을 알아보자. 여기서부터는 3차원을 마음속으로, 혹은 연습장에 그려 보는 것이 필요하다.

직선을 정의하기 위해서는 직선 위의 한 점과 직선의 방향('기울기')이 필요했다. 그렇다면 평면을 정의하는 데 필요한 최소한의 정보는 무엇일까? 한 점과 '평면의 방향'? 여기서 '평면의 방향'은 무엇일까? 평면과 평행한 벡터? 좋지 않다. 평면과 평행한 방향은 무한히 많기 때문이다.

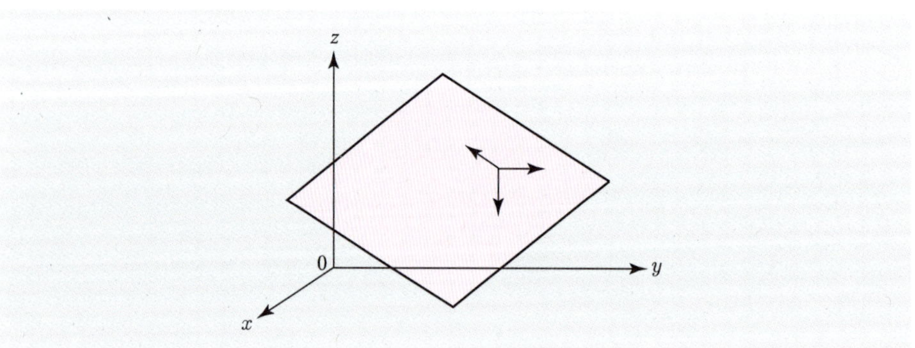

그림 7-12 평면과 평행한 벡터

다른 방법은? 평면과 평행한 방향이 아닌, 평면과 수직인 방향을 잡으면 해결된다. 평면과 수직인 방향은 하나밖에 없다.[28] 평면과 수직인 방향을 나타내는 벡터를 **법선벡터**(normal vector)라고 한다.

평면상 임의의 점을 $\boldsymbol{x}$라고 하자. 그렇다면, 점 $\boldsymbol{p}$에서 점 $\boldsymbol{x}$로의 방향을 나타내는 벡터 $\boldsymbol{x}-\boldsymbol{p}$와 법선벡터 $\boldsymbol{n}$은 수직이므로, 서로 내적하면 0이 된다. 즉, 다음과 같다.

$$(\boldsymbol{x}-\boldsymbol{p})\cdot\boldsymbol{n}=0$$

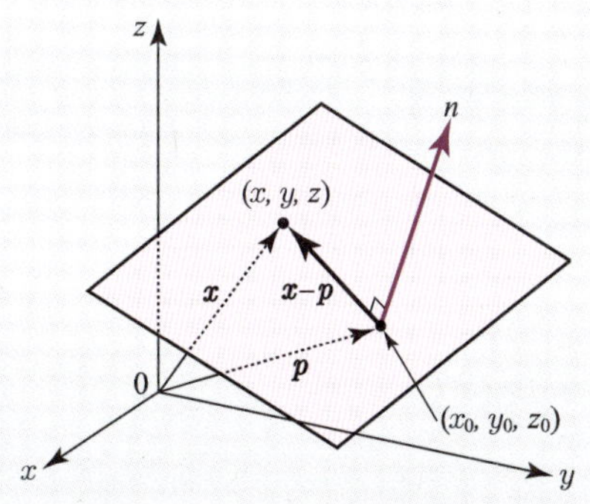

그림 7-13 평면의 방정식의 벡터적 표현

이것이 바로 평면의 방정식이 된다! 다음 예제를 풀어보자.

예제 7-10 평면과 직선의 벡터 방정식

문제 다음 각 문제의 답을 구하시오.

(1) 3차원 공간에서 점 $\boldsymbol{p}=(1,-2,1)$을 포함하고 벡터 $\boldsymbol{n}=(-1,2,1)$에 수직인 평면의 방정식을 구하시오.

(2) 2차원 공간에서 점 $\boldsymbol{p}=(2,4)$를 지나고 벡터 $\boldsymbol{n}=(-3,1)$에 수직인 직선의 방정식을 구하시오.

28 물론 평면의 '위', '아래' 두 방향이 있는데, 마이너스(-) 부호만 붙이면 되니 같은 걸로 생각하자.

풀이 각 문제의 해는 다음과 같다.

(1) 구하고자 하는 평면 위 임의의 점을 $(x,\ y,\ z)$라고 하면, 다음을 만족한다.

$$(\boldsymbol{x}-\boldsymbol{p})\cdot\boldsymbol{n}=0 \iff (x-1, y+2, z-1)\cdot(-1, 2, 1)=0$$

따라서 $-x+2y+z+4=0$이다.

(2) 3차원 공간에서는 직선(1차원)과 평면(2차원)이 있을 수 있지만, 2차원 공간에서는 직선밖에 없다.[29] 동일한 방식으로 하면 된다.

구하고자 하는 직선 위 임의의 점을 $(x,\ y)$라고 하면, 다음을 만족한다.

$$(\boldsymbol{x}-\boldsymbol{p})\cdot\boldsymbol{n}=0 \iff (x-2, y-4)\cdot(-3, 1)=0$$

따라서 $-3x+y+2=0$이다. ■

29 (수학적으로 민감한 독자를 위해) '아핀 공간(affine space)'

연습문제

7.1 a_{ij}가 다음과 같을 때, 2×4 행렬 $\boldsymbol{A}=(a_{ij})_{2\times4}$을 쓰시오.

(1) $a_{ij}=i-j+1$

(2) $a_{ij}=(-1)^{i+j}$

7.2 행렬 $\boldsymbol{A}, \boldsymbol{B}, \boldsymbol{C}, \boldsymbol{D}$가 다음과 같다고 하자.

$$\boldsymbol{A}=\begin{pmatrix}2&0\\-1&1\end{pmatrix},\ \boldsymbol{B}=\begin{pmatrix}-1&2\\1&-1\end{pmatrix},\ \boldsymbol{C}=\begin{pmatrix}2&3\\1&4\end{pmatrix},\ \boldsymbol{D}=\begin{pmatrix}1&1&1\\1&3&4\end{pmatrix}$$

다음의 계산이 가능한지 판단하고, 가능하다면 계산하시오.

(1) $2\boldsymbol{A}+3\boldsymbol{B}$

(2) $\boldsymbol{AB}$

(3) $\boldsymbol{AD}$

(4) $\boldsymbol{DC}$

(5) $(\boldsymbol{C}'\boldsymbol{A}')\boldsymbol{B}'$

(6) $\boldsymbol{D}'\boldsymbol{D}'$

(7) $\boldsymbol{D}'\boldsymbol{D}$

7.3 벡터 $\boldsymbol{a}=(5,-1)$와 $\boldsymbol{b}=(-2,4)$에 내해 $\boldsymbol{a}+\boldsymbol{b}$와 $-\frac{1}{2}\boldsymbol{a}$를 계산하고, 그림으로 나타내시오.

7.4 다음 두 벡터가 직교하는지 확인하시오.

(1) $(1,2)$와 $(-2,1)$

(2) $(1,-1,1)$와 $(-1,1,-1)$

(3) $(a,-b,1)$와 $(b,a,0)$

7.5 어떤 x에 대해 두 벡터 $(x, x+8, x, x)$와 $(x,-1,2,1)$은 직교하는가?

7.6 다음 조건을 만족하는 직선의 식을 구하시오.

(1) 두 점 $(3, -2, 2)$와 $(10, 2, 1)$을 지나는 직선

(2) 점 $(1, 3, 2)$을 지나고 방향이 $(0, -1, 1)$인 직선

7.7 두 벡터 $\boldsymbol{a} = (3, 1)$와 $\boldsymbol{b} = (-1, 2)$, 스칼라 λ에 대해, 벡터 $\boldsymbol{x}$를 $\boldsymbol{x} = \lambda\boldsymbol{a} + (1-\lambda)\boldsymbol{b}$라고 하자.

(1) $\lambda = 0, \frac{1}{4}, \frac{1}{2}, \frac{3}{4}, 1$일 때 $\boldsymbol{x}$를 계산하고, xy-평면에 나타내시오.

(2) $\lambda \in [0, 1]$일 때, $\boldsymbol{x} = \lambda\boldsymbol{a} + (1-\lambda)\boldsymbol{b}$가 xy-평면에서 나타내는 것은 무엇인가?

(3) $\lambda \geq 0$일 때, $\boldsymbol{x} = \lambda\boldsymbol{a} + (1-\lambda)\boldsymbol{b}$가 xy-평면에서 나타내는 것은 무엇인가?

(4) $\lambda \in \mathbb{R}$일 때, $\boldsymbol{x} = \lambda\boldsymbol{a} + (1-\lambda)\boldsymbol{b}$가 xy-평면에서 나타내는 것은 무엇인가?

7.8 $\mathbb{R}^3$에서 직선 L이 $x_1 = -t + 2, x_2 = 2t + 1, x_3 = t - 3$으로 주어졌다고 하자.

(1) 점 $\boldsymbol{a} = (2, 1, -3)$은 직선 L 위에 있지만, 점 $(1, 1, 1)$은 그렇지 않음을 확인하시오.

(2) 점 $\boldsymbol{a}$를 지나면서 직선 L과 직교하는 평면의 방정식을 구하시오.

(3) 직선 L과 평면 $3x_1 + 4x_2 - x_3 = 1$이 교차하는 점을 구하시오.

CHAPTER 08

행렬식과 역행렬

앞 장에서 행렬의 덧셈, 뺄셈, 곱셈까지 했다. 이제 나눗셈을 할 차례이다. 1장에서 말한 것처럼, 사실 나눗셈은 '역수'를 곱하는 작업이다(예: $2 \div 3 = 2 \times 3^{-1}$). 그렇다면 행렬의 '역수', 그러니까 '역행렬'을 구하면 나눗셈을 정의할 수 있다(곱하는 방법은 알고 있으니).

그런데 역행렬을 어떻게 구할까?
이 장에서는 이를 다룬다. 사실 '스칼라 세상'에서는 거의 모든 스칼라가 역수를 가지지만, '행렬 세계'에서는 역행렬을 가지는 것이 의외로 특별한 성질이다. 그래서 역행렬을 구하기 전에는 반드시 존재 여부부터 확인할 필요가 있는데, 이때 이 신호등 역할을 해주는 것이 바로 '행렬식'이다. 행렬식을 통해 그린 라이트가 켜져 있는지 확인한 후, 안심하고 역행렬을 계산하면 된다(그리고 행렬식 자체가 역행렬을 구할 때도 사용된다).

유감이지만, 행렬식은 굉장히 복잡하다(복잡해 보인다). 하지만 컴퓨터라는 친구가 있는 우리에게 필요한 건 (언제나 그렇듯) 구조에 대한 직관적인 이해이다. 이 장에서는 먼저 행렬식이 무엇인지, 그리고 그것이 역행렬의 존재 여부와 어떻게 연결되는지를 살펴본다. 이어서 실제로 역행렬을 구하는 방법까지 알아본 후, 행렬의 '나눗셈'을 완성한다.

1. 선형독립

벡터 $\boldsymbol{v}_1, \boldsymbol{v}_2, \cdots, \boldsymbol{v}_k$와 스칼라 $\alpha_1, \alpha_2, \cdots, \alpha_k$ 에 대해, 다음과 같은 연산을 **선형결합**(linear combination)이라고 한다.

$$\alpha_1\boldsymbol{v}_1 + \alpha_2\boldsymbol{v}_2 + \cdots + \alpha_k\boldsymbol{v}_k$$

예를 들면, 다음과 같다.

$\boldsymbol{v}_1 = \begin{pmatrix}1\\2\end{pmatrix}, \boldsymbol{v}_2 = \begin{pmatrix}3\\1\end{pmatrix}, \alpha_1 =-1,\ \alpha_2 = 2$이면, $\alpha_1\boldsymbol{v}_1 + \alpha_2\boldsymbol{v}_2 = -1\begin{pmatrix}1\\2\end{pmatrix} + 2\begin{pmatrix}3\\1\end{pmatrix} = \begin{pmatrix}5\\0\end{pmatrix}$

두 벡터 $\boldsymbol{v}_1 = \begin{pmatrix}1\\2\end{pmatrix}$와 $\boldsymbol{v}_2 - \begin{pmatrix}2\\4\end{pmatrix}$를 보자. 누 벡터의 '관계'는 어떤가? 두 벡터의 '크기'는 다르지만 가리키는 '방향'은 같다. 즉, 다음과 같다.

$$\boldsymbol{v}_2 = 2\boldsymbol{v}_1$$

$\boldsymbol{v}_2$를 $\boldsymbol{v}_1$의 상수배로 나타낼 수 있다(혹은 $\boldsymbol{v}_1$를 $\boldsymbol{v}_2$의 상수배로 나타낼 수 있다). 이 경우, 두 벡터를 **선형종속**(linear dependence)이라고 한다. 위 식을 조금 바꿔보면 다음과 같다.

$$-2\boldsymbol{v}_1 + \boldsymbol{v}_2 = \mathbf{0}$$[1]

즉, $\boldsymbol{v}_1$과 $\boldsymbol{v}_2$의 선형결합이 영벡터가 되는 스칼라 α_1, α_2가 존재함을 의미한다(이 경우는 $\alpha_1 =-2,\ \alpha_2 = 1$).

벡터가 두 개 이상인 경우 다음과 같이 확장할 수 있다.

> **정의**
> 벡터 $\boldsymbol{v}_1, \boldsymbol{v}_2, \cdots, \boldsymbol{v}_k$에 대해, $\alpha_1\boldsymbol{v}_1 + \alpha_2\boldsymbol{v}_2 + \cdots \alpha_k\boldsymbol{v}_k = \mathbf{0}$이 되는 스칼라 $\alpha_1, \alpha_2, \cdots, \alpha_k$가 존재하면(단, $\alpha_1 = \cdots = \alpha_k = 0$는 제외),[2] $\boldsymbol{v}_1, \boldsymbol{v}_2, \cdots, \boldsymbol{v}_k$를 선형종속이라고 한다. 선형종속이 아니면 선형독립(linear independence)이다.

즉, $\boldsymbol{v}_1, \boldsymbol{v}_2, \cdots, \boldsymbol{v}_k$가 선형종속이라는 의미는 그중 어떤 벡터를 다른 벡터들의 선형결합으로 나타낼 수 있음을 의미한다. 그리고 선형독립은 그럴 수 없음을 의미한다. 따라서

1 우변의 $\mathbf{0}$은 숫자가 아니라 영(0)벡터임에 유의하라.

2 모든 $\alpha_i = 0$이면, 당연히 영벡터가 나온다.

$\alpha_1 \boldsymbol{v}_1 + \alpha_2 \boldsymbol{v}_2 + \cdots \alpha_k \boldsymbol{v}_k = \mathbf{0}$일 때, $\alpha_1 = \alpha_2 = \cdots = \alpha_k = 0$외에 다른 스칼라 $\alpha_1, \alpha_2, \cdots, \alpha_k$를 찾을 수 있으면 선형종속, 찾을 수 없으면 선형독립이다.

예제 8-1 벡터의 선형독립 판정

문제 $\boldsymbol{v}_1 = \begin{pmatrix} 1 \\ -2 \end{pmatrix}$**와** $\boldsymbol{v}_2 = \begin{pmatrix} 2 \\ 1 \end{pmatrix}$**이 선형종속인지 독립인지를 확인하시오.**

풀이 이런 문제를 물어볼 때는 먼저 '눈으로' 한 벡터가 다른 벡터의 상수배인지 확인한다. 애매하면, 정의로 돌아간다. 즉, 다음을 만족하는 α_1, α_2를 찾으면 된다.

$$\alpha_1 \begin{pmatrix} 1 \\ -2 \end{pmatrix} + \alpha_2 \begin{pmatrix} 2 \\ 1 \end{pmatrix} = \mathbf{0}$$

이는 다음의 두 식으로 표시된다.

$$\begin{aligned} \alpha_1 \quad + 2\alpha_2 &= 0 \\ -2\alpha_1 + \quad \alpha_2 &= 0 \end{aligned}$$

이를 만족하는 $\alpha_1 = \alpha_2 = 0$밖에 없다. 따라서 두 벡터는 선형독립이다. ■

선형종속, 선형독립은 개별 벡터의 성질이 아니라, '벡터의 모음'이 가진 성질임에 유의하라. 그래서 동일한 벡터가 어떤 벡터의 모음에서는 선형독립이더라도, 다른 모음에서는 선형종속일 수 있다. 예를 들면, $\boldsymbol{v}_1, \boldsymbol{v}_2, \boldsymbol{v}_1 + \boldsymbol{v}_2$은 항상 선형종속이지만, $\boldsymbol{v}_1, \boldsymbol{v}_2$은 선형독립일 수 있다.

2. 행렬식

$n \times n$ 정사각행렬 $\boldsymbol{A}$의 행렬식(determinant)은[3] 그 행렬의 각 원소를 복잡한 방식으로 계산해서 나오는 숫자이다. $\det \boldsymbol{A}$ 또는 $|\boldsymbol{A}|$로 나타낸다.[4] 비록 정의는 다소 복잡하지만, 행

---

3 저자에 따라 '판별식', '결정식'이라고도 한다. 하지만 행렬의 특성을 나타내는 너무나도 중요한 식이기 때문에 '행렬식'이 보다 적절하다고 생각된다. 대한수학회에서도 그렇게 번역하고 있다. '판별식'은 이차식에서 $b^2 - 4ac$ 같은 discriminant를 가리킨다.

렬식은 행렬의 곱셈, 행과 열 연산 등에 대해 매우 놀라운 성질을 지니고 있다. 안타깝게도 (다행히도!) 여기서는 이러한 놀라운 성질의 증명을 다룰 수는 없다.[5] 따라서 여기서는 행렬식이 무엇인지, 그리고 그 기본적인 성질을 쭉 소개하는 식으로 설명한다. 그럼 시작하자.

1) 행렬식은 $n \times n$ 정사각행렬에 대해서만 정의된다. 가령, 2×3 행렬에 대한 행렬식은 없다.
2) 1×1 행렬 $\boldsymbol{A} = (a)$의 행렬식은 $\det \boldsymbol{A} := a$ 이다.
3) 2×2 행렬 $\boldsymbol{A} = \begin{pmatrix} a & b \\ c & d \end{pmatrix}$의 행렬식은 $\det \boldsymbol{A} := ad - bc$ 이다(아마 고등학교 때 배웠을 것이다). 이건 그냥 임의로 숫자를 곱하고 뺀 것이 아니다. 여기에 대한 기하학적 의미는 나중에 설명한다(아마 고등학교 때 안 배웠을 것이다).
4) $n \times n$ 행렬부터 복잡해진다. 몇 가지 새로운 용어가 나오니 긴장하자. 원래 $n \times n$ 행렬 $\boldsymbol{A}$ 에서 i번째 행과 j번째 열을 제거하여 얻은 $(n-1) \times (n-1)$ 행렬을 **소행렬**(minor)이라 하고, $\boldsymbol{A}_{ij}$로 나타낸다. 예를 들면, 다음과 같다.

$$\boldsymbol{A} = \begin{pmatrix} a & b & c \\ d & e & f \\ g & h & i \end{pmatrix} \text{ 이면, } \boldsymbol{A}_{11} = \begin{pmatrix} e & f \\ h & i \end{pmatrix}, \boldsymbol{A}_{23} = \begin{pmatrix} a & b \\ g & h \end{pmatrix}$$

$n \times n$ 행렬 $\boldsymbol{A}$ 의 행렬식은 다음과 같이 축차적(recursively)으로 정의된다. **라플라스 전개**(Laplace expansion), 혹은 **여인수 전개**(cofactor expansion)라고[6] 부른다.

$$\det \boldsymbol{A} := \sum_{j=1}^{n} (-1)^{i+j} a_{ij} \det \boldsymbol{A}_{ij}$$

$n = 2$일 때 행렬식 계산하는 방법을 아니까, $n = 3$일 때도 위 정의식을 이용하면 (원칙

4 여기에서는 $\det \boldsymbol{A}$를 쓴다. $|\boldsymbol{A}|$로 표기하는 것이 경제적이긴 하지만, 개념상 절댓값과 어울리지 않기 때문에 잘 안 쓰는 것 같다(행렬식 값은 음수일 수도 있다).

5 (수학적으로 민감한 독자를 위해) 사실 행렬식을 이해하는 가장 좋은 방법은 외대수(exterior algebra)라 불리는 개념을 통해 배우는 것이다. 하지만 경영·경제학도에게는 '가성비'가 별로라서 절대 추천하지는 않는다(하지 말라고 하면 꼭 하는 학생이 있긴 하다). 시간이 나면 『국부론』이나 『21세기 자본』 같은 책을 읽어라.

6 $\boldsymbol{A}_{ij}$를 소행렬, $(-1)^{i+j}\det \boldsymbol{A}_{ij}$를 여인수(cofactor)라고 한다. 소행렬은 행렬이고, 여인수는 스칼라, 그러니까 숫자이다. 헷갈리지 말자.

적으로는) 계산할 수 있다. $n=4$일 때도, $n=5$일 때도, … 사실 이건 컴퓨터를 시키면 쉽게 할 수 있다.[7]

5) 라플라스 전개식을 잘 보면, **행**을 나타내는 i는 고정되어 있고, **열**을 나타내는 j만 $\sum$ 안에서 1부터 n까지 변한다. 라플라스 전개에서 행의 선택에 무관하게 값은 항상 같다. 그러니까, $i=1$이나, $i=n$이나 값은 같다. 이거 증명하려면 다른 얘기를 길게 해야 하니, 그냥 받아들이기 바란다. 그렇다고 그냥 넘어가기에는 아쉬운 성질이다. 이 성질은 어떤 행에 0이 많다면 그 행을 택하는 것이 행렬식을 계산하기 쉽다는 것을 의미한다! 예를 들면 다음과 같다.

$\boldsymbol{A}=\begin{pmatrix}1&2&3\\4&0&5\\0&7&0\end{pmatrix}$일 때, 행의 개수가 3이므로, 세 가지 형태의 라플라스 전개가 가능하다.[8]

$i=1:$

$$\det\boldsymbol{A}=(-1)^2\times1\times\det\begin{pmatrix}0&5\\7&0\end{pmatrix}+(-1)^3\times2\times\det\begin{pmatrix}4&5\\0&0\end{pmatrix}+(-1)^4\times3\times\det\begin{pmatrix}4&0\\0&7\end{pmatrix}$$

$i=2:$

$$\det\boldsymbol{A}=(-1)^3\times4\times\det\begin{pmatrix}2&3\\7&0\end{pmatrix}+\underbrace{(-1)^4\times\underline{0}\times\det\begin{pmatrix}1&3\\0&0\end{pmatrix}}_{=0}+(-1)^5\times5\times\det\begin{pmatrix}1&2\\0&7\end{pmatrix}$$

$i=3:$

$$\det\boldsymbol{A}=\underbrace{(-1)^4\times\underline{0}\times\det\begin{pmatrix}2&3\\0&5\end{pmatrix}}_{=0}+(-1)^5\times7\times\det\begin{pmatrix}1&3\\4&5\end{pmatrix}+\underbrace{(-1)^6\times\underline{0}\times\det\begin{pmatrix}1&2\\4&0\end{pmatrix}}_{=0}$$

이 셋 중에 어떤 것이 가장 계산하기 편할까? 차수가 낮더라도 det 를 계산하는 것이 가장 번거롭다. 위의 경우, $i=1$일 때는 det 을 세 번, $i=2$일 때는 det 을 두 번, $i=3$일 때는 det 을 한 번만 계산하면 된다. 따라서 세 번째 행($i=3$)을 택하는 것이 가장 계산하기 편하다. 그렇다면 다음과 같은 경우, 어느 행을 택해서 전개하는 것이 가장 쉬울까?[9]

---

7 아주 특별한 경우를 빼고는, $n \geq 4$인 행렬의 행렬식을 여러분이 직접 계산할 일은 없을 것이다.

8 여러분이 직접 한 번만 써보시라. 제발.

9 두 번째 행

$$\boldsymbol{A}=\begin{pmatrix}1 & -2 & 3 & -1\\ 0 & 4 & 0 & 0\\ 0 & 7 & -1 & 2\\ 2 & 1 & 1 & 2\end{pmatrix}$$

6) 이제 어려운 부분은 넘겼다. 라플라스 전개의 또 다른 (아름다운) 성질은 다음과 같이도 쓸 수 있다는 점이다.

$$\det \boldsymbol{A} := \sum_{i=1}^{n} (-1)^{i+j} a_{ij} \det \boldsymbol{A}_{ij}$$

어디가 바뀌었는지 보이는가? 이젠 **열**을 나타내는 j는 고정되어 있고, **행**을 나타내는 i만 $\sum$ 안에서 1부터 n까지 변한다. 그리고 (앞서 행의 선택에 무관했던 것처럼) 열 j의 선택에 무관하게 값은 항상 같다. 이에 대한 증명도 생략한다.

Tip

행렬식을 계산할 때 여러분이 편해 보이는 열이나 행을 선택해서 전개하면 된다.

예제 8-2 행렬식의 계산

문제 **다음 행렬의 행렬식을 계산하시오.**

(1) $\boldsymbol{A}=\begin{pmatrix}0 & 0 & a\\ 0 & b & 0\\ c & 0 & 0\end{pmatrix}$

(2) $\boldsymbol{B}=\begin{pmatrix}0 & 0 & 0 & a\\ 0 & 0 & b & 0\\ 0 & c & 0 & 0\\ d & 0 & 0 & 0\end{pmatrix}$

(3) $\boldsymbol{C}=\begin{pmatrix}0 & 0 & 0 & 5\\ 0 & 0 & 3 & 1\\ 0 & 4 & 0 & 3\\ 6 & 2 & 3 & 1\end{pmatrix}$

풀이 각 문제의 해는 다음과 같다.

(1) 0을 많이 품고 있는 행이나 열을 먼저 고르자. 아, 다 똑같다. 그럼 첫 번째 행을 고르고 ($i=1$), 라플라스 전개식을 써보자.

$$\det \boldsymbol{A} = (-1)^{1+3} \times a \times \det\begin{pmatrix}0 & b\\ c & 0\end{pmatrix} = a(-bc) = -abc.$$

다른 행이나 열을 골라도 똑같은 값이 나온다(나와야 한다).

(2) 0을 많이 품고 있는 행이나 열을 먼저 고르자. 아, 또 다 똑같다. 그럼 첫 번째 행을 고르고($i=1$), 라플라스 전개식을 써보자.

$$\det \boldsymbol{B} = (-1)^{1+4} \times a \times \det\begin{pmatrix} 0 & 0 & b \\ 0 & c & 0 \\ d & 0 & 0 \end{pmatrix} = -a(-bcd) = abcd$$

여기서 (1)의 결과를 사용하였다. 물론 다른 행이나 열을 골라도 똑같은 값이 나온다.

(3) 0을 많이 품고 있는 행이나 열을 먼저 고르자. 첫 번째 행이다. $i=1$로 두고 라플라스 전개식을 써보자.

$$\det \boldsymbol{C} = (-1)^{1+4} \times 5 \times \det\begin{pmatrix} 0 & 0 & 3 \\ 0 & 4 & 0 \\ 6 & 2 & 3 \end{pmatrix} = -5 \cdot \det\begin{pmatrix} 0 & 0 & 3 \\ 0 & 4 & 0 \\ 6 & 2 & 3 \end{pmatrix}$$

우변의 행렬식을 구하기 위하여 또 $i=1$로 두고 한 번 더 전개하자.

$$\det\begin{pmatrix} 0 & 0 & 3 \\ 0 & 4 & 0 \\ 6 & 2 & 3 \end{pmatrix} = (-1)^{1+3} \cdot 3 \cdot \det\begin{pmatrix} 0 & 4 \\ 6 & 2 \end{pmatrix} = 3 \cdot (-24) = -72$$

따라서 $\det \boldsymbol{C} = (-5)(-72) = 360$이다. ■

7) 몇 가지 특별한 경우 행렬식은 기억해 둘 만하다.

- 위삼각행렬(upper triangular matrix): $a_{ij}=0$인 행렬(단, $i>j$)[10]

$$\det\begin{pmatrix} a_{11} & a_{12} & \cdots & a_{1n} \\ 0 & a_{22} & \cdots & a_{2n} \\ \vdots & \vdots & \ddots & \vdots \\ 0 & 0 & 0 & a_{nn} \end{pmatrix} = a_{11}a_{22}\cdots a_{nn}$$

왜? 마지막 '행'을 택해서 전개해 가며 착착 차원을 줄어나가면 된다[예제 8-2의 (3) 처럼].

10 $i \le j$일 때도 $a_{ij}=0$일 수도 있다.

• 아래삼각행렬(lower triangular matrix): $a_{ij}=0$인 행렬(단, $i<j$)[11]

$$\det\begin{pmatrix} a_{11} & 0 & \cdots & 0 \\ a_{21} & a_{22} & \cdots & 0 \\ \vdots & \vdots & \ddots & \vdots \\ a_{n1} & a_{2n} & \cdots & a_{nn} \end{pmatrix} = a_{11}a_{22}\cdots a_{nn}$$

왜? 마지막 '열'을 택해서 전개해 가며 착착 차원을 줄여나가면 된다.

• 대각행렬(diagonal matrix): $a_{ij}=0$ (단, $i \neq j$) 인 행렬

$$\det\begin{pmatrix} a_{11} & 0 & \cdots & 0 \\ 0 & a_{22} & \cdots & 0 \\ \vdots & \vdots & \ddots & \vdots \\ 0 & 0 & 0 & a_{nn} \end{pmatrix} = a_{11}a_{22}\cdots a_{nn}$$

왜? 대각행렬은 위삼각행렬(또는 아래삼각행렬)의 특별한 경우니까.

• 항등행렬(identity matrix): 대각행렬이면서 $a_{ii}=1$

$$\det\begin{pmatrix} 1 & 0 & \cdots & 0 \\ 0 & 1 & \cdots & 0 \\ \vdots & \vdots & \ddots & \vdots \\ 0 & 0 & 0 & 1 \end{pmatrix} = 1$$

왜? 항등행렬은 대각행렬의 특별한 경우니까.

8) 이제 다시 약간 추상적으로 생각해 보자. $n \times n$ 행렬은 n개의 n차원 행벡터 또는 열벡터의 모음으로 생각할 수 있다. 따라서 역으로 n개의 행벡터나 열벡터가 있으면, $\det(\boldsymbol{v}_1, \boldsymbol{v}_2, \cdots, \boldsymbol{v}_n)$를 생각해 볼 수 있다. 이때, 두 가지 매우 중요한 성질이 성립한다. 여기서 k는 임의의 스칼라, w_j는 임의의 열벡터(또는 행벡터)이다.

행렬식의 기본 성질

• 성질 1: $\det(\boldsymbol{v}_1, \cdots, \boldsymbol{v}_{i-1}, k\boldsymbol{v}_i, \boldsymbol{v}_{i+1}, \cdots, \boldsymbol{v}_n) = k\det(\boldsymbol{v}_1, \cdots, \boldsymbol{v}_{i-1}, \boldsymbol{v}_i, \boldsymbol{v}_{i+1}, \cdots, \boldsymbol{v}_n)$

• 성질 2: $\det(\boldsymbol{v}_1, \cdots, \boldsymbol{v}_{i-1}, \boldsymbol{v}_i + \boldsymbol{w}_i, \boldsymbol{v}_{i+1}, \cdots, \boldsymbol{v}_n) = \det(\boldsymbol{v}_1, \cdots, \boldsymbol{v}_{i-1}, \boldsymbol{v}_i, \boldsymbol{v}_{i+1}, \cdots, \boldsymbol{v}_n) + \det(\boldsymbol{v}_1, \cdots, \boldsymbol{v}_{i-1}, \boldsymbol{w}_i, \boldsymbol{v}_{i+1}, \cdots, \boldsymbol{v}_n)$

• 성질 3: $\det(\boldsymbol{v}_1, \cdots, \boldsymbol{v}_i, \cdots, \boldsymbol{v}_j, ..., \boldsymbol{v}_n) = -\det(\boldsymbol{v}_1, \cdots, \boldsymbol{v}_j, \cdots, \boldsymbol{v}_i, \cdots, \boldsymbol{v}_n)$

11 $i \geq j$일 때도 $a_{ij}=0$일 수도 있다.

성질 1과 성질 2는 라플라스 전개에 대입하면 어렵지 않게 얻을 수 있다. 성질 3은 임의의 두 벡터의 배열 순서를 바꾸면 행렬식 부호가 바뀐다는 것인데, 아쉽게도 라플라스 전개식에서 바로 보이진 않는다(하지만 증명할 수 있다). 그냥 받아들이자.

9) 성질 1은 행렬에 대해서 다음과 같이 쓸 수도 있다. $n \times n$ 행렬 $\boldsymbol{A}$에 대해, i번째 행에 k배한 행렬을 $\boldsymbol{B}$라고 하자. 그렇다면 $k\det\boldsymbol{A} = \det\boldsymbol{B}$가 성립한다. 열벡터에 대해서도 마찬가지이다. 예를 들면 다음과 같다.

$$\det\begin{pmatrix}2a & 2b\\ c & d\end{pmatrix} = 2\det\begin{pmatrix}a & b\\ c & d\end{pmatrix},\ \det\begin{pmatrix}a & 2b\\ c & 2d\end{pmatrix} = 2\det\begin{pmatrix}a & b\\ c & d\end{pmatrix}$$

이 성질은 $\boldsymbol{A}$의 행벡터 중 하나가 영벡터이면, $\det\boldsymbol{A} = 0$가 됨을 의미한다(왜?) 열벡터 중 하나가 영벡터일 때도 마찬가지이다.

10) 성질 3은 행렬에 대해서 다음과 같이 쓸 수도 있다. $n \times n$ 행렬 $\boldsymbol{A}$에 대해, 행벡터 i와 j를 바꾼 행렬을 $\boldsymbol{B}$라고 하자. 그렇다면 $\det\boldsymbol{A} = -\det\boldsymbol{B}$ 가 성립한다. 열벡터의 교환에 대해서도 마찬가지이다. 예를 들면 다음과 같다.

$$\det\begin{pmatrix}a & b\\ c & d\end{pmatrix} = -\det\underbrace{\begin{pmatrix}c & d\\ a & b\end{pmatrix}}_{\text{행벡터 교환}} = -\det\underbrace{\begin{pmatrix}b & a\\ d & c\end{pmatrix}}_{\text{열벡터 교환}}$$

따라서 $\boldsymbol{A}$의 두 행벡터가 일치하면 $\det\boldsymbol{A} = 0$이다(왜?). 두 열벡터가 일치할 때도 마찬가지이다.

11) 성질 2를 이용하면 다음을 얻는다. $n \times n$ 행렬 $\boldsymbol{A}$에 대해, i번째 행에 j번째 행의 k배를 더한 행렬을 $\boldsymbol{B}$라고 하자. 그렇다면 $\det\boldsymbol{A} = \det\boldsymbol{B}$가 성립한다. 열벡터에 대해서도 마찬가지이다. 예를 들면 다음과 같다.

$$\det\begin{pmatrix}a & b\\ c & d\end{pmatrix} = \det\begin{pmatrix}a+kc & b+kd\\ c & d\end{pmatrix} = \det\begin{pmatrix}a+kb & b\\ c+kd & d\end{pmatrix}$$

12) 행렬식의 가장 중요한 성질 중 하나는 $n \times n$ 행렬 $\boldsymbol{A}$와 $\boldsymbol{B}$에 대해, $\det\boldsymbol{AB} = \det\boldsymbol{A}\det\boldsymbol{B}$가 성립한다는 것이다. 이 성질은 매우 놀라운데, 매우 복잡해 보이는 연산 'det'와 '곱'의 순서를 바꿔도 됨을 의미하기 때문이다. 반드시 기억해 두기를 바란다. 이에 대한 일반적 증명은 생략하고, 2×2 인 경우만 제시한다.[12]

12 (수학적으로 민감한 독자를 위해) 일반적으로는 수학적 귀납법으로 보일 수 있다.

2×2 행렬 $\boldsymbol{A}$와 $\boldsymbol{B}$를 다음과 같이 나타내자.

$$\boldsymbol{A} = (\boldsymbol{v}_1, \boldsymbol{v}_2), \boldsymbol{B} = \begin{pmatrix} b_{11} & b_{12} \\ b_{21} & b_{22} \end{pmatrix} \text{(단, } \boldsymbol{v}_1, \boldsymbol{v}_2 \text{은 행렬 } \boldsymbol{A} \text{의 열벡터)}$$

행렬 $\boldsymbol{A}$와 $\boldsymbol{B}$의 곱 $\boldsymbol{AB}$는 다음과 같다.[13]

$$\boldsymbol{AB} = (\boldsymbol{v}_1, \boldsymbol{v}_2)\begin{pmatrix} b_{11} & b_{12} \\ b_{21} & b_{22} \end{pmatrix} = (b_{11}\boldsymbol{v}_1 + b_{21}\boldsymbol{v}_2,\ b_{12}\boldsymbol{v}_1 + b_{22}\boldsymbol{v}_2)$$

따라서 다음을 얻는다.

$$\begin{aligned}
\det \boldsymbol{AB} &= \det(b_{11}\boldsymbol{v}_1, b_{12}\boldsymbol{v}_1 + b_{22}\boldsymbol{v}_2) + \det(b_{21}\boldsymbol{v}_2, b_{12}\boldsymbol{v}_1 + b_{22}\boldsymbol{v}_2) \\
&= b_{11}\det(\boldsymbol{v}_1, b_{12}\boldsymbol{v}_1 + b_{22}\boldsymbol{v}_2) + b_{21}\det(\boldsymbol{v}_2, b_{12}\boldsymbol{v}_1 + b_{22}\boldsymbol{v}_2) \\
&= b_{11}\left[\det(\boldsymbol{v}_1, b_{12}\boldsymbol{v}_1) + \det(\boldsymbol{v}_1, b_{22}\boldsymbol{v}_2)\right] + b_{21}\left[\det(\boldsymbol{v}_2, b_{12}\boldsymbol{v}_1) + \det(\boldsymbol{v}_2, b_{22}\boldsymbol{v}_2)\right] \\
&= b_{11}\left[b_{12}\det(\boldsymbol{v}_1, \boldsymbol{v}_1) + b_{22}\det(\boldsymbol{v}_1, \boldsymbol{v}_2)\right] + b_{21}\left[b_{12}\det(\boldsymbol{v}_2, \boldsymbol{v}_1) + b_{22}\det(\boldsymbol{v}_2, \boldsymbol{v}_2)\right] \\
&= b_{11}b_{22}\det(\boldsymbol{v}_1, \boldsymbol{v}_2) + b_{21}b_{12}\det(\boldsymbol{v}_2, \boldsymbol{v}_1) \\
&= (\det(\boldsymbol{v}_1, \boldsymbol{v}_2)) \cdot (b_{11}b_{22} - b_{21}b_{12}) \\
&= \det\boldsymbol{A}\ \det\boldsymbol{B}
\end{aligned}$$

복잡해 보이지만, 8의 성질 1~3을 이용한 것뿐이다. 두 번째 등호부터 순서대로 성질 2, 성질 1, 성질 2, 성질 1, 성질 3을 이용하였다. 꼭 스스로 확인해 보기 바란다.

13) 또 다른 편한 성질은 $\det \boldsymbol{A}' = \det\boldsymbol{A}$이다. 즉, 전치행렬의 행렬식 값은 변하지 않는다. 이는 라플라스 전개에서 행을 고정하든, 열을 고정하든 관계없었기 때문에[앞 6)에서 이야기했다] 성립하게 된다. 그리고 스칼라 k에 대해, $\det k\boldsymbol{A} = k^n \det \boldsymbol{A}$이다[앞 8)의 성질 1]. 하지만 아쉽게도 $\det(\boldsymbol{A} + \boldsymbol{B}) \neq \det\boldsymbol{A} + \det\boldsymbol{B}$이다. 그랬다면 기억하기 편했겠지만, 아닌 건 아니다. 다음의 간단한 예를 보자.

$$\det\begin{pmatrix} 1 & 0 \\ 0 & 0 \end{pmatrix} + \det\begin{pmatrix} 0 & 0 \\ 0 & 1 \end{pmatrix} = 0 + 0 = 0 \text{이지만, } \det\begin{pmatrix} 1 & 0 \\ 0 & 1 \end{pmatrix} = 1$$

---

13 행렬의 곱을 이렇게 '열벡터의 선형결합'으로 나타내는 것이 처음에는 어려울 수 있다. 하지만 이렇게 이해하는 것은 나중에 통계학, 계량경제학을 배우는데 매우, 매우 유용하다.

지금까지 이야기한 행렬식의 성질은 다음과 같다. 기억하자.

행렬식의 성질

$n \times n$ 행렬 $\boldsymbol{A}$와 $\boldsymbol{B}$에 대해 다음이 성립한다.

- 2×2 행렬 $\boldsymbol{A} = \begin{pmatrix} a & b \\ c & d \end{pmatrix}$의 행렬식은 $\det \boldsymbol{A} := ad - bc$
- $\det \boldsymbol{A} := \sum_{i=1}^{n} (-1)^{i+j} a_{ij} \det \boldsymbol{A}_{ij} = \sum_{j=1}^{n} (-1)^{i+j} a_{ij} \det \boldsymbol{A}_{ij}$. 전개 시 행(열) 선택은 자유
- 위삼각행렬, 아래삼각행렬, 대각행렬의 행렬식 값은 대각원소의 곱.
  즉, $\det \boldsymbol{A} = a_{11} a_{22} \cdots a_{nn}$
- 특히, 항등행렬의 행렬식은 $\det \boldsymbol{A} = 1$
- $\boldsymbol{A}$의 행(열)벡터 중 하나가 영벡터이면, $\det \boldsymbol{A} = 0$
- $\boldsymbol{A}$의 두 행(열)벡터가 일치하면 $\det \boldsymbol{A} = 0$
- $\det \boldsymbol{AB} = \det \boldsymbol{A} \det \boldsymbol{B}$
- $\det \boldsymbol{A}' = \det \boldsymbol{A}$
- $\det k\boldsymbol{A} = k^n \det \boldsymbol{A}$ (단, k는 스칼라)

14) 마지막으로, 행렬식의 기하학적 해석이다.

2×2 행렬 $\boldsymbol{A} = \begin{pmatrix} a_{11} & a_{12} \\ a_{21} & a_{22} \end{pmatrix}$의 행렬식은 $\det \boldsymbol{A} = a_{11}a_{22} - a_{21}a_{12}$은 두 행벡터 (a_{11}, a_{12})와 (a_{21}, a_{22})로 만들어지는 평행사변형의 넓이를 나타낸다.

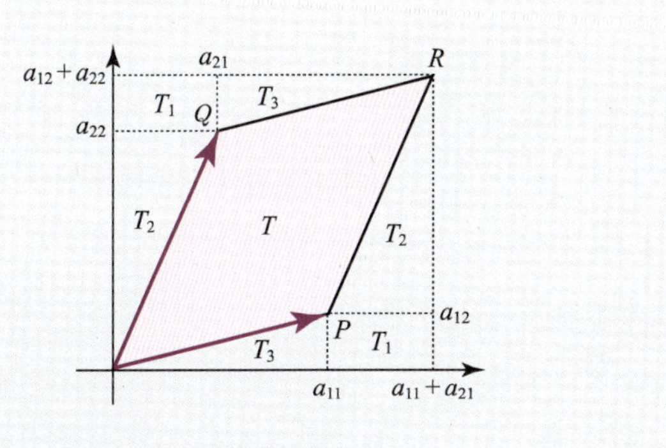

그림 8-1 행렬식의 기하학적 의미(2차원)

위 그림에서 T의 면적은 큰 직사각형의 면적$[=(a_{11}+a_{21})(a_{12}+a_{22})]$에서 두 개의 작은 직사각형의 면적 $T_1(=a_{12}a_{21})$과 두 개의 직각삼각형의 면적 $T_2(=a_{21}a_{22}/2)$, 그리고 또 다른 두 개의 직각삼각형의 면적 $T_3(=a_{11}a_{12}/2)$을 뺀 값이 된다.

계산하면 $T=a_{11}a_{22}-a_{12}a_{21}$이 나온다.

3×3 행렬 $\boldsymbol{A}=\begin{pmatrix} a_{11} & a_{12} & a_{13} \\ a_{21} & a_{22} & a_{23} \\ a_{31} & a_{32} & a_{33} \end{pmatrix}$의 경우는 약간 계산이 어렵다. 여기서 확인하지는 않겠지만, $\det\boldsymbol{A}$는 세 행벡터 (a_{11},a_{12},a_{13}), (a_{21},a_{22},a_{23}), (a_{31},a_{32},a_{33})으로 만들어지는 다음과 같은 '평행육면체'의 부피가 된다.

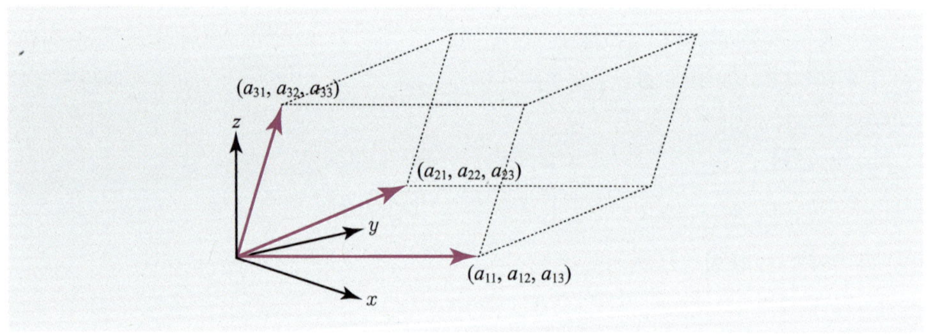

그림 8-2 행렬식의 기하학적 의미(3차원)

4×4 행렬일 때는? 상상하기 어렵지만, 대충 뭐가 될 것 같은지는 짐작이 된다. 그렇지 않은가.

이제, 두 가지 자연스러운 의문이 떠오른다(떠오르기 바란다).

첫째, 어떤 경우에 면적 또는 부피가 0이 될까? 2차원에서는 두 벡터가 이루는 각이 0 또는 π라서 사각형을 만들 수 없는 경우이다(두 벡터가 같은 직선에 있다). 3차원에서는 세 벡터로 육면체를 만들 수 없는 경우이다(세 벡터가 같은 평면에 있다). 이 두 경우 모두 벡터가 선형종속인 경우에 해당하며, 따라서 행렬식 값은 0이 된다(행렬식의 성질 6).

둘째, 행렬식의 값은 음수가 될 수도 있는데 어떻게 '넓이'나 '부피'라고 할 수 있지? 이는 넓이 또는 부피를 어디부터 재는지와 연관되어 있다. 예를 들어, 1차원에서 당신의 앞쪽을 양(+), 뒤쪽을 음(-)이라고 하고 거리에 부호를 부여할 수 있다(signed distance). 2, 3차원에서도 부호가 있는 넓이 혹은 부피(signed areas or volumes)를 고려할 수 있다. 경영·경제학에서는 이에 대해 자세히 다룰 필요가 없으니 생략하자. 다만, 행렬식은 단순히 복잡하게 계산된 숫자가 아니라, 행렬의 구조적 특성을 요약해 주는 멋진 성질을 가지고 있다는 것은 꼭 이해하고 넘어가기 바란다. 그래서 어렵지만 우리가 배울 수밖에 없다.

3. 역행렬

앞서 말했듯이 선형대수학의 초기 목적은 연립일차방정식을 푸는 것이었다. 예를 들면, 다음과 같은 연립일차방정식을 푼다고 하자.

$$4x + y - 5z = 8$$
$$-2x + 3y + z = 12$$
$$3x - y + 4z = 5$$

변수를 줄여가는 소거법으로 풀 수 있다. 하지만 그렇게 멋진 방법은 아니다. 대신 위 방정식을 행렬의 곱 형태로 나타내자.

$$\begin{pmatrix} 4 & 1 & -5 \\ -2 & 3 & 1 \\ 3 & -1 & 4 \end{pmatrix}\begin{pmatrix} x \\ y \\ z \end{pmatrix} = \begin{pmatrix} 8 \\ 12 \\ 5 \end{pmatrix}$$

$\boldsymbol{A} = \begin{pmatrix} 4 & 1 & -5 \\ -2 & 3 & 1 \\ 3 & -1 & 4 \end{pmatrix}$, $\boldsymbol{x} = \begin{pmatrix} x \\ y \\ z \end{pmatrix}$, $\boldsymbol{b} = \begin{pmatrix} 8 \\ 12 \\ 5 \end{pmatrix}$라고 하면, 위 방정식은 $\boldsymbol{Ax} = \boldsymbol{b}$로 쓸 수 있다.

자, 멋지게 간단히 썼다. 이를 어떻게 풀 것인가.

일차방정식 $ax = b$를 생각해 보자. 이 방정식의 해는 a의 역수 a^{-1}을 양변의 '앞'에 곱해서 얻을 수 있었다. 즉, 다음과 같았다.

$$a^{-1}ax = a^{-1}b \quad \Rightarrow \quad x = a^{-1}b$$

여기서 우리는 두 가지 작업을 의식하지 않고 수행했다.

첫째, 역수를 앞에 곱할지 뒤에 곱할지 신경 쓰지 않았다. 왜냐하면 '스칼라 세상'에서 곱셈에 대한 교환법칙이 성립하기 때문이다.

둘째, a의 역수 a^{-1}이 당연히 있다고 가정했다. 역수는 $a=0$인 경우를 제외하고는 항상 존재하니까 이 경우만 조심하면 되었다.

다시 $\boldsymbol{Ax}=\boldsymbol{b}$ 문제로 돌아오자. 만약 $\boldsymbol{XA}=\boldsymbol{I}$를 만족하는 행렬 $\boldsymbol{X}$가 있다면 이를 푸는 것은 매우 간단해진다. 즉, 양변 '앞'에 행렬 $\boldsymbol{X}$를 곱하면 된다.

$$\boldsymbol{XAx}=\boldsymbol{Xb} \;\Rightarrow\; \boldsymbol{Ix}=\boldsymbol{Xb} \;\Rightarrow\; \boldsymbol{x}=\boldsymbol{Xb}$$

이러한 행렬 $\boldsymbol{X}$가 존재한다면, 행렬 $\boldsymbol{A}$의 '역수' 역할을 하기 때문에 역행렬이라고 부르는 것이 자연스러울 것 같다. 정식 정의는 다음과 같다.

정의

$n\times n$ 행렬 $\boldsymbol{A}$에 대해 다음의 성질을 만족하는 $n\times n$ 행렬 $\boldsymbol{X}$를 행렬 $\boldsymbol{A}$의 역행렬(inverse matrix)이라 하고, $\boldsymbol{A}^{-1}$로 나타낸다.

$$\boldsymbol{AX}=\boldsymbol{XA}=\boldsymbol{I}$$

$\boldsymbol{A}^{-1}$이 존재하면 $\boldsymbol{A}$를 역행렬을 갖는(invertible) 또는 비특이(nonsingular)행렬, 존재하지 않으면 특이(singular)행렬이라고 한다.

'스칼라 세상'에서는 a의 역수가 존재하는지는 $a\neq 0$인지만 확인하면 되었다. '행렬 세상'에서도 비슷한 기준이 있다! 다음 정리는 이를 알려준다. 중요한 정리이다.

정리

$n\times n$ 행렬 $\boldsymbol{A}$에 대해, 역행렬 $\boldsymbol{A}^{-1}$가 존재하면 $\det\boldsymbol{A}\neq 0$이다. 역으로, $\det\boldsymbol{A}\neq 0$이면 역행렬이 존재한다.

증명은 다음과 같다. 역행렬 $\boldsymbol{A}^{-1}$이 존재한다고 하자. 그렇다면 $\boldsymbol{AA}^{-1}=\boldsymbol{I}$이므로, $\det\boldsymbol{AA}^{-1}=\det\boldsymbol{I}$이다. 그런데 $\det\boldsymbol{AA}^{-1}=\det\boldsymbol{A}\det\boldsymbol{A}^{-1}$이고, $\det\boldsymbol{I}=1$이므로 $\det\boldsymbol{A}\det\boldsymbol{A}^{-1}=1$이다. 따라서 $\det\boldsymbol{A}\neq 0$이다. 반대 방향('$\det\boldsymbol{A}\neq 0$이면 $\boldsymbol{A}^{-1}$이 존재') 증명은 잠깐 기다리고, 다음 예제를 풀어보자.

예제 8-3 행렬식과 역행렬의 관계

문제 **다음 문제의 답을 구하시오.**

(1) 정사각행렬 $\boldsymbol{A}$에 대해, $\boldsymbol{AX}=\boldsymbol{I}$이면 $\boldsymbol{X}=\boldsymbol{A}^{-1}$임을 보이시오.

(2) $\boldsymbol{A}-\boldsymbol{A}^2=\boldsymbol{I}$일 때, $\boldsymbol{A}$의 역행렬을 구하시오.

풀이 각 문제의 해는 다음과 같다.

(1) $1=\det\boldsymbol{I}=\det\boldsymbol{AX}=(\det\boldsymbol{A})(\det\boldsymbol{X})$이므로, $\det\boldsymbol{A}\neq 0$이다. 따라서 $\boldsymbol{A}^{-1}$이 존재한다. 또한 $\boldsymbol{AX}=\boldsymbol{I}$의 양변의 왼쪽에 $\boldsymbol{A}^{-1}$을 곱하면, $\boldsymbol{A}^{-1}\boldsymbol{AX}=\boldsymbol{A}^{-1}\boldsymbol{I}$이므로 $\boldsymbol{X}=\boldsymbol{A}^{-1}$이다.

(2) $\boldsymbol{A}-\boldsymbol{A}^2=\boldsymbol{I}$이면 $\boldsymbol{A}(\boldsymbol{I}-\boldsymbol{A})=\boldsymbol{I}$이므로, (1)에 의해 $\boldsymbol{A}^{-1}=\boldsymbol{I}-\boldsymbol{A}$이다. ■

역행렬은 다음의 성질을 갖는다.

역행렬의 성질

$n\times n$ 행렬 $\boldsymbol{A}$와 $\boldsymbol{B}$가 역행렬을 가진다고 하자. 다음이 성립한다.

1. $\boldsymbol{A}^{-1}$의 역행렬이 존재하고, $(\boldsymbol{A}^{-1})^{-1}=\boldsymbol{A}$이다.
2. $\boldsymbol{AB}$의 역행렬이 존재하고, $(\boldsymbol{AB})^{-1}=\boldsymbol{B}^{-1}\boldsymbol{A}^{-1}$이다.
3. $\boldsymbol{A}'$의 역행렬이 존재하고, $(\boldsymbol{A}')^{-1}=(\boldsymbol{A}^{-1})'$이다.
4. $(k\boldsymbol{A})^{-1}=k^{-1}\boldsymbol{A}^{-1}$ (단, k는 0이 아닌 스칼라)

증명은 모두 역행렬의 정의를 이용하면 된다. 즉, 대상 행렬의 앞과 뒤에 곱해서 $\boldsymbol{I}$가 나오는지 확인하면 된다.

1의 증명은 다음과 같다.

$$\boldsymbol{AA}^{-1}=\boldsymbol{I}\text{이고, }\boldsymbol{A}^{-1}\boldsymbol{A}=\boldsymbol{I}$$

2의 증명은 다음과 같다.

$$\boldsymbol{B}^{-1}\boldsymbol{A}^{-1}(\boldsymbol{AB})=\boldsymbol{B}^{-1}(\boldsymbol{A}^{-1}\boldsymbol{A})\boldsymbol{B}=\boldsymbol{B}^{-1}\boldsymbol{B}=\boldsymbol{I}\text{이고,}$$
$$(\boldsymbol{AB})\boldsymbol{B}^{-1}\boldsymbol{A}^{-1}=\boldsymbol{A}(\boldsymbol{BB}^{-1})\boldsymbol{A}^{-1}=\boldsymbol{AA}^{-1}=\boldsymbol{I}$$

3의 증명은 다음과 같다.

$$(\boldsymbol{A}^{-1})'\boldsymbol{A}' = (\boldsymbol{A}\boldsymbol{A}^{-1})' = \boldsymbol{I}\text{이고, } \boldsymbol{A}'(\boldsymbol{A}^{-1})' = (\boldsymbol{A}^{-1}\boldsymbol{A})' = \boldsymbol{I}$$

4의 증명은 다음과 같다.

$$k^{-1}\boldsymbol{A}^{-1}(k\boldsymbol{A}) = k^{-1}k(\boldsymbol{A}^{-1}\boldsymbol{A}) = \boldsymbol{I}\text{이고, } (k\boldsymbol{A})k^{-1}\boldsymbol{A}^{-1} = kk^{-1}(\boldsymbol{A}\boldsymbol{A}^{-1}) = \boldsymbol{I}$$

이제 역행렬을 본격적으로 구해보자. 라플라스 전개는 다음과 같았다.

$$\det \boldsymbol{A} := \sum_{j=1}^{n} (-1)^{i+j} a_{ij} \det \boldsymbol{A}_{ij}$$

3×3 행렬 $\boldsymbol{A} = \begin{pmatrix} a & b & c \\ d & e & f \\ g & h & i \end{pmatrix}$의 역행렬을 구해보자.

- Step 1: 첫 번째 행을 기준으로($i = 1$) 전개하면 다음이 성립한다.

$$\det \begin{pmatrix} a & b & c \\ d & e & f \\ g & h & i \end{pmatrix} = a \det \boldsymbol{A}_{11} - b \det \boldsymbol{A}_{12} + c \det \boldsymbol{A}_{13}$$

첫 번째 행벡터 (a, b, c)를 두 번째 행벡터 (d, e, f)로 바꿔보자.

$$\det \begin{pmatrix} d & e & f \\ d & e & f \\ g & h & i \end{pmatrix} = d \det \boldsymbol{A}_{11} - e \det \boldsymbol{A}_{12} + f \det \boldsymbol{A}_{13}$$

그런데 왼편 행렬식은 같은 행이 있으므로 0이다. 따라서 다음을 얻는다.

$$0 = d \det \boldsymbol{A}_{11} - e \det \boldsymbol{A}_{12} + f \det \boldsymbol{A}_{13}$$

첫 번째 행벡터 (a, b, c)를 세 번째 행벡터 (g, h, i)로 바꾸면, 마찬가지로 다음을 얻는다.

$$0 = g \det \boldsymbol{A}_{11} - h \det \boldsymbol{A}_{12} + i \det \boldsymbol{A}_{13}$$

즉, 정리하면 다음과 같다.

$$\begin{aligned} \det \boldsymbol{A} &= a \det \boldsymbol{A}_{11} - b \det \boldsymbol{A}_{12} + c \det \boldsymbol{A}_{13} \\ 0 &= d \det \boldsymbol{A}_{11} - e \det \boldsymbol{A}_{12} + f \det \boldsymbol{A}_{13} \\ 0 &= g \det \boldsymbol{A}_{11} - h \det \boldsymbol{A}_{12} + i \det \boldsymbol{A}_{13} \end{aligned} \quad \Rightarrow \quad \begin{pmatrix} \det \boldsymbol{A} \\ 0 \\ 0 \end{pmatrix} = \begin{pmatrix} a & b & c \\ d & e & f \\ g & h & i \end{pmatrix} \begin{pmatrix} \det \boldsymbol{A}_{11} \\ -\det \boldsymbol{A}_{12} \\ \det \boldsymbol{A}_{13} \end{pmatrix}$$

- Step 2: 두 번째 행을 기준으로($i=2$) 동일한 작업을 하면, 마찬가지로 다음을 얻는다.

$$\begin{aligned} 0 &= -a\det\boldsymbol{A}_{21} + b\det\boldsymbol{A}_{22} - c\det\boldsymbol{A}_{23} \\ \det\boldsymbol{A} &= -d\det\boldsymbol{A}_{21} + e\det\boldsymbol{A}_{22} - f\det\boldsymbol{A}_{23} \\ 0 &= -g\det\boldsymbol{A}_{21} + h\det\boldsymbol{A}_{22} - i\det\boldsymbol{A}_{13} \end{aligned} \quad \Rightarrow \quad \begin{pmatrix} 0 \\ \det\boldsymbol{A} \\ 0 \end{pmatrix} = \begin{pmatrix} a & b & c \\ d & e & f \\ g & h & i \end{pmatrix} \begin{pmatrix} -\det\boldsymbol{A}_{21} \\ \det\boldsymbol{A}_{22} \\ -\det\boldsymbol{A}_{23} \end{pmatrix}$$

- Step 3: 세 번째 행을 기준으로($i=3$) 동일한 작업을 하면, 마찬가지로 다음을 얻는다.

$$\begin{aligned} 0 &= a\det\boldsymbol{A}_{31} - b\det\boldsymbol{A}_{32} + c\det\boldsymbol{A}_{33} \\ 0 &= d\det\boldsymbol{A}_{31} - e\det\boldsymbol{A}_{32} + f\det\boldsymbol{A}_{33} \\ \det\boldsymbol{A} &= g\det\boldsymbol{A}_{31} - h\det\boldsymbol{A}_{32} + i\det\boldsymbol{A}_{33} \end{aligned} \quad \Rightarrow \quad \begin{pmatrix} 0 \\ 0 \\ \det\boldsymbol{A} \end{pmatrix} = \begin{pmatrix} a & b & c \\ d & e & f \\ g & h & i \end{pmatrix} \begin{pmatrix} \det\boldsymbol{A}_{31} \\ -\det\boldsymbol{A}_{32} \\ \det\boldsymbol{A}_{33} \end{pmatrix}$$

Step 1~3의 결과를 종합하면 다음과 같다.

$$\begin{pmatrix} \det\boldsymbol{A} & 0 & 0 \\ 0 & \det\boldsymbol{A} & 0 \\ 0 & 0 & \det\boldsymbol{A} \end{pmatrix} = \begin{pmatrix} a & b & c \\ d & e & f \\ g & h & i \end{pmatrix} \begin{pmatrix} \det\boldsymbol{A}_{11} & -\det\boldsymbol{A}_{21} & \det\boldsymbol{A}_{31} \\ -\det\boldsymbol{A}_{12} & \det\boldsymbol{A}_{22} & -\det\boldsymbol{A}_{32} \\ \det\boldsymbol{A}_{13} & -\det\boldsymbol{A}_{23} & \det\boldsymbol{A}_{33} \end{pmatrix}$$

우변의 두 번째 행렬을 **수반행렬**(adjugate matrix)이라 하고, $adj(\boldsymbol{A})$로 표기한다. 그렇다면 위 식은 다음과 같다.

$$(\det\boldsymbol{A})\boldsymbol{I}_3 = \boldsymbol{A}\,adj(\boldsymbol{A})$$

따라서 $\det\boldsymbol{A} \neq 0$이라면, 역행렬 $\boldsymbol{A}^{-1}$이 존재하고 $\boldsymbol{A}^{-1} = \dfrac{1}{\det\boldsymbol{A}}adj(\boldsymbol{A})$로 주어진다.

이는 일반적인 $n \times n$ 행렬에 대해서도 마찬가지로 성립한다.

즉, $adj(\boldsymbol{A})_{ij} := (-1)^{i+j}\det\boldsymbol{A}_{ji}$로[14] 정의된 수반행렬 $adj(\boldsymbol{A})$에 대해

$$(\det\boldsymbol{A})\boldsymbol{I}_n = \boldsymbol{A}\,adj(\boldsymbol{A})$$

이 성립한다. 따라서 $\det\boldsymbol{A} \neq 0$이면, 역행렬 $\boldsymbol{A}^{-1}$은 다음과 같이 주어진다.

$$\boldsymbol{A}^{-1} = \frac{1}{\det\boldsymbol{A}}adj(\boldsymbol{A})$$

위 식은 **크레이머 규칙**(Cramer's rule)이라고 한다. 다음 예제를 통해 연습해 보자.

14 아래 첨자를 잘 보라. 좌변은 ij, 우변은 ji이다.

예제 8-4 수반행렬을 이용한 역행렬의 계산

문제 $\boldsymbol{A}=\begin{pmatrix} a & b \\ c & d \end{pmatrix}$**의 역행렬 $\boldsymbol{A}^{-1}$을 구하시오.**

풀이 $adj(\boldsymbol{A})=\begin{pmatrix} (-1)^2\det\boldsymbol{A}_{11} & (-1)^3\det\boldsymbol{A}_{21} \\ (-1)^3\det\boldsymbol{A}_{12} & (-1)^4\det\boldsymbol{A}_{22} \end{pmatrix}=\begin{pmatrix} d & -b \\ -c & a \end{pmatrix}$이고, $\det\boldsymbol{A}=ad-bc$

이므로, 역행렬은 $\boldsymbol{A}^{-1}=\dfrac{1}{\det\boldsymbol{A}}adj(\boldsymbol{A})=\dfrac{1}{ad-bc}\begin{pmatrix} d & -b \\ -c & a \end{pmatrix}$이다. ■

한편, 크레이머 규칙은 $\boldsymbol{Ax}=\boldsymbol{b}$의 해 $\boldsymbol{x}$를 구하는 식을 일컫기도 한다. 알아보자.

A가 $n\times n$ 행렬이고, $\boldsymbol{x}=\begin{pmatrix} x_1 \\ x_2 \\ \vdots \\ x_n \end{pmatrix}$, $\boldsymbol{b}=\begin{pmatrix} b_1 \\ b_2 \\ \vdots \\ b_n \end{pmatrix}$일 때, $\det\boldsymbol{A}\neq 0$이라면, 해 $\boldsymbol{x}$는 다음과 같이 주어진다.

$$\boldsymbol{x}=\boldsymbol{A}^{-1}\boldsymbol{b}=\frac{1}{\det\boldsymbol{A}}adj(\boldsymbol{A})\boldsymbol{b}$$

특히 $\boldsymbol{x}$의 첫 번째 항 x_1은 다음과 같다.

$$\begin{pmatrix} x_1 \\ \vdots \\ \vdots \end{pmatrix}=\frac{1}{\det\boldsymbol{A}}\begin{pmatrix} \boxed{adj(\boldsymbol{A})_{11}\ adj(\boldsymbol{A})_{12}\ \cdots\ adj(\boldsymbol{A})_{1n}} \\ \vdots \quad\quad \vdots \quad \vdots \quad \vdots \end{pmatrix}\boxed{\begin{pmatrix} b_1 \\ b_2 \\ \vdots \\ b_n \end{pmatrix}}$$

즉, 식으로 쓰면 다음과 같다.

$$\begin{aligned} x_1 &= \frac{1}{\det\boldsymbol{A}}\sum_{j=1}^{n}(adj(\boldsymbol{A})_{1j})\,b_j \\ &= \frac{1}{\det\boldsymbol{A}}\sum_{j=1}^{n}(-1)^{1+j}b_j\det\boldsymbol{A}_{j1} \\ &= \frac{1}{\det\boldsymbol{A}}\sum_{i=1}^{n}(-1)^{1+i}b_i\det\boldsymbol{A}_{i1} \end{aligned}$$

두 번째 등호에서 아래 첨자 변화를 놓치지 말기 바란다. 세 번째 등호는 $\sum$의 인덱스를 j를 i로 바꾼 것뿐이다.

이를 좀 더 간단히 바꿔보자. 여기서 행렬 $\boldsymbol{A}$의 첫 번째 열을 $\boldsymbol{b}$로 대체한 행렬을 $\boldsymbol{A}_1(\boldsymbol{b})$라고 하면, 다음이 성립한다.[15]

$$\boldsymbol{A}_1(\boldsymbol{b}) := \begin{pmatrix} b_1 & a_{12} & a_{13} & \cdots & a_{1n} \\ b_2 & a_{22} & a_{23} & \cdots & a_{2n} \\ \vdots & \vdots & \vdots & \ddots & \vdots \\ b_n & a_{n2} & a_{n3} & \cdots & a_{nn} \end{pmatrix} \Rightarrow \det \boldsymbol{A}_1(\boldsymbol{b}) = \sum_{i=1}^{n} (-1)^{i+1} b_i \det \boldsymbol{A}_{i1}$$

($j=1$로 두고 라플라스 전개)

따라서 $x_1 = \dfrac{1}{\det \boldsymbol{A}} \displaystyle\sum_{j=1}^{n} (-1)^{1+j} b_j \det \boldsymbol{A}_{j1} = \dfrac{\det \boldsymbol{A}_1(\boldsymbol{b})}{\det \boldsymbol{A}}$이 된다.

마찬가지로, $i = 2, 3, \cdots, n$에 대해 $x_i = \dfrac{\det \boldsymbol{A}_i(\boldsymbol{b})}{\det \boldsymbol{A}}$이 성립한다. 이를 크레이머 규칙이라고 한다.

예제로 확인해 보자. 다음과 같이 선형방정식이 주어져 있다고 하자.

$$a_{11}x + a_{12}y + a_{13}z = b_1$$
$$a_{21}x + a_{22}y + a_{23}z = b_2$$
$$a_{31}x + a_{32}y + a_{33}z = b_3$$

이 선형방정식 계수행렬에 대한 행렬식은 다음과 같다.

$$\det \boldsymbol{A} = \det \begin{pmatrix} a_{11} & a_{12} & a_{13} \\ a_{21} & a_{22} & a_{23} \\ a_{31} & a_{32} & a_{33} \end{pmatrix}$$

그리고 행렬 $\boldsymbol{A}$의 첫 번째 열을 $\boldsymbol{b}$로 대체한 행렬을 $\boldsymbol{A}_1(\boldsymbol{b})$, 두 번째 열을 $\boldsymbol{b}$로 대체한 행렬을 $\boldsymbol{A}_2(\boldsymbol{b})$, 세 번째 열을 $\boldsymbol{b}$로 대체한 행렬을 $\boldsymbol{A}_3(\boldsymbol{b})$이라고 하자. 그렇다면 다음이 성립한다.

$$\det \boldsymbol{A}_1(\boldsymbol{b}) = \det \begin{pmatrix} b_1 & a_{12} & a_{13} \\ b_2 & a_{22} & a_{23} \\ b_3 & a_{32} & a_{33} \end{pmatrix}$$

15 이 부분이 제일 어렵다. 그래도 잘 보고 이해한 후 넘어가길 바란다.

$$\det \boldsymbol{A}_2(\boldsymbol{b}) = \det \begin{pmatrix} a_{11} & b_1 & a_{13} \\ a_{21} & b_2 & a_{23} \\ a_{31} & b_3 & a_{33} \end{pmatrix}$$

$$\det \boldsymbol{A}_3(\boldsymbol{b}) = \det \begin{pmatrix} a_{11} & a_{12} & b_1 \\ a_{21} & a_{22} & b_2 \\ a_{31} & a_{32} & b_3 \end{pmatrix}$$

크레이머 규칙에 따르면, $\det \boldsymbol{A} \neq 0$ 일 때 해는 다음과 같다.

$$x_1 = \frac{\det \begin{pmatrix} b_1 & a_{12} & a_{13} \\ b_2 & a_{22} & a_{23} \\ b_3 & a_{32} & a_{33} \end{pmatrix}}{\det \begin{pmatrix} a_{11} & a_{12} & a_{13} \\ a_{21} & a_{22} & a_{23} \\ a_{31} & a_{32} & a_{33} \end{pmatrix}}$$

$$x_2 = \frac{\det \begin{pmatrix} a_{11} & b_1 & a_{13} \\ a_{21} & b_2 & a_{23} \\ a_{31} & b_3 & a_{33} \end{pmatrix}}{\det \begin{pmatrix} a_{11} & a_{12} & a_{13} \\ a_{21} & a_{22} & a_{23} \\ a_{31} & a_{32} & a_{33} \end{pmatrix}}$$

$$x_3 = \frac{\det \begin{pmatrix} a_{11} & a_{12} & b_1 \\ a_{21} & a_{22} & b_2 \\ a_{31} & a_{32} & b_3 \end{pmatrix}}{\det \begin{pmatrix} a_{11} & a_{12} & a_{13} \\ a_{21} & a_{22} & a_{23} \\ a_{31} & a_{32} & a_{33} \end{pmatrix}}$$

무지막지해서 계산할 엄두가 나지 않는다. 하지만 아름답지 않은가. 여러분은 여기서 멈추고 음미해도 된다. 실제로 여러분이 행렬식 값을 계산할 일은 없을 것이고, 컴퓨터가 다 해줄 것이다. 중요한 것은 여러분이 행렬식부터 시작해서, 어떻게 역행렬을 얻을 수 있었고, 방정식 $\boldsymbol{Ax} = \boldsymbol{b}$의 해가 어떻게 주어졌는지 이해하는 것이다. 선형대수학 의외로 재미있다.[16]

16 여러분이 나중에 혹시 기계학습이나 데이터과학, 통계학, 계량경제학에 관심이 생긴다면 선형대수학은 필수이다. 양자정보(quantum information)를 공부하고 싶으면 더더욱 그렇다.

연습문제

8.1 다음 각 행렬의 행렬식을 계산하시오.

(1) $\begin{pmatrix} 5 & 2 \\ 4 & -2 \end{pmatrix}$ (2) $\begin{pmatrix} -1 & a \\ a & -1 \end{pmatrix}$

(3) $\begin{pmatrix} a+b & a-b \\ a-b & a+b \end{pmatrix}$ (4) $\begin{pmatrix} 4-\lambda & 2 \\ 2 & 1-\lambda \end{pmatrix}$

8.2 행렬 $\boldsymbol{A} = \frac{1}{2}\begin{pmatrix} -1 & -\sqrt{3} \\ \sqrt{3} & -1 \end{pmatrix}$에 대해 $\boldsymbol{A}^3 = \boldsymbol{I}_2$임을 보이시오. $\boldsymbol{A}^{-1}$은 무엇인가?

8.3 행렬 $\boldsymbol{A} = \begin{pmatrix} 2 & 1 & 4 \\ 0 & -1 & 3 \end{pmatrix}$에 대해 $\boldsymbol{AA}'$와 $\det \boldsymbol{AA}'$를 구하시오.

8.4 벡터 $\boldsymbol{a}_1 = \begin{pmatrix} 1 \\ 0 \\ 0 \end{pmatrix}$, $\boldsymbol{a}_2 = \begin{pmatrix} 0 \\ -1 \\ 1 \end{pmatrix}$, $\boldsymbol{a}_3 = \begin{pmatrix} -1 \\ 1 \\ 1 \end{pmatrix}$가 선형독립임을 보이시오.

8.5 행렬 $\boldsymbol{X}$는 $m \times n$ 차원이고, $\det \boldsymbol{X}'\boldsymbol{X} \neq 0$이라고 하자.
행렬 $\boldsymbol{A} := \boldsymbol{I}_m - \boldsymbol{X}(\boldsymbol{X}'\boldsymbol{X})^{-1}\boldsymbol{X}'$은 $\boldsymbol{A}^2 = \boldsymbol{A}$을 만족함을 보이시오.[17]

8.6 모든 m에 대해 다음 연립방정식의 해를 구하시오.

$$mx + y = 1,\ x - y + z = 0,\ 2y - z = 3$$

8.7 차원이 $n \times n$인 두 행렬 $\boldsymbol{A}$, $\boldsymbol{B}$의 역행렬이 존재한다고 하자. $\boldsymbol{A}'\boldsymbol{A} = \boldsymbol{I}_n$이면, $(\boldsymbol{A}'\boldsymbol{B}\boldsymbol{A})^k = \boldsymbol{A}'\boldsymbol{B}^k\boldsymbol{A}$임을 보이시오(단, k는 정수).

17 행렬 $\boldsymbol{I}_m - \boldsymbol{X}(\boldsymbol{X}'\boldsymbol{X})^{-1}\boldsymbol{X}'$은 계량경제학에서 매우 중요한 역할을 한다.

PART 4

다변수 해석

MULTIVARIABLE CALCULUS

CHAPTER 09

다변수 함수 미분

여러분은 일변수 미분은 잘 알고 있다(그렇지 않나?).
하지만 세상은 변수 하나로 설명하기에는 너무 복잡하다. 그렇다고 설명변수가 100개인 모형을 고려할 필요는 없고, (학부 과정에서는) 두 개의 변수인 세상만 다룰 수 있으면 충분하다.

일단 이변수 함수를 다룰 수 있으면, 삼변수, 사변수, ⋯ , n변수 함수로 넘어가는 것은 쉽다. 바꿔 말하면, 한 개에서 두 개로 넘어가는 게 어렵다는 것이다.
다변수 함수를 다루는 기술은 충분히 시간을 두고 투자할 만하다. 여러분의 생각 틀이 살짝 넓어지게 되고, 무엇보다 수학 때문에 전공수업 내용을 놓치는 상황이 발생하지 않게 된다.

이 장에서 등장하는 다변수 함수는 그냥 이변수 함수로 생각하고 따라오자.

1. 다변수함수와 그래프

지금까지 여러분이 다룬 함수는 정의역이 주로 $\mathbb{R}$(혹은 그 부분집합)이었다. 이제 정의역 U가 $\mathbb{R}^n$ 혹은 그 부분집합인 함수 $f: U \to \mathbb{R}$을 다루자.

다변수 함수는 보통 $y = f(x_1, x_2, \cdots, x_n)$으로 나타낸다. 이변수 함수는 $y = f(x_1, x_2)$ 대신 $z = f(x, y)$로 쓰기도 한다. 이렇게 쓰면 이변수 함수를 그래프로 그릴 때 축이 x축, y축, z축 세 개인 '공간'에 나타내는 것이 자연스러워진다.[1]

일변수 함수의 그래프 $\{(x,y) \mid y = f(x), x \in U\}$는 이차원이니 xy-평면에 그려졌고, 이변수 함수의 그래프 $\{(x,y,z) \mid z = f(x,y), x \in U\}$는 삼차원이니 '$xyz$-공간'에 그리면 된다. xyz-공간은 통상 아래 그림처럼 그린다. xy-평면에서의 x축, y축 위치와는 다르니 유의하자.

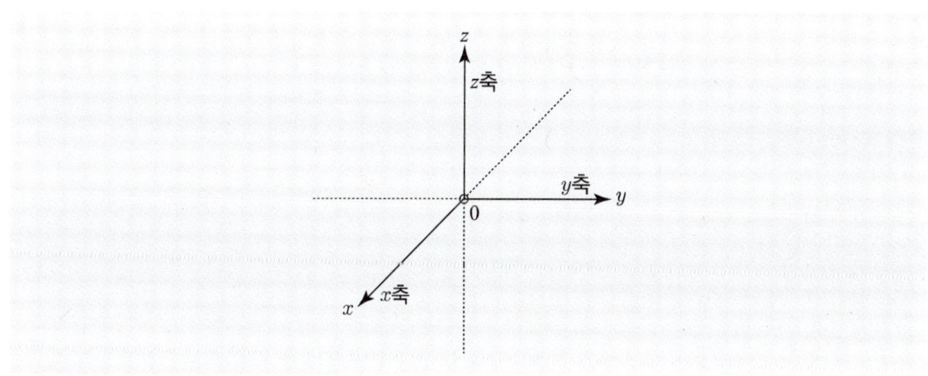

그림 9-1 x축, y축, z축의 위치 관계

예를 들면, 함수 $f(x,y) = 1 - x - y$의 그래프는 식 $z = 1 - x - y$로 표현된 '평면'이 된다. $x, y, z \geq 0$로 제한하여 그리면 그림 9-2의 (a)와 같다. 물론 처음에는 그렇게 자명해 보이지 않는다.[2] z의 값을 슬슬 변화시켜 보라. $z = 0$일 때, $0 = 1 - x - y$ 즉, $y = -x + 1$이다. $z = 1/2$일 때는 $y = -x + 1/2$이 된다[그림 9-2 (b)].

1 함수를 이해하는 좋은 방법 중 하나는 그래프를 그려보는 것인데, 우리의 인식은 3차원을 넘지 못하니 이변수 함수인 경우에만 그려볼 수 있다.

2 갑자기 삼각형처럼 보이는 것이 나와서 당황스러울 수 있다. 정상이니 걱정 마라.

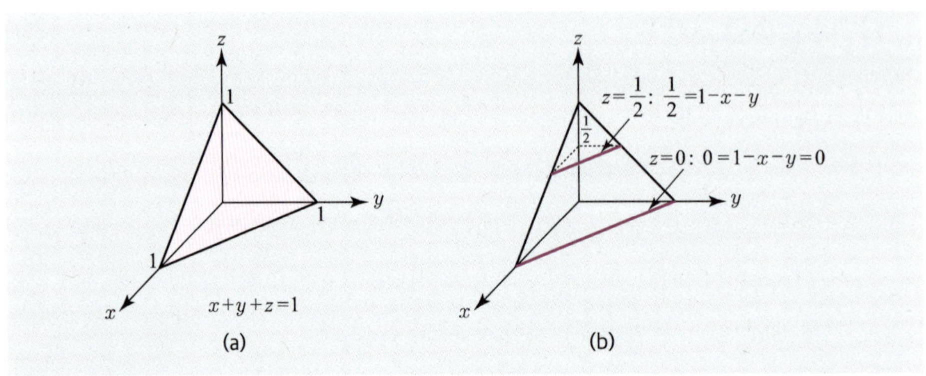

그림 9-2 평면 $x+y+z=1$

경영·경제학에서 3차원 공간에 함수를 그리는 일은 그리 많지 않다.[3] 다만 어떻게 그려지는지 그 방식은 이해하고 넘어가기 바란다. 사실 함수가 조금만 복잡해져도 3차원에서 상상하기 힘들어서 평범한 우리들은 익숙한 2차원의 평면에 '투사'해서 나타낸다.

$z=f(x, y)$일 때, $z=c$로 고정하면 $c=f(x, y)$는 xy-평면에 그릴 수 있다. 이를 **등위선**(level curve)이라고 한다. 즉, z축 위에서 조명을 켜고 xy-평면이라는 스크린에 쏘는 것으로 생각하면 된다.

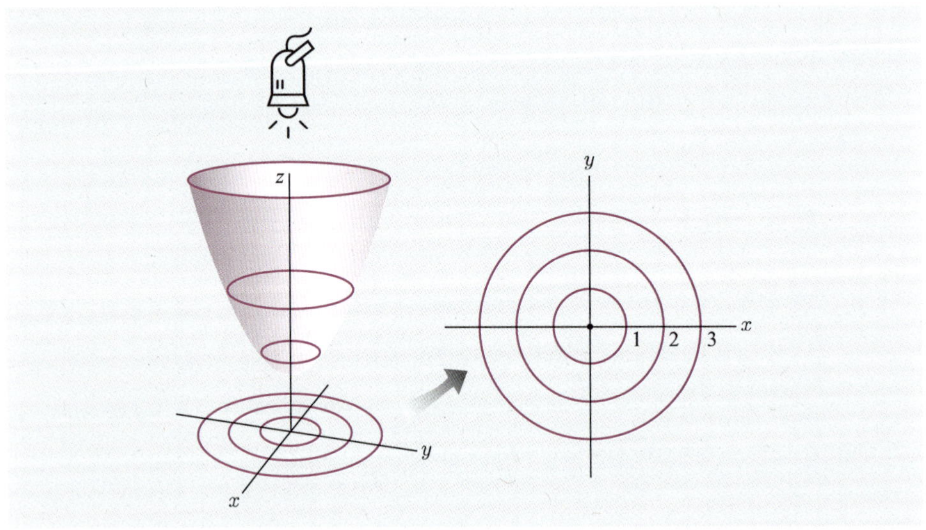

그림 9-3 곡면 $z=x^2+y^2$와 등위선

3 이공계에서도 컴퓨터에 맡긴다.

등위선은 미시경제학의 소비자이론에서는 '무차별 곡선(indifference curve)', 생산자 이론에서는 '등량곡선(isoquant curve)'이라는 이름으로 등장한다. 상황에 따른 이름은 나중에 배우고, 등위선의 개념 자체는 반드시 이해하고 넘어가자.

2. 일차함수의 기울기

일변수 미분에서 강조했던 것처럼, 미분(계수)은 기울기의 극한값이다. 그래서 다변수 함수에서 미분을 정의하기 위해서는 '기울기'가 무엇인지 다시 살펴보자. 그리고 기울기가 일정한, 가장 간단한 일차함수에서 시작하자.

일변수의 경우, 일차함수의 식은 $y=ax+b$이고, 그 기울기는 a이다. 이변수의 경우, 일차함수의 식은 다음과 같다.

$$z=f(x,y)=ax+by+c$$

이때, xy-평면에서 x축과 나란한 직선 위에서만(y값은 고정) 함수의 그래프를 보면 그 기울기는 다음과 같다.

$$\frac{f(x+\Delta x,y)-f(x,y)}{\Delta x}=\frac{(a(x+\Delta x)+by+c)-(ax+by+c)}{\Delta x}=a$$

마찬가지로, y축과 나란한 직선 위에서만(x값은 고정) 함수의 그래프를 보면 그 기울기는 다음과 같다.

$$\frac{f(x,y+\Delta y)-f(x,y)}{\Delta y}=\frac{(ax+b(y+\Delta y)+c)-(ax+by+c)}{\Delta y}=b$$

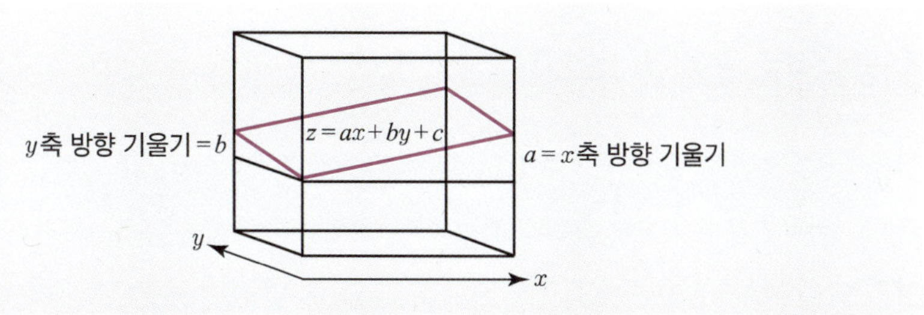

그림 9-1 평면 $z=ax+by+c$와 기울기

이변수 일차함수의 경우, 기울기는 두 방향, 즉 'x축 방향 기울기'와 'y축 방향 기울기' 쌍인 (a, b)으로 나타내는 것이 자연스러워 보이고, 이를 **기울기 벡터**(gradient vector)라고 한다.

그렇다면 x축 방향이나 y축 방향 말고, 임의의 벡터 $\boldsymbol{v} = (v_1, v_2)$ 방향으로의 기울기는 어떻게 될까?

$\boldsymbol{x}$를 지나고 벡터 $\boldsymbol{v}$ 방향으로의 직선의 방정식은 $\boldsymbol{x} + t\boldsymbol{v}$이다. 따라서 기울기는 다음과 같다.

$$\frac{f(x+tv_1, y+tv_2) - f(x, y)}{t} = \frac{(a(x+tv_1) + b(y+tv_2) + c) - (ax+by+c)}{t}$$

$$= av_1 + bv_2$$

$$= (a, b) \cdot (v_1, v_2)$$

즉, **기울기 벡터와 방향 벡터의 내적**으로 주어진다. 이 사실은 일차함수가 아닌 경우로 확장시킬 수 있다. 다음 절에서 다루기 전에 간단한 예제를 풀어보자.

예제 9-1 방향미분의 계산

문제 $f(x,y) = x + 2y + 4$**와 단위벡터** $\boldsymbol{v} = (1, 1)/\sqrt{2}$ **에 대해서** f**의** $\boldsymbol{v}$ **방향 기울기를 구하시오.**

풀이 $(1, 2) \cdot (1, 1) / \sqrt{2} = 3 / \sqrt{2}$ 이다. ■

3. 방향미분, 편미분 그리고 기울기 벡터

여러 번 강조했던 것처럼, 미분은 '변화'에 관한 수학이다('y의 변화는 x의 변화의 몇 배?'). 일변수 함수 미분과 다변수 함수 미분의 핵심적 차이는 그림 9-5처럼 일변수 함수의 경우 'x의 변화'의 방향이 오로지 (앞뒤) 하나밖에 없고, 다변수 함수는 '$\boldsymbol{x}$의 변화'의 방향이 무한대라는 점이다. 따라서 다변수 함수의 미분을 고려하기 위해서는 우선 변화의 방향을 고정할 필요가 있다.

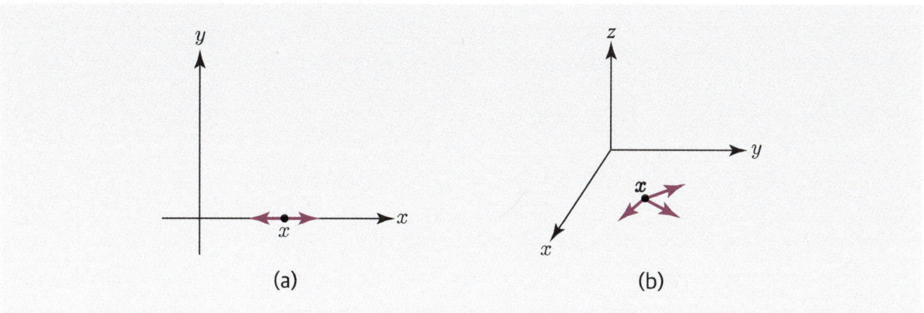

그림 9-5 변화의 방향

점 $\boldsymbol{x}$와 단위벡터 $\boldsymbol{v}$에 대해, 다음의 극한값을 f의 **v-방향 순간 변화율**, 또는 **v-방향 미분계수**(directional derivative)라고 한다.

$$D_v f(\boldsymbol{x}) := \lim_{t \to 0} \frac{f(\boldsymbol{x}+t\boldsymbol{v}) - f(\boldsymbol{x})}{t}$$

v-방향 미분계수 $D_v f(x)$는 점 x에서 벡터 v의 방향으로 '살짝' 움직였을 때 f가 얼마나 변하는지를 나타낸다.[4] 그래서 v-방향 미분계수는 f를 직선 $\boldsymbol{x}+t\boldsymbol{v}$에 대해서만 그렸을 때, 점 $(\boldsymbol{x}, f(\boldsymbol{x}))$에서 접선의 기울기가 된다.

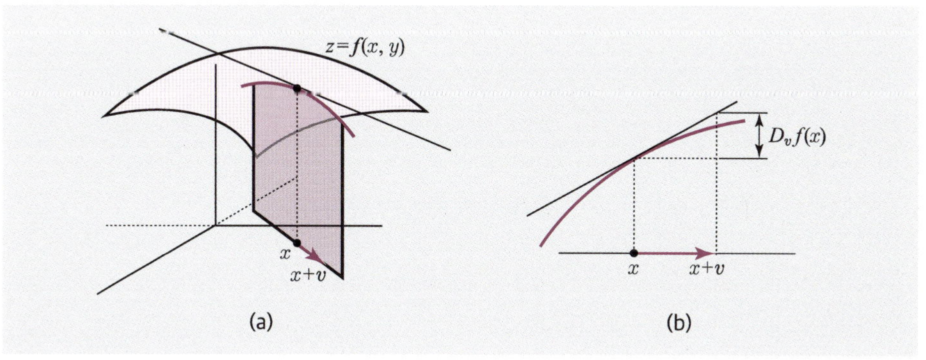

그림 9-6 방향미분의 의미

4 $D_v f(\boldsymbol{x})$의 의미를 꼭 이해하고 넘어가길 바란다.

두 함수 f, g가 (점 $\boldsymbol{x}$에서) $\boldsymbol{v}$-방향 미분이 존재하면 다음이 성립한다. 일변수 함수의 경우와 유사하니 그리 어렵게 보이지 않기를 바란다.

- $D_v(f \pm g) = D_v f \pm D_v g$
- $D_{kv} f = k D_v f = D_v(kf)$ (단, k는 임의의 실수)
- $D_v(fg) = (D_v f) \cdot g + f \cdot (D_v g)$

그런데 (무한히 많은) 모든 방향벡터 $\boldsymbol{v}$를 고려해야 할까. 그럴 필요가 없다! n차원 공간에는 특별한 n개의 방향이 있다. 첫 번째 축 방향벡터 $\boldsymbol{e}_1$, 두 번째 축 방향벡터 $\boldsymbol{e}_2$, $\cdots$, n번째 축 방향벡터 $\boldsymbol{e}_n$이다.

$$\boldsymbol{e}_1 := (1, 0, \cdots, 0),\ \boldsymbol{e}_2 := (0, 1, 0, \cdots, 0), \cdots\ , \boldsymbol{e}_n := (0,\ 0, \cdots, n)$$

$\boldsymbol{e}_k$-방향 미분계수는 특별히 $D_k f$로 쓰고, 이를 k번째 **편미분계수**(partial derivative)라고 한다. 함수 f의 k번째 편미분계수는 나머지 변수는 변하지 않고 k번째 변수만 변했을 때 순간변화율을 의미한다. 또한 $D_k f$ 말고도 f_k, $\dfrac{\partial f}{\partial x_k}$, f_{x_k}와 같이 쓰기도 한다.[5]

일변수 함수 때와 마찬가지로, f의 정의역상 모든 점 $\boldsymbol{x}$에 대해 편미분계수가 존재하면 이를 **편도함수**라고 부른다.

수학적으로는 편미분계수 존재 문제는 중요하지만, 경영·경제학에서 이 문제 때문에 골치 아플 일은 없을 것이므로, 특별한 언급이 없으면 편도함수가 항상 존재한다고 가정한다. 구하기는 어렵지 않다. 다른 변수는 상수로 보고, 관심 있는 변수에 대해 미분하면 된다.

예제 9-2 편미분의 계산

문제 $f(x,y) = 5x^2 + xy^2 - y^3$ **에 대해** f_x**과** f_y**를 구하시오.**

풀이 $f_x = 10x + y^2$, $f_y = 2xy - 3y^2$이다. ■

---

5 $\dfrac{\partial f}{\partial x}$과 $\dfrac{df}{dx}$는 엄청난 차이이다. 편미분일 때는 반드시 '∂'를 쓰라.

(점 $\boldsymbol{x}$에서) f의 모든 편미분계수가 존재할 때, f는 **점 x에서 편미분가능**하다고 하고, 다음 벡터를 f의 **기울기 벡터**(gradient vector)라고 한다.[6]

$$\nabla f := \left(\frac{\partial f}{\partial x_1}, \frac{\partial f}{\partial x_2}, \cdots, \frac{\partial f}{\partial x_n}\right)$$

일변수 함수라면 ∇f는 '접선'의 기울기가 되고, 다변수 함수라면 ∇f는 '접평면'의 기울기 벡터가 된다.

두 함수 f, g가 편미분가능하다면 다음이 성립한다. 역시 일변수 함수의 경우와 대응시켜서 생각해 보라. 그리고 벡터와 스칼라를 꼭 구분하라(∇f, ∇g는 벡터이고, f, g는 스칼라이다).

- $\nabla(f \pm g) = \nabla f \pm \nabla g$
- $\nabla(kf) = k\nabla f$ (단, k는 임의의 실수)
- $\nabla(fg) = f\nabla g + g\nabla f$
- $h : \mathbb{R} \to \mathbb{R}$가 미분가능할 때, $\nabla(h \circ f)(\boldsymbol{x}) = h'(f(\boldsymbol{x}))\nabla f(\boldsymbol{x})$

4. 미분가능함수

일변수함수 미분에서, '점 x에서 미분가능'하다는 뜻은 무엇이었는지 기억나는가? $f'(x)$가 존재한다? 맞다. 하지만 이렇게만 이해하면 다변수함수에서도 "미분가능=편미분가능"으로 오해하기 십상이다.

다시 강조하지만, 일변수 함수에서 '점 x에서 미분가능'이라는 의미는 '점 x에서 접선(tangent line)을 하나, 그것도 정확히 하나만 그릴 수 있다'는 의미이다. 그리고 이변수 함수에서는 '접평면(tangent plane)을 하나, 그것도 정확히 하나만 그릴 수 있다'는 의미이다.[7]

---

6 그냥 '그래디언트 벡터'라고 하기도 한다.

7 n변수 함수($n \geq 3$)에서는 '접초평면(tangent hyperplane)'(와우!)이라고 한다.

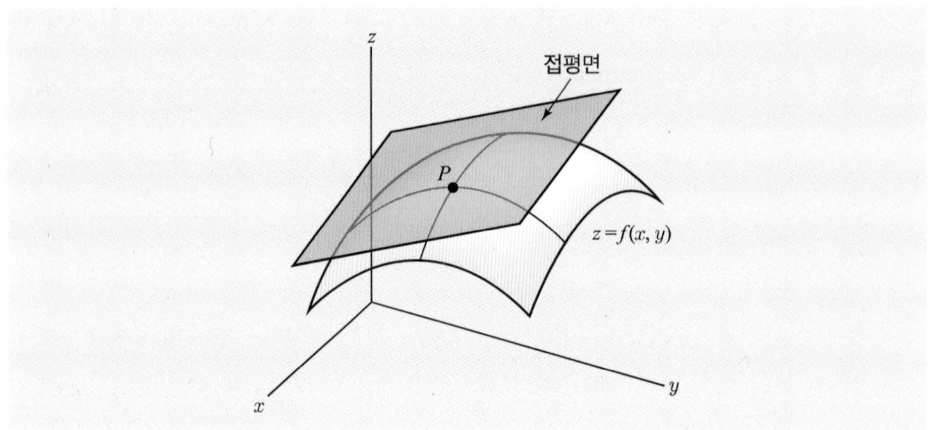

그림 9-7 점 P에서의 접평면

문제는 편미분가능, 즉 f_x와 f_y가 모두 있다고 해서 항상 접평면이 존재하는 것은 아니라는 것이다.[8] 하지만 여러분의 전공수업에서는 (다행히) 편미분가능하지만 미분가능하지 않은 다변수 함수는 등장하지 않으니 크게 문제되지 않을 것이다. 여러분이 더 헷갈리기 전에 정리하자.

미분가능함수와 편미분가능함수의 관계

- $z = f(x, y)$가 미분가능하면, 편미분가능하다. 하지만 그 역은 일반적으로 성립하지 않는다.
- 다만, 여러분이 전공수업을 들을 때는 미분가능과 편미분가능을 대략 같은 것으로 봐도 된다.

그렇다면, f가 미분가능하다고 할 때, '접평면'의 기울기, 또는 미분계수는 어떻게 구할 수 있을까? 우선 일변수 함수에서 어땠는지 상기해 보자. 점 p에서 접선의 기울기 a는 다음의 극한값이었다.

$$\lim_{x \to p} \frac{f(x) - f(p)}{x - p} = a$$

이 식을 살짝 다음과 같이 바꾸자.

8 (수학적으로 민감한 독자를 위해) 원점에서 편미분가능하지만 미분가능하지 않은, 거의 모든 미적분학 교과서에 예시로 나오는 함수는 다음과 같다. $f(0,0) = 0$이고, $(x,y) \neq (0,0)$일 때는 $f(x,y) = xy/(x^2+y^2)$이다.

$$\lim_{x \to p} \frac{f(x) - f(p) - a(x-p)}{x-p} = 0$$

즉, 분자를 0으로 하는 식 $f(x) - f(p) - a(x-p) = 0$이 바로 점 $(p, f(p))$를 지나는 접선의 방정식이었다! 이를 다변수함수 f로 확장해 보자. 점 $(\boldsymbol{p}, f(\boldsymbol{p}))$를 지나는 평면의 방정식은 어떤 벡터 $\boldsymbol{a}$에 대해 다음과 같이 쓸 수 있다.

$$z = f(\boldsymbol{p}) + \boldsymbol{a} \cdot (\boldsymbol{x} - \boldsymbol{p})$$

이 평면이 점 $\boldsymbol{p}$에서의 접평면이라면, 다음을 의미한다고 생각할 수 있다(일변수 경우와 비교해 보라).

$$\lim_{|\boldsymbol{x}-\boldsymbol{p}| \to 0} \frac{f(\boldsymbol{x}) - f(\boldsymbol{p}) - \boldsymbol{a} \cdot (\boldsymbol{x} - \boldsymbol{p})}{|\boldsymbol{x} - \boldsymbol{p}|} = 0$$

이제 벡터 $\boldsymbol{a}$를 구해 보자. 이변수 함수 $z = f(x, y)$에 대해, 점 $\boldsymbol{p} = (x_0, y_0)$, $\boldsymbol{a} = (a_1, a_2)$ 그리고 $\boldsymbol{x} = \boldsymbol{p} + (h, 0)$을 대입하면, 위 극한식은 다음과 같이 쓸 수 있다.

$$\lim_{h \to 0} \frac{f(x_0 + h, y_0) - f(x_0, y_0) - a_1 h}{h} = 0$$

위 식을 만족하는 a_1은 정확히 첫 번째 변수의 편미분의 정의에 해당한다. 따라서 $a_1 = f_x(\boldsymbol{p})$가 성립한다. 마찬가지로, $\boldsymbol{x} = \boldsymbol{p} + (0, h)$를 대입하면 $a_2 = f_y(\boldsymbol{p})$를 얻는다. 즉, $\boldsymbol{a} = (f_x(\boldsymbol{p}), f_y(\boldsymbol{p}))$ 가 된다. 이를 점 $\boldsymbol{p}$에서의 미분계수라고 하고, $f'(\boldsymbol{p})$ 또는 $Df(\boldsymbol{p})$로 표기한다.

정리하면, f가 점 $\boldsymbol{p}$에서 미분가능하다면(= 접평면이 존재한다면), 점 $\boldsymbol{p}$에서 미분계수는 기울기 벡터와 일치한다.[9]

$$Df(\boldsymbol{p}) = \nabla f(\boldsymbol{p}) = (f_x(\boldsymbol{p}), f_y(\boldsymbol{p}))$$

그래서 이변수 함수 $z = f(x, y)$의 경우, 점 $\boldsymbol{p} = (x_0, y_0)$에서 접평면의 식은 다음과 같이 쓸 수 있다.

---

9 다시 한 번 강조하면, 접평면이 만약 존재하면 접평면의 정규벡터가 기울기 벡터와 일치하게 된다는 것이다. 기울기 벡터가 있다고 해서 접평면이 존재하는 건 아니다.

$$\begin{aligned} z &= f(\boldsymbol{p}) + \nabla f(\boldsymbol{p}) \cdot (\boldsymbol{x} - \boldsymbol{p}) \\ &= f(x_0, y_0) + f_x(x_0, y_0)(x - x_0) + f_y(x_0, y_0)(y - y_0) \end{aligned}$$

예제 9-3 접평면의 방정식

문제 **$f(x,y) = 2x^2 + y^2$의 그래프상의 점 $(1, 1, 3)$에서 접평면을 구하시오.**

풀이 $f_x = 4x$, $f_y = 2y$이고, $x_0 = 1$, $y_0 = 1$, $f(x_0, y_0) = 3$이므로 접평면의 방정식은 다음과 같다.

$$z = 3 + 4(x - 1) + 2(y - 1)$$

즉, $z = 4x + 2y - 3$이다. ■

또한 기울기 벡터 $\nabla f(\boldsymbol{p})$는 이외에도 중요한 기하학적 의미를 가진다. 이를 살펴보기 전에, $\boldsymbol{v}$-방향 미분계수는 $D_{\boldsymbol{v}} f(\boldsymbol{p}) = \nabla f(\boldsymbol{p}) \cdot \boldsymbol{v}$가 됨에 유의하라. 이유는 다음과 같다.

$\displaystyle\lim_{|\boldsymbol{x} - \boldsymbol{p}| \to 0} \frac{f(\boldsymbol{x}) - f(\boldsymbol{p}) - \nabla f(\boldsymbol{p}) \cdot (\boldsymbol{x} - \boldsymbol{p})}{|\boldsymbol{x} - \boldsymbol{p}|} = 0$에 $\boldsymbol{x} = \boldsymbol{p} + t\boldsymbol{v}$을 대입하면, 다음을 얻는다.

$$\lim_{t \to 0} \frac{f(\boldsymbol{p} + t\boldsymbol{v}) - f(\boldsymbol{p}) - \nabla f(\boldsymbol{p}) \cdot t\boldsymbol{v}}{|t\boldsymbol{v}|} = 0$$

즉, 다음이 성립한다.

$$\begin{aligned} 0 &= \lim_{t \to 0} \frac{f(\boldsymbol{p} + t\boldsymbol{v}) - f(\boldsymbol{p}) - \nabla f(\boldsymbol{p}) \cdot t\boldsymbol{v}}{t} \\ &= \underbrace{\lim_{t \to 0} \frac{f(\boldsymbol{p} + t\boldsymbol{v}) - f(\boldsymbol{p})}{t}}_{= D_{\boldsymbol{v}} f(\boldsymbol{p})} - \nabla f(\boldsymbol{p}) \cdot \boldsymbol{v} \end{aligned}$$

따라서 $D_{\boldsymbol{v}} f(\boldsymbol{p}) = \nabla f(\boldsymbol{p}) \cdot \boldsymbol{v}$이다.

다음의 간단한 예제를 통해 감각을 익히자.

예제 9-4 방향미분의 계산

문제 **점 $\boldsymbol{p}$에서 다음 함수의 v-방향 미분계수 $D_v f(\boldsymbol{p})$를 구하시오.**

(1) $f(x,y) = 2x^2 + \dfrac{3}{2}y^2, \quad \boldsymbol{p} = (1, -3), \quad v = (1, 2)/\sqrt{5}$

(2) $f(x,y) = e^x \log y, \quad \boldsymbol{p} = (0, e), \quad v = (2, 1)/\sqrt{5}$

풀이 각 문제의 해는 다음과 같다.

(1) $f_x = 4x, f_y = 3y$이므로, $\nabla f(1, -3) = (4, -9)$이다.

따라서 $D_v f(1, -3) = (4, -9) \cdot (-1, 2)/\sqrt{5} = -14/\sqrt{5}$ 이다.

(2) $f_x = e^x \log y, f_y = e^x/y$ 이므로, $\nabla f(0, e) = (1, 1/e)$이다.

따라서 $D_v f(0, e) = (1, 1/e) \cdot (2, 1)/\sqrt{5} = (2 + 1/e)/\sqrt{5}$ 이다. ■

이제 기울기 벡터 $\nabla f(\boldsymbol{p})$의 의미를 알아보자. 기울기 벡터는 단순히 편미분한 것을 모아둔 것이 결코 아니다! 그 기하학적 의미를 살펴보자.[10]

두 벡터 $\nabla f(\boldsymbol{p})$와 $\boldsymbol{v}$가 이루는 각의 크기가 θ이면, 다음이 성립한다.

$$D_v f(\boldsymbol{p}) = \nabla f(\boldsymbol{p}) \cdot \boldsymbol{v} = |\nabla f(\boldsymbol{p})||\boldsymbol{v}|\cos\theta$$

$\theta = 0$일 때, $\cos\theta$는 1로 최대가 되므로, v-방향 미분계수 $D_v f(\boldsymbol{p})$가 최대가 되는 경우는 방향벡터 $\boldsymbol{v}$가 $\nabla f(\boldsymbol{p})$와 같은 방향인 경우이다. 즉, **기울기 벡터 $\nabla f(\boldsymbol{p})$의 방향이 함수가 가장 '많이 커지는' 방향**이고, $|\nabla f(\boldsymbol{p})|$가 그때의 변화율이 된다.

$\theta = \pi$일 때 $\cos\theta$는 최소가 되며, 이는 벡터 $\boldsymbol{v}$가 $\nabla f(\boldsymbol{p})$와 반대 방향, 즉 $-\nabla f(\boldsymbol{p})$의 방향으로, 이 방향이 함수가 가장 '많이 작아지는' 방향이다.

마지막으로, $\theta = \pi/2$일 때, 즉 두 벡터 $\boldsymbol{v}$와 $\nabla f(\boldsymbol{p})$가 직교할 때 $D_v f(\boldsymbol{p}) = 0$ 이다. 즉, $\nabla f(\boldsymbol{p})$와 수직인 방향으로 (살짝) 움직이면, 함수값은 변하지 않는다. 이는 $\nabla f(\boldsymbol{p})$의 방향은 점 $\boldsymbol{p}$에서 등위선 $f(\boldsymbol{x}) = c$에 수직 방향임을 의미한다. 아래 그림을 참조하라.

---

10 이 의미를 알지 못하면, 기울기 벡터는 사실 모르는 것이다.

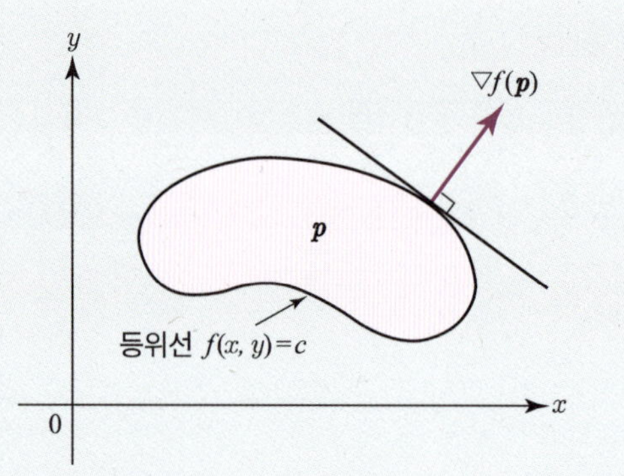

그림 9-8 기울기 벡터와 함수의 증가 방향

정리하면 다음과 같다. 꼭 이해하고 넘어가자.

첫째, $\nabla f(\boldsymbol{p})$의 방향은 $\boldsymbol{p}$에서 함수값이 가장 빨리 증가하는 방향[$-\nabla f(\boldsymbol{p})$의 방향은 가장 빨리 감소하는 방향]

둘째, $|\nabla f(\boldsymbol{p})|$는 가장 빠르게 증가/감소할 때 그 크기

셋째, $\nabla f(\boldsymbol{p})$와 직교하는 방향은 함수값이 변하지 않는 방향(등위선에 접함)

다음 예제를 풀어보자.

예제 9-5 기울기 벡터와 함수의 증가율

문제 **자본투입량이 K, 노동투입량이 L일 때, 생산량은 $f(K, L) = K^{1/3}L^{2/3}$으로 주어진다. 현재 투입량이 $(K, L) = (1, 1)$이고 추가로 자본과 노동을 투입한다고 할 때, 생산량을 가장 많이 늘릴 수 있는 자본과 노동 투입 비율은 무엇인가?**

풀이 $\nabla f(x, y) = \left(\dfrac{L^{2/3}}{3K^{2/3}}, \dfrac{2K^{1/3}}{3L^{1/3}}\right)$이므로, $\nabla f(1, 1) = \left(\dfrac{1}{3}, \dfrac{2}{3}\right)$이다. 따라서 자본과 노동 투입 비율을 $\dfrac{1/3}{2/3} = 1/2$로 하여 추가로 투입하는 경우 생산량이 가장 많이 늘어난다. ■

5. 이계 편도함수

f가 이변수 함수이면, 편도함수 f_x와 f_y도 이변수 함수이다. 따라서 편도함수들의 편도함수 $(f_x)_x, (f_x)_y, (f_y)_x, (f_y)_y$를 생각할 수 있으며, 이것을 f의 **이계 편도함수**(second order partial derivative)라고 한다.

$z = f(x,y)$이면, 이계 편도함수에 대해 다음 기호를 사용한다.[11]

$$f_{xx} = (f_x)_x = \frac{\partial}{\partial x}\left(\frac{\partial f}{\partial x}\right) = \frac{\partial^2 f}{\partial x^2} = \frac{\partial^2 z}{\partial x^2}$$

$$f_{xy} = (f_x)_y = \frac{\partial}{\partial y}\left(\frac{\partial f}{\partial x}\right) = \frac{\partial^2 f}{\partial y \partial x} = \frac{\partial^2 z}{\partial y \partial x}$$

$$f_{yx} = (f_y)_x = \frac{\partial}{\partial x}\left(\frac{\partial f}{\partial y}\right) = \frac{\partial^2 f}{\partial x \partial y} = \frac{\partial^2 z}{\partial x \partial y}$$

$$f_{yy} = (f_y)_y = \frac{\partial}{\partial y}\left(\frac{\partial f}{\partial y}\right) = \frac{\partial^2 f}{\partial y^2} = \frac{\partial^2 z}{\partial y^2}$$

여기서, f_{xy}는 x에 대해 미분한 후 y로 미분한 것이고, f_{yx}는 그 반대 순서로 한 것이다. 이 두 가지 이계 편도함수[이름은 교차 도함수(cross derivative)이다]는 서로 다를까? 일반적으로 그렇다. 하지만 다행히도 우리가 다루는 대부분의 경우에는 미분순서가 상관없어서, $f_{xy} = f_{yx}$이다.[12] 그러니까 순서에 신경쓰지 않아도 된다.

물론 삼계 편도함수, 그러니까 f_{xxy} 같은 것도 생각해 볼 수 있다. 하지만 여러분이 전공수업에서 만날 일은 없고, 이계 편도함수까지만 익숙해지시면 된다.

---

11 분자, 분모에서 위첨자 '2'의 위치를 잘 보자. $\frac{\partial^2 f}{\partial x^2}$를 $\frac{\partial f^2}{\partial x^2}$, $\frac{\partial^2 f}{\partial^2 x}$ 또는 $\frac{\partial f^2}{\partial^2 x}$처럼 쓰면 안 된다. (두 번째 저자처럼) 까칠한 채점자라면 내용에 무관하게 감점이 상당할 수 있다.

12 클레로의 정리(Clairaut's theorem) 또는 영의 정리(Young's theorem)이다. (두 번째 저자처럼) 까칠한 채점자라도 f_{xy}와 f_{yx}를 바꿔 쓰는 것은 넘어간다.

예제 9-6 이계 편도함수의 계산

문제 $f(x,y)=2x^2-4xy+10y^2$ **에 대해,** $f_{xy}=f_{yx}$ **임을 확인하시오.**

풀이 $f_x=4x-4y, f_y=-4x+20y$이다. 또한 $f_{xy}=-4, f_{yx}=-4$이다. 따라서 $f_{xy}=f_{yx}$이다. ■

다변수 함수 $f:\mathbb{R}^n \to \mathbb{R}$은 변수가 여러 개라 미분을 두 번 할 방법도 많다. 그래서 모든 이계도함수를 모아서 행렬로 나타내는데, 이를 **헤시안 행렬**(Hessian matrix) 또는 **헤세 행렬**(Hesse matrix) $\boldsymbol{H}_f$라고 한다. $D^2 f$나 $\nabla^2 f$로 표시하기도 하며, 다음과 같이 정의된다.

$$\boldsymbol{H}_f := \begin{pmatrix} f_{11} & f_{12} & \cdots & f_{1n} \\ f_{21} & f_{22} & \cdots & f_{2n} \\ \vdots & \vdots & \ddots & \vdots \\ f_{n1} & f_{n2} & \cdots & f_{nn} \end{pmatrix}$$

즉, $(\boldsymbol{H}_f)_{ij}=f_{ij}$이다. 또한 앞에서 말한 대로 (대부분의 경우) $f_{ij}=f_{ji}$이므로 헤시안 행렬은 대칭행렬이다.

6. 연쇄법칙

일변수 함수일 때, 연쇄법칙은 다음과 같았다.

연쇄법칙(일변수 함수의 경우)

y는 u의 미분가능한 함수이고, u는 x의 미분가능한 함수라고 하자. 그렇다면 다음이 성립한다.

$$\frac{dy}{dx}=\frac{dy}{du}\cdot\frac{du}{dx}$$

식은 복잡해 보이지만, 최종 변화율은 중간 단계에 있는 모든 변화율의 곱이라는, 상당히 직관적인 식일 뿐이다.

다변수 함수일 때도 비슷하다. 다만, 변화율('미분계수')이 이제는 벡터이므로, '곱'이 '내적'으로 바뀐다.

$z=f(x,y)$이고, x, y가 모두 t의 (미분가능한) 함수라고 하자. 그렇다면 z는 t의 (일변수) 함수가 되고, 다음이 성립한다.

$$\frac{dz}{dt}=\nabla f(x(t),y(t))\cdot\left(\frac{dx}{dt},\ \frac{dy}{dt}\right)=\frac{\partial f}{\partial x}\frac{dx}{dt}+\frac{\partial f}{\partial y}\frac{dy}{dt}$$

증명은 (일변수) 미분계수의 정의를 사용하면 된다. 증명은 생략하고, 언제나 그렇듯 식을 직관적으로 이해하는 것이 중요하다. 아래 그림을 보자.

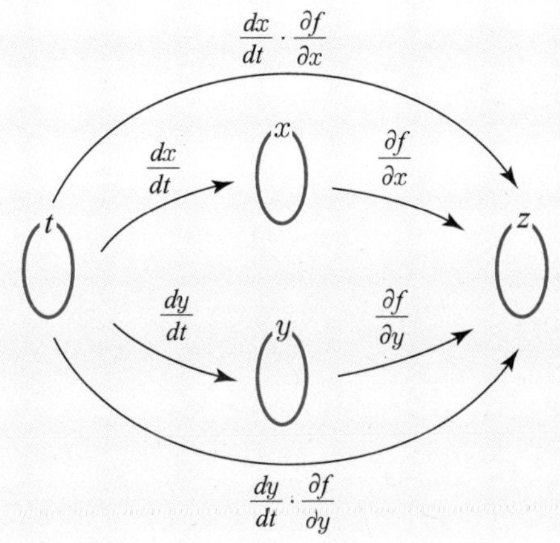

그림 9-9 연쇄법칙(이변수 함수의 경우)

일변수 함수 때는 '연쇄 경로'가 하나였지만, 이제는 두 개다. 따라서 총 변화는 두 개의 '연쇄 경로'를 통한 변화를 모두 더해 주면 된다. 그래서 '최종 변화율' $\frac{dz}{dt}$를 **전미분식**(total differentiation)이라고 한다.

f가 n변수 함수라면? '연쇄 경로'가 n개이고 그 효과를 모두 더해 주면 된다. 즉, 각 변수 x_i가 t의 (미분가능한) 함수라면 다음이 성립한다.[13]

13 ∂과 d를 꼭 구분하라.

$$\frac{d}{dt}f(x_1(t), x_2(t), \cdots, x_n(t)) = \frac{\partial f}{\partial x_1}\frac{dx_1}{dt} + \frac{\partial f}{\partial x_2}\frac{dx_2}{dt} + \cdots + \frac{\partial f}{\partial x_n}\frac{dx_n}{dt}$$

만약, 각 변수 x_i가 이제 변수 (s, t)의 (미분가능한) 함수라면 다음이 성립한다. 증명은 편미분계수의 정의를 이용하면 된다(그래서 생략한다). 다만, 아래 식을 스스로 쓸 수 있기를 바란다.

$$\frac{\partial}{\partial t}f(x_1(s,t), x_2(s,t), \cdots, x_n(s,t)) = \frac{\partial f}{\partial x_1}\frac{\partial x_1}{\partial t} + \frac{\partial f}{\partial x_2}\frac{\partial x_2}{\partial t} + \cdots + \frac{\partial f}{\partial x_n}\frac{\partial x_n}{\partial t}$$

$$\frac{\partial}{\partial s}f(x_1(s,t), x_2(s,t), \cdots, x_n(s,t)) = \frac{\partial f}{\partial x_1}\frac{\partial x_1}{\partial s} + \frac{\partial f}{\partial x_2}\frac{\partial x_2}{\partial s} + \cdots + \frac{\partial f}{\partial x_n}\frac{\partial x_n}{\partial s}$$

예제 9-7 연쇄법칙의 계산

문제 $z = f(x,y) = x^2 + 2y^2$ **이고,** $x = t^2$, $y = 2t$ **일 때,** $\frac{dz}{dt}$ **를 구하시오.**

풀이 $f_x = 2x, f_y = 4y$이고, $\frac{dx}{dt} = 2t$, $\frac{dy}{dt} = 2$이다.

따라서 $\frac{dz}{dt} = 2x \cdot 2t + 4y \cdot 2 = 4t^3 + 16t$이다. ■

7. 전미분

$z = f(x, y)$가 미분가능한 함수라고 하자. dx와 dy는 임의의 숫자라고 할 때,[14] 점 (x, y)에서의 **전미분**(total differential)[15] dz 또는 df는 다음과 같이 정의된다.

---

14 굳이 d와 x를 떼어놓진 말자. dx를 그냥 통째로 보자.

15 (수학적으로 민감한 독자를 위해) 누군가는 'total differentiation'을 '전미분'으로, 'total differential'을 '전미분량'으로 번역하기도 한다. 의도는 이해가 되지만, 'differential'을 '미분량'으로 번역하면 이미 굳어진 용어인 '미분형식(differential form)'과 일관되지 않게 된다. 아, 미분형식은 미분기하학에서 나오는데, 경영 · 경제학과 전공수업과는 무관하니 신경쓰지 않아도 된다.

$$dz := f_x(x, y)dx + f_y(x, y)dy$$

직관적인 의미는 다음과 같다. x가 $x+dx$로, y가 $y+dy$로 변한다고 하자. 그렇다면, z의 변화량 Δz는 다음과 같다.

$$\Delta z = f(x+dx, y+dy) - f(x, y)$$

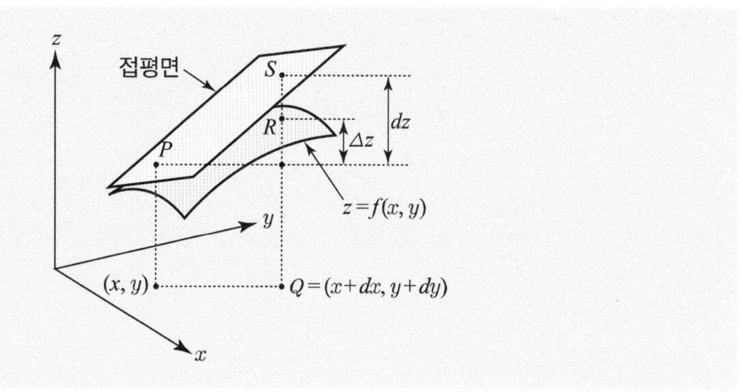

그림 9-10 전미분의 기하적 의미

한편, dx와 dy의 크기가 작다면, $f(x+dx, y+dy)$는 점(x, y)에서의 접평면에서 '많이 벗어나지 않는다'. 따라서 다음이 성립한다.[16]

$$f(x+dx, y+dy) \simeq f(x, y) + f_x(x, y)dx + f_y(x, y)dy$$
$$\Rightarrow \ f(x+dx, y+dy) - f(x, y) \simeq dz$$

즉, dx와 dy의 크기가 '매우' 작다면 $\Delta z \simeq dz$가 성립한다.

예를 들어, $z = xy$라면 다음과 같다.

$$dz = f_x(x, y)dx + f_y(x, y)dy = ydx + xdy$$

$$\begin{aligned}\Delta z &= f(x+dx, y+dy) - f(x, y) \\ &= (x+dx)(y+dy) - xy = ydx + xdy + dxdy\end{aligned}$$

따라서 $\Delta z = dz + dxdy$이고, dx와 dy의 크기가 매우 작다면 $\Delta z \simeq dz$이다.

---

16 $z = f(x, y)$일 때, 점(x_0, y_0)에서 접평면의 식은 다음과 같았다.
$z = f(x_0, y_0) + f_x(x_0, y_0)(x - x_0) + f_y(x_0, y_0)(y - y_0)$

다음 예제를 풀어보자.

예제 9-8 전미분의 계산

문제 **점 $(1, 1)$에서 $z = x^3y + xy + 3$의 전미분을 구하시오.**

풀이 $f_x = 3x^2y + y, f_y = x^3 + x$이므로, $dz = f_x dx + f_y dy = (3x^2y + y)dx + (x^3 + x)dy$이다. 따라서 점 $(1, 1)$에서 전미분은 $dz = 4dx + 2dy$이다. ■

전미분에 대한 몇 가지 규칙이 있다. 일변수 미분의 경우와 동일하니 놀랍지 않기를 바란다.

전미분의 성질

f, g가 미분가능 함수일 때, 다음이 성립한다.

- $d(af \pm bg) = adf \pm bdg$ (단, a, b는 임의의 실수)
- $d(fg) = fdg + gdf$
- $d\left(\frac{f}{g}\right) = \frac{gdf - fdg}{g^2}$ (단, $g \neq 0$)

한편, h가 미분가능한 일변수 함수이고 $z = h(f(x, y))$라면 다음이 성립한다.

- $dz = h'(f(x, y))df$

증명은 전미분의 정의를 이용하면 어렵지 않게 할 수 있다. 예를 들면, 두 번째 성질의 증명은 다음과 같다.

$$\begin{aligned} d(fg) &= (fg)_1 dx + (fg)_2 dy \\ &= (f_1 g + f g_1)dx + (f_2 g + f g_2)dy \\ &= f(g_1 dx + g_2 dy) + g(f_1 dx + f_2 dy) \\ &= fdg + gdf \end{aligned}$$

다음 예제를 통해 전미분 규칙을 연습해 보자.

예제 9-9 전미분 규칙

문제 $u = u(x, y)$**일 때,** dz**를** dx**와** dy**로 나타내시오.**

(1) $z = xu^2$

(2) $z = u^3$

(3) $z = \log(xy + xu)$

풀이 각 문제의 해는 다음과 같다.

(1) $dz = u^2dx + 2xudu$이고 $du = u_xdx + u_ydy$이므로,

$dz = u^2dx + 2xu(u_xdx + u_ydy) = (u^2 + 2xuu_x)dx + 2xuu_ydy$이다.

(2) $dz = 3u^2du$이고 $du = u_xdx + u_ydy$이므로,

$dz = 3u^2(u_xdx + u_ydy) = 3u^2u_xdx + 3u^2u_ydy$이다.

(3) $dz = \dfrac{y + u + xu_x}{xy + xu}dx + \dfrac{x + xu_y}{xy + xu}dy$이다. ■

자연스럽게, n변수 함수 $z = f(x_1, x_2, \cdots, x_n)$의 전미분은 다음과 같다.

$$dz = f_1dx_1 + f_2dx_2 + \cdots + f_ndx_n$$

그리고 모든 i에 대해 dx_i의 크기가 무척 작다면, $dz \approx \Delta z$가 성립한다. 또한 이변수 함수에서 성립했던 전미분의 성질도 마찬가지로 성립한다.

연습문제

9.1 h가 미분가능한 일변수 함수이고 $z = h(f(x,y))$일 때, $dz = h'(f(x,y))df$ 임을 보이시오.

9.2 원점에서 미분가능한 함수 $f(x, y)$의 $(1,1)$-방향 미분계수가 1이고, $(1,2)$-방향 미분계수가 2라고 하자. 이때, $(2,3)$-방향의 미분계수는 얼마인가?

9.3 함수 $F(x, y, z) = x^2e^{xz} + y^3e^{xy}$에 대해, $F'_1(1, 1, 1)$, $F'_2(1, 1, 1)$, $F'_3(1, 1, 1)$을 구하시오.

9.4 $w = f(x - y,\ y - x)$일 때, $\dfrac{\partial w}{\partial x} + \dfrac{\partial w}{\partial y} = 0$ 임을 보이시오.

9.5 $w = x^3f(y/x,\ z/x)$일 때, $x\dfrac{\partial w}{\partial x} + y\dfrac{\partial w}{\partial y} + z\dfrac{\partial w}{\partial z} = 3w$ 임을 보이시오.

9.6 다음 각 함수에 대해 전미분 dz를 dx, dy로 나타내시오.

(1) $z = \ln(x + y^2)$ (2) $z = x^a + y^b$

(3) $z = e^{yu(x,\ y)}$

9.7 $Y = 8KL - \sqrt{K} - \sqrt{L}$라고 하자. $K = e^{0.2t}$, $L = 0.4t + 1$일 때, $\left.\dfrac{dY}{dt}\right|_{t=0}$을 구하시오.

9.8 $z = 3x_1^{a_1}x_2^{a_2}$의 전미분 dz를 구하시오(단, $x_1 > 0, x_2 > 0$).

9.9 $z = (2x^2 + y^3)e^{2x}$에 대해 편미분 $\dfrac{\partial z}{\partial x}$와 $\dfrac{\partial z}{\partial y}$를 구하시오.

CHAPTER 10

중요한 함수 형태

함수는 무한히 많다. 정말 많다. 하지만 경영 · 경제학에서 쓰이는 함수 형태는 (생각보다) 그리 많지 않다. 알고 보면 별 게 아닌데, 전공과목에서 갑자기 등장하면 어려움을 느끼는 경우가 종종 있다.

이번 장의 목표는 전공수업 시간에 "여러분, 이 함수 뭔지 경영(경제)수학에서 배웠죠?"하고 교수가 슬쩍 넘어갈 때, 여러분이 당황하지 않도록 만드는 것이다(크게 "넵" 하고 대답하면 더 좋다). 두 가지 함수 형태를 배울 텐데, 첫 번째는 동차함수, 두 번째는 볼록(오목)함수이다. 동차함수는 쉽고, 볼록(오목)함수는 좀 어렵다. 그래도 익숙해지자. 아, 동차함수와 볼록함수는 서로 관계는 없다.

참고로 '볼록(convexity)'은 그리 엄밀하게 들리지도 않고, 연구할 게 뭐가 있나 싶지만, 볼록함수는 수학의 독립적인 분야인 볼록해석학(convex analysis)의 핵심주제이며 현재도 활발히 연구 중이다.
수학자 라커펠라(Ralph Rockafellar)는 최적화 문제는 '선형/非선형' 분세가 아니라 '볼록/非볼록' 문제로 나뉜다고 말할 정도이다.* 최근에는 기계학습과 관련되어 볼록해석학의 중요성이 더욱 커지고 있다. 물론 여기서는 정말 기초만 다룬다.

* "In fact, the great watershed in optimization isn't between linearity and nonlinearity, but convexity and nonconvexity."

1. 동차함수

다변수 함수 $f:\mathbb{R}^n \to \mathbb{R}$에 대해, 임의의 양수 $t>0$에 대해 다음이 성립하면 **k차 동차**(homogeneous of degree k)라고 한다.

$$f(tx_1, tx_2, \cdots, tx_n) = t^k f(x_1, x_2, \cdots, x_n)$$

그러니까 모든 독립변수를 t배 하면, 원래 함수값이 t^k배가 된다는 이야기이다.[1] 여기서 모든 양수 t에 대해 성립함에 유의하라. 사실은 동차성은 매우 강한 제약으로 이를 만족하는 함수는 그리 많지 않다. 하지만 동차함수는 매우 다루기 쉬운 함수이다. 그러니까, 동차함수를 가정하는 것은 여러분을 괴롭히기 위해서가 아니라 문제를 단순하게 해서 여러분을 편하게 해주기 위함이다. 한편, 동차성은 편의를 위한 가정이 아닌 추론의 결과일 수도 있다. 이 경우에는 물론 경제학적 의미를 가진다.

경제학에서 주로 나오는 동차함수는 0차 또는 1차인 경우가 많고, 특히 차수가 1보다 큰지 작은지가 중요하다. -1.5차 동차나 17차 동차 같은 건 나오지 않으니 어렵게 생각하지 말자.

0차 동차의 대표적인 경우로 **수요함수**가 있다. 당신의 소득이 갑자기 2배가 되었다고 가정해 보자. 그런데 마트에 가보니 모든 상품의 가격도 2배가 되었다. 세상 모든 가격표가 2배가 되었다면, 당신의 소비 행태는 변할 것인가? (잠깐 기분은 좋겠지만) 아무것도 변하지 않지 않겠나. 그렇다면 0차 동차이다. 재화 x의 수요함수를 D_x라고 할 때, 이를 식으로 나타내면 다음과 같다.

$$D_x(2p_x,\ 2p_y,\ 2m) = D_x(p_x,\ p_y,\ m) = 2^0 D_x(p_x,\ p_y,\ m)$$

(p_x: 재화 x의 가격, p_y: 다른 재화의 가격, m: 소득)

콥-더글라스(Cobb-Douglas) 함수[2] $f(x,\ y) = Ax^{\alpha}y^{\beta}$ $(A>0,\ \alpha, \beta>0)$[3]는 경제학에서 정말 많이 사용하는 대표적인 동차함수이다.

---

1 정의를 스스로 꼭 써보아라.

2 이 형태의 함수를 처음 적용한 경제학자 폴 더글라스(Paul Douglas)와 수학자 찰스 콥(Charles Cobb)의 성을 땄다. CD 함수라고 줄여 쓰기도 한다.

3 A는 그냥 상수로, 지금은 큰 관심사항은 아니다. 지수 α, β가 중요하다.

$$f(tx,\, ty) = A(tx)^{\alpha}(ty)^{\beta} = At^{\alpha}x^{\alpha}t^{\beta}y^{\beta} = t^{\alpha+\beta}Ax^{\alpha}y^{\beta} = t^{\alpha+\beta}f(x,\, y)$$

따라서 $(\alpha+\beta)$차 동차이다. 주로 $\alpha+\beta=1$을 가정하는 경우가 많고, 이 경우에는 1차 동차이다(예: $y=x^{0.5}y^{0.5}$, $y=x^{1/3}y^{2/3}$). 콥-더글라스 함수는 경제학에서 효용함수로도, 생산함수로도 등장하니 꼭 기억하자.

경영·경제학과 학부 과정에서 변수의 개수가 세 개가 넘는 경우는 (거의) 없으므로, 이변수 함수 $z=f(x,\, y)$라고 가정하고 논의를 전개한다.[4]

동차함수 여부를 확인하는 것은 매우 쉽다. 우선, 상수항이 있으면 동차함수가 아니다(왜?). 만약 상수항이 없으면, 우선 $f(tx,\, ty)$를 쓴 다음, t를 모두 식 '앞으로' 보내면 된다. 다음 예제를 보자.

예제 10-1 동차함수의 판별

문제 다음 함수가 동차함수임을 확인하시오. 동차함수라면 몇 차인가?

(1) $f(x,\, y) = xy - 1$

(2) $f(x,\, y) = 2x^2y - y^3$

(3) $f(x,\, y) = \min(x,\, y)$ (단, $x,\, y > 0$)[5]

풀이 각 문제의 해는 다음과 같다.

(1) 임의의 $t>0$에 대해 다음이 성립한다.

$$f(tx,\, ty) = (tx)(ty) - 1 = t^2xy - 1$$

동차함수가 아니다. 상수항 '-1'을 보고 그냥 동차함수가 아니라고 해도 된다.

(2) 임의의 $t>0$에 대해 다음이 성립한다.

$$f(tx,\, ty) = 2(tx)^2(ty) - (ty)^3 = 2t^2x^2ty - t^3y^3 = t^3(2x^2y - y^3) = t^3f(x,\, y)$$

따라서 3차 동차이다.

(3) 임의의 $t>0$에 대해 다음이 성립한다.

$$f(tx,\, ty) = \min(tx,\, ty) = t\min(x,\, y) = tf(x,\, y)$$

따라서 1차 동차이다. ■

---

4 지금 다루는 이야기는 일반적인 $n>2$에 대해서도 성립한다.

5 레온티에프(Leontief) 함수라고도 한다. 경제학에서 종종 나온다.

동차함수가 가진 '좋은' 성질이 두 가지가 있다. 이거 말고 딱히 다른 건 없다.[6]

동차함수의 성질

- 첫째, $z=f(x, y)$가 k차 동차라면, $xf_x+yf_y=kf$가 성립한다.[7]
- 둘째, $z=f(x, y)$가 k차 동차라면, f_x와 f_y는 $(k-1)$차 동차이다.

첫 번째 성질의 식 $xf_x+yf_y=kf$을 잘 보자. 좌변에는 편미분, 우변에는 원래 함수가 있다. 즉, 편미분의 합과 원래 함수의 상수배와 같다는 건데, 이는 매우 특이한 성질이다.[8] 증명은 다음과 같다. 그렇게 어렵지 않다.

임의의 $t>0$에 대해, $f(tx,ty)=t^kf(x,y)$가 성립한다. 이를 양변을 't로 미분'하면 (이게 중요하다. x와 y는 그냥 상수로 보라.) 다음을 얻는다(연쇄법칙을 이용한다.).

$$f_x(tx,\ ty)\frac{d(tx)}{dt}+f_y(tx,\ ty)\frac{d(ty)}{dt}=kt^{k-1}f(x,\ y)$$

$$\Rightarrow xf_x(tx,\ ty)+yf_y(tx,\ ty)=kt^{k-1}f(x,\ y)$$

$t=1$을 대입하면 $xf_x+yf_y=kf$를 얻는다.

두 번째 성질은 첫 번째 성질만큼은 많이 쓰이지 않는다. 증명도 쉽다.

임의의 $t>0$에 대해, $f(tx,\ ty)=t^kf(x,\ y)$가 성립한다. 이를 양변을 'x로 편미분'하면(이제 t와 y가 상수) 다음을 얻는다.

$$f_x(tx,\ ty)\frac{d(tx)}{dx}=t^kf_x(x,\ y)$$

$$\Rightarrow f_x(tx,\ ty)t=t^kf_x(x,\ y)$$

$$\Rightarrow f_x(tx,\ ty)=t^{k-1}f_x(x,\ y)$$

따라서 f_x는 $(k-1)$차 동차이다.

---

6 (수학적으로 민감한 독자를 위해) f가 미분가능이라는 조건은 생략했다.

7 '오일러 정리(Euler's theorem)'라고도 하는데, 오일러 이름이 붙은 훨씬 멋진 다른 정리가 많다. 그렇게 좋은 이름은 아니다.

8 f가 1차 동차 생산함수인 경우 이 식은 '기능적 소득분배'를 의미하게 된다. 지금은 무슨 말인지 잘 모르겠지만, 전공수업 시간에 '아, 동차함수 성질이네' 할 수 있기를 바란다.

다음 예제를 풀어보자.

예제 10-2 동차함수의 예 1

문제 **함수 $f(K, L) = KL$는 몇 차 동차인가? 그리고 동차함수의 두 가지 성질을 만족함을 확인하시오.**

풀이 $f(K, L) = KL$는 $\alpha = \beta = 1$인 콥-더글라스 함수로서 2차 동차이다. 그리고 편미분 $f_K(K, L) = L$, $f_L(K, L) = K$은 모두 1차 동차이다(두 번째 성질). 또한 다음 식이 성립한다.

$$Kf_K + Lf_L = KL + LK = 2KL$$

따라서 첫 번째 성질도 성립한다. ■

거시경제학에서는 총생산함수를 1인당 생산함수로 바꾸어서 논의를 전개하는 경우가 많다. 다음 예제를 꼭 풀어보아라. 거시경제학 수업이 조금은 편해질 것이다.

예제 10-3 동차함수의 예 2

문제 **생산함수 $Y = F(K, L)$가 1차 동차라고 하자(K는 총자본, L은 총노동). 1인당 생산량 $y := Y/L$을 1인당 자본량 $k := K/L$의 함수 $y = f(k)$로 나타낼 수 있음을 확인하시오[단, $f(k) := F(k, 1)$]. 생산함수가 $F(K, L) = AK^{\alpha}L^{1-\alpha}$이라면, f의 형태는 어떻게 될까?**

풀이 F가 1차 동차라면 다음이 성립한다.

$$y = \frac{Y}{L} = \frac{1}{L}F(K, L) = F\left(\frac{1}{L}K, \frac{1}{L}L\right) = F\left(\frac{K}{L}, 1\right) = f(k)$$

세 번째 등호에서 1차 동차성을 사용하였다.

그리고 $F(K, L) = AK^{\alpha}L^{1-\alpha}$인 경우, $f(k) = F(k, 1) = Ak^{\alpha}$이다. ■

2. 볼록(오목)함수

볼록함수(convex function)는 이름부터 이상하다. 함수가 '볼록'이라니. 별로 수학적이지 않게 들린다. 하지만 정말 중요하다. 오목함수(concave function)도 있는데, 오목함수 f는 $-f$가 볼록함수인 경우다. 그래서 볼록함수에만 집중하면 된다.[9]

함수가 어떻게 '볼록'할까. '볼록한 수식' 같은 건 없다. 볼록은 형태를 나타낼 때 쓰는 말이지 않나. 그림으로 생각해 보자. 볼록집합(convex set)은 무엇일까?

'볼록'은 움푹 들어간 곳이 없는 무언가를 묘사할 때 쓰는 단어이다. 아래 그림을 보자.

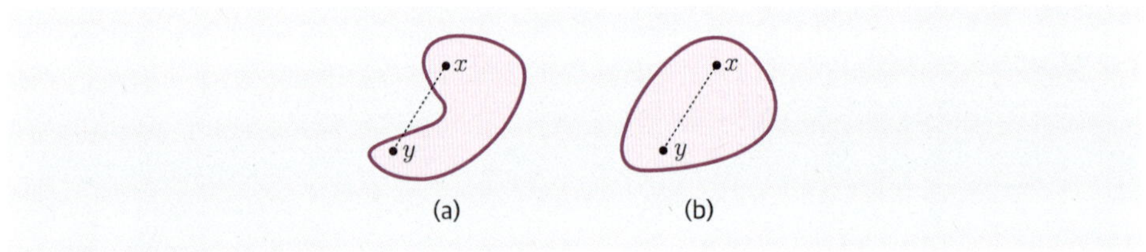

그림 10-1 비볼록집합과 볼록집합

그림 (a)는 '움푹 들어간 곳'이 있고, 그림 (b)는 없다. (a)에서는 '움푹 들어간 곳' 때문에 집합 안에 있는 두 점 x와 y를 잇는 선분을 그었을 때 선분 중 일부가 원래 집합 밖에 있게 된다. 반면, (b)에서는 아무 두 점을 골라 그은 선분이 모두 집합 안에 있다. 즉, '움푹 들어간 곳'이 없다는 말은 집합 안 임의의 두 점을 골라서 이은 선분 전부가 집합 안에 그대로 있다는 것을 의미한다.

'두 점을 잇는 선분'을 좀 더 명확히 하자. 두 점 x와 y를 잇는 선분을 식으로 나타내면 다음과 같다.

$$\lambda x + (1-\lambda)y \text{ (단, } 0 \le \lambda \le 1)$$[10]

$\lambda = 0$이면 y가 되고, $\lambda = 1/2$이면 중간 점 $(x+y)/2$, $\lambda = 1$이면 x가 된다. λ를 0에서 1까지 증가시키면 y부터 시작해서 x에서 끝나게 된다.[11]

---

9 '오목해석학(concave analysis)'은 없다.

10 이를 x, y의 볼록 결합(convex combination)이라고 한다.

11 $(1-\lambda)x + \lambda y$으로 써도 상관없다. 단, 이때는 x부터 시작해서 y에서 끝난다.

이제 볼록집합을 정의하자. 말로 하면 이렇다. "아무런 두 점을 골라서 두 점 사이 선분을 그었는데, 그 선분이 그대로 집합 안에 있다. 혹시 안 그런 두 점을 한 쌍이라도 찾을 수 있으면 볼록하지 않다." 정식 정의는 다음과 같다.

볼록집합 정의

임의의 두 점 $x, y \in C$와 $\lambda \in [0,1]$ 대해 $\lambda x + (1-\lambda)y \in C$이면, 집합 C는 볼록집합이다.

이제 볼록함수를 정의할 준비가 되었다. 함수 f의 그래프 '윗부분'이 볼록집합이면, f를 볼록함수라고 한다. 엄밀한 정의는 다음과 같다.

볼록함수 정의 1

$epi(f) := \{(x,r) \mid r \geq f(x)\}$가 볼록집합이면 f는 볼록함수이다.

여기서 $epi(f)$가 어려워 보일 수 있는데, 그림으로는 함수 f의 그래프 '윗부분'을 나타낸다고 생각하면 된다.[12]

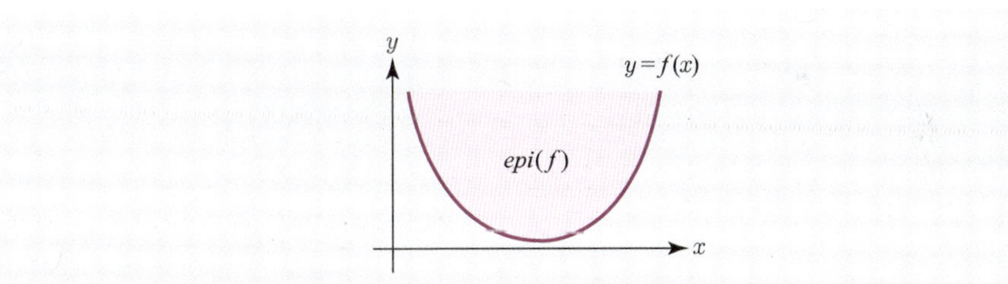

그림 10-2 볼록함수의 상부 집합

볼록함수를 다르게 정의할 수도 있다.

볼록함수 정의 2

함수 $f: X \to \mathbb{R}$이 임의의 $x, y \in X$와 $\lambda \in [0,1]$에 대해
$f(\lambda x + (1-\lambda)y) \leq \lambda f(x) + (1-\lambda)f(y)$이면, 함수 f는 볼록함수이다.

12 (수학서으로 민감한 독자를 위해) 함수의 그래프를 집합으로 나타내면 $graph(f) := \{(x,r) \mid r = f(x)\}$이고, 그래프 윗부분('epigraph')을 집합으로 나타내면 $epi(f) := \{(x,r) \mid r \geq f(x)\}$이다. epi는 'on', 'over' 등의 의미를 가진다.

그림으로 나타내면 다음과 같다.[13]

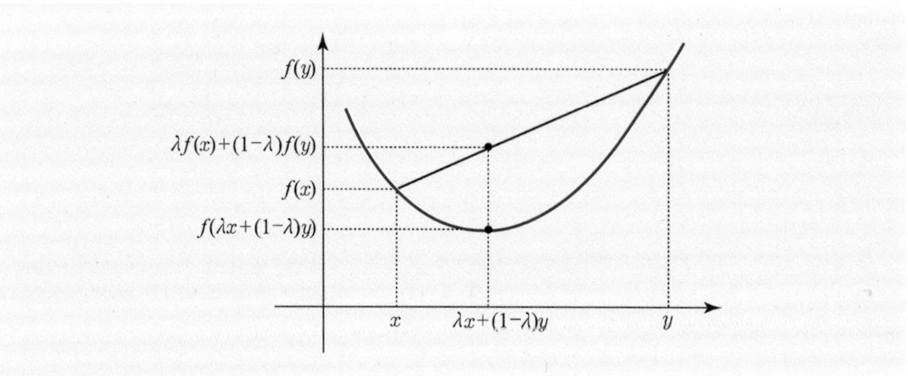

그림 10-3 볼록함수의 기하적 정의

이 그림을 이해하는 데 가장 중요한 점은 $\lambda x+(1-\lambda)y$는 두 점 x와 y를 $1-\lambda:\lambda$로 내분하는 점이고, $\lambda f(x)+(1-\lambda)f(y)$는 두 점 $f(x)$와 $f(y)$를 $1-\lambda:\lambda$로 내분하는 점이라는 것이다.

'정의 1'과 '정의 2'는 동치이다. 저자에 따라 볼록함수의 정의를 '정의 2'로 바로 제시하기도 하기도 하는데, 우리는 '볼록집합'을 이해하는 것도 필요하다고 판단하여 볼록집합을 먼저 정의한 후 볼록함수를 정의하는 '정의 1'을 먼저 제시하였다.

이제 오목함수도 정의하자. 앞서 이야기한 것처럼 $-f$가 볼록함수이면, f는 오목함수이다. 그렇다면 '정의 1'과 '정의 2'는 다음과 같이 바꿀 수 있다. 어디가 바뀌었는지 잘 살펴보라.

오목함수 정의

- 정의 1: $hyp(f):=\{(x,r)\mid r\leq f(x)\}$[14]가 볼록집합이면 f는 오목함수이다(그래프 '밑'이 볼록하다).
- 정의 2: 함수 $f:X\to\mathbb{R}$이 임의의 $x,y\in X$와 $\lambda\in[0,1]$에 대해 $f(\lambda x+(1-\lambda)y)\geq\lambda f(x)+(1-\lambda)f(y)$이면, 함수 f는 오목함수이다(부등호 방향이 바뀐다).

13 이 그림은 시간이 걸리더라도 이해하고 넘어가기를 바란다. 미시경제학이나 의사결정이론에서 '불확실성하에서 의사결정'을 배울 텐데, 피해 가기 어렵다. 미루지 말고 가능한 한 지금 이해해 두자.

14 (수학적으로 민감한 독자를 위해) 그래프 아랫부분('hypograph')을 집합으로 나타내면 $hyp(f):=\{(x,r)\mid r\leq f(x)\}$이다. hypo는 'under'의 의미를 가진다.

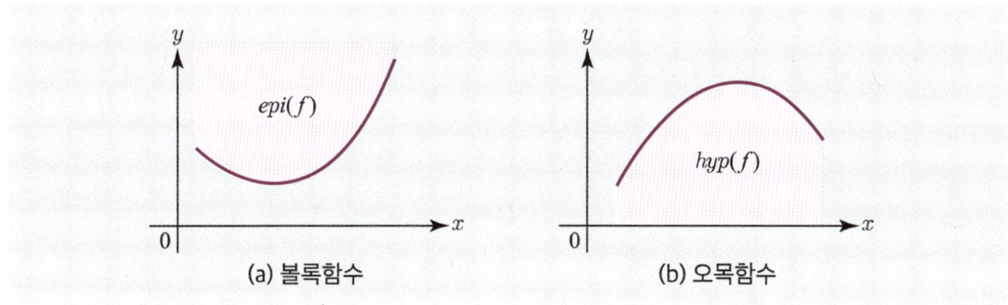

그림 10-4 볼록함수의 오목함수와 그래프 비교

정리하면, 함수의 그래프 윗부분이 볼록집합이면 볼록함수, 아랫부분이 볼록집합이면 오목함수이다. 사실 함수의 그래프가 주어지면 볼록·오목 여부를 판단하기는 어렵지 않다. 구체적인 함수를 가지고 이야기해 보자.

표 10-1 주요 함수의 볼록성 및 오목성 비교

함수	볼록 여부	그래프
일차함수 $y = ax + b$	• 그래프 윗부분도 볼록, 아랫부분도 볼록 • 볼록함수면서 오목함수	
이차함수 $y = ax^2 + bx + c \ (a \neq 0)$	• $a > 0$이면 볼록함수 • $a < 0$이면 오목함수	
지수함수 $y = a^x \ (a > 0, a \neq 1)$	볼록함수	
로그함수 $y = \log x$	오목함수	
제곱근 함수 $y = \sqrt{x}$	오목함수	

그런데 그래프 그리는 것 말고 좀 더 편리하게 볼록함수 여부를 판단하는 방법은 없을까. 있다! 함수가 두 번 미분가능하다고 하자.[15] 볼록함수의 경우, 접선의 기울기가 점차 증가한다[그림 10-5 (a)]. 즉, f'이 증가함수이고, 증가함수의 미분은 양(+)이므로 $f'' \geq 0$이 성립한다. 그리고 그 역도 성립한다. 마찬가지로 오목함수는 접선의 기울기가 점차 감소한다[그림 10-5 (b)]. 따라서 g'이 감소함수이므로 $g'' \leq 0$이 성립한다.[16]

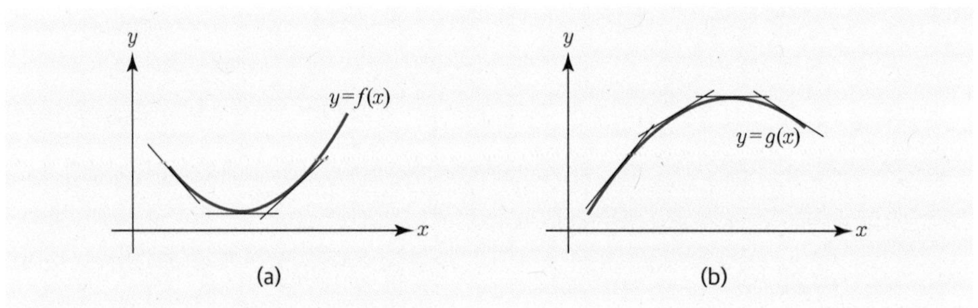

그림 10-5 볼록함수와 오목함수의 일계미분 변화

정리하면, (f가 두 번 미분가능하다면) 다음과 같다.

$$f\text{가 볼록함수} \Leftrightarrow f'' \geq 0$$

$$f\text{가 오목함수} \Leftrightarrow f'' \leq 0$$

볼록·오목함수가 헷갈릴 때는 볼록함수는 $y = x^2$을, 오목함수는 $y = -x^2$을 생각하는 것이다. 전자는 $y'' = 2 > 0$, 후자는 $y'' = -2 < 0$이다. 사실 볼록·오목함수에 대한 직관을 얻을 때는 두 함수 $y = \pm x^2$를 생각하는 것만으로 충분하다.

가끔 학생들이 헷갈리는 것. 함수 f의 볼록·오목 여부는 함수 f의 증가·감소 여부와 무관하다.[17] 증가·감소 여부는 일계도함수 f'의 ±에 관한 문제이고, 볼록·오목 여부는 이계도함수 f''의 ±에 관한 문제이다. 증가·감소와 함께 볼록·오목은 함수 f의 그래프 모양에 대한 핵심적인 정보를 제공하며, 다음 네 가지 경우가 가능하다(삼계도함수 부호를 따질 일은 없으니, 이 네 가지 경우만 머릿속에 잘 새겨두면 된다).

---

15 학부 과정에 나오는 함수는 보통 두 번 이상 미분가능하니, 이 조건으로 골치 아플 일은 없을 것이다.

16 (수학적으로 민감한 독자를 위해) '정의 2'를 이용하면 이를 엄밀하게 보일 수 있다. 서너 줄로는 끝나지 않는다.

17 예를 들면, $y = x^2$은 감소하기도 하고, 증가하기도 하지만 항상 볼록이다.

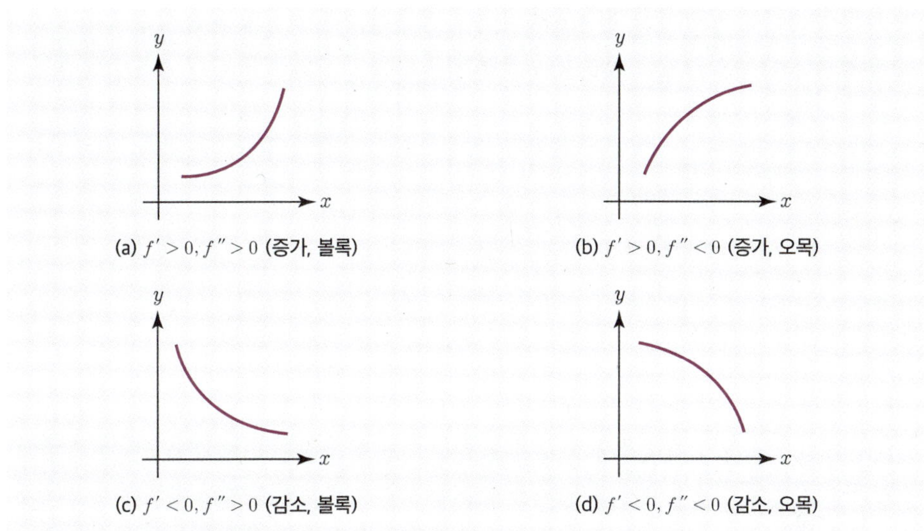

그림 10-6 함수 그래프의 형태 분류

3. 이차형식

일변수 함수의 이차식은 $y = ax^2$ 이다.[18] 그리고 그래프는 다음의 둘 중 하나이다.

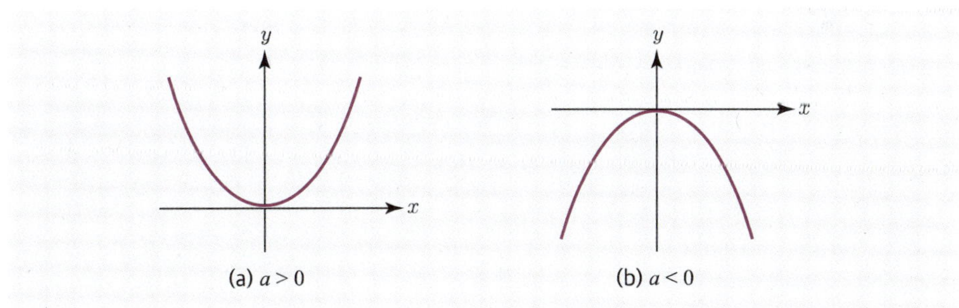

그림 10-7 이차식 $y = ax^2$의 그래프

그림 10-7의 (a)는 볼록함수, (b)는 오목함수이다. 계수 a의 부호에 따라 볼록인지, 오목인지 결정된다.

18 일차식이 더해져 $y = x^2 - 2x + 10$ 같을 수도 있지만, 중요한 건 아니니 무시하자.

이제 이변수 함수일 때 이차식을 생각해 보자. 일반적인 형태는 다음과 같다.

$$z = ax^2 + 2bxy + cy^2$$

그래프는 계수 a, b, c에 따라 볼록함수일 수도, 오목함수일 수도 있다. 예를 들면, $a = c = 1, b = 0$일 때[$z = x^2 + y^2$, 아래 그림 (a)]와 $a = c = -1, b = 0$일 때[$z = -x^2 - y^2$, 아래 그림(b)] 그래프는 그림 10-8과 같다. 그림 (a)는 볼록, (b)는 오목이다(그렇지 않나?)

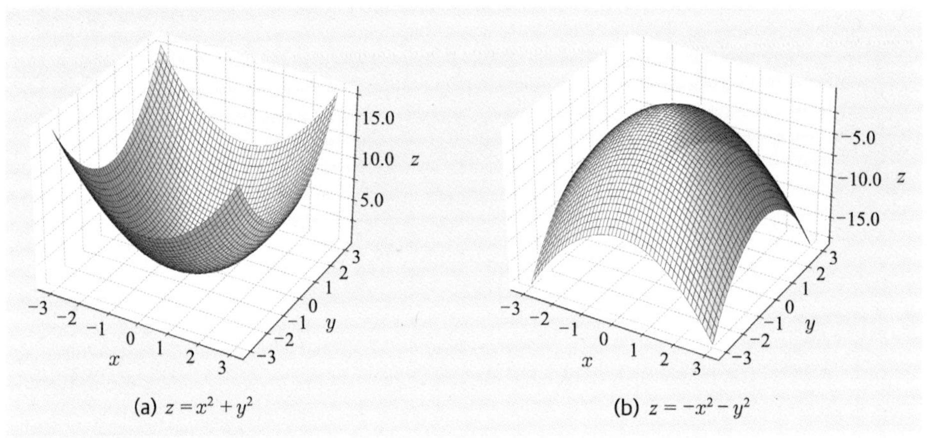

그림 10-8 이변수 이차함수의 그래프

일변수 이차함수는 볼록 아니면 오목이었지만, 이변수 이차함수는 볼록도, 오목도 아닐 수 있다(사실 그런 경우가 더 많다). 이 절의 목적은 계수 a, b, c가 어떤 경우에 볼록 또는 오목이 되는지 조건을 찾는 것이다.[19]

일변수 함수 $y = ax^2$를 $y = xax$로 바꿔 써보자. 그렇다면, 볼록·오목인 경우는 다음과 같이 쓸 수 있다.

- 모든 $x \neq 0$에 대해 $xax > 0$이면, 볼록
- 모든 $x \neq 0$에 대해 $xax < 0$이면, 오목

19 이걸 왜 하나, 싶은 거 안다. 하지만 어떤 경우에 볼록·오목이 되는지는 (다변수 함수) 최적화 이계조건 이해에 필수적이다. 그리고 경영·경제학에서 등장하는 대부분의 정량적 문제는 결국 최적화이다. 그러니까, 우선 이해해 보자.

이 관찰을 이변수 함수까지 확장해 보자. 이변수 함수 $y=ax^2+2bxy+cy^2$는 다음과 같이 행렬의 곱 형태로 쓸 수 있다.[20]

$$y=(x, y)\begin{pmatrix} a & b \\ b & c \end{pmatrix}\begin{pmatrix} x \\ y \end{pmatrix}$$

$\boldsymbol{x}:=\begin{pmatrix} x \\ y \end{pmatrix}$, $\boldsymbol{A}:=\begin{pmatrix} a & b \\ b & c \end{pmatrix}$라고 하면, 위 식은 다음과 같이 쓸 수 있다.

$$y=\boldsymbol{x}'\boldsymbol{A}\boldsymbol{x}$$

이렇게 이차식을 (행벡터)(대칭행렬)(열벡터) 형태로 '깔끔하게' 나타내는 것을 **이차형식**(quadratic form)이라고 한다.[21] n변수 이차식도 행렬의 차원이 n으로 늘어날 뿐 마찬가지 형태로 나타낼 수 있다. 여기서 핵심은 모든 이차식은 대칭행렬 $\boldsymbol{A}$로 나타낼 수 있다는 점이다. 삼변수, 사변수일 때도 가능하다. 다음 예제를 보자.

예제 10-4 이차형식의 행렬 표현

문제 **다음 문제의 답을 구하시오.**

(1) 이차형식 $f(x_1, x_2, x_3)=3x_1^2+6x_1x_3+x_2^2-4x_2x_3+8x_3^2$을 나타내는 대칭행렬 $\boldsymbol{A}$는 무엇인가?

(2) 이차형식 $f(x_1, x_2, x_3, x_4)=3x_1^2-2x_1x_2+4x_1x_3+8x_1x_4+x_2^2+3x_2x_3+x_3^2-2x_3x_4+x_4^2$을 나타내는 대칭행렬 $\boldsymbol{B}$는 무엇인가?

풀이 각 문제의 해는 다음과 같다.

(1) $\boldsymbol{A}=\begin{pmatrix} 3 & 0 & 3 \\ 0 & 1 & -2 \\ 3 & -2 & 8 \end{pmatrix}$이다. (2) $\boldsymbol{B}=\begin{pmatrix} 3 & -1 & 2 & 4 \\ -1 & 1 & 3/2 & 0 \\ 2 & 3/2 & 1 & -1 \\ 4 & 0 & -1 & 1 \end{pmatrix}$이다. ■

---

20 이렇게 쓸 수 있다는 것이 바로 보이진 않을 것이다. 처음엔 다 그렇다. 직접 확인해 보자.

21 $\boldsymbol{x}'\boldsymbol{A}\boldsymbol{x}$가 '이차식'처럼 보이기를 바란다.

이차형식을 이용하여 볼록, 오목을 나타내면 다음과 같다.

- 모든 $\boldsymbol{x} \neq 0$에 대해 $\boldsymbol{x}'\boldsymbol{A}\boldsymbol{x} > 0$이면, 볼록
- 모든 $\boldsymbol{x} \neq 0$에 대해 $\boldsymbol{x}'\boldsymbol{A}\boldsymbol{x} < 0$이면, 오목
- 어떤 $\boldsymbol{x}$에 대해서는 $\boldsymbol{x}'\boldsymbol{A}\boldsymbol{x} > 0$, 어떤 $\boldsymbol{x}$에 대해서는 $\boldsymbol{x}'\boldsymbol{A}\boldsymbol{x} < 0$이면 볼록도, 오목도 아님

따라서 주어진 이차식의 그래프가 셋 중 어떤 것인지는 $\boldsymbol{x}'\boldsymbol{A}\boldsymbol{x}$의 부호를 살펴보면 된다. 사실 선형대수에서는 이러한 특성을 가진 대칭행렬이 너무 중요해서 따로 이름을 붙이고 있다.

정의

$\boldsymbol{A}$를 대칭행렬이라고 하자.

1. 모든 벡터 $\boldsymbol{x} \neq 0$에 대해 $\boldsymbol{x}'\boldsymbol{A}\boldsymbol{x} > 0$이면, $\boldsymbol{A}$를 양의 정부호행렬(positive definite)이라고 하고 $\boldsymbol{A} > 0$이라고 쓴다.
2. 모든 벡터 $\boldsymbol{x} \neq 0$에 대해 $\boldsymbol{x}'\boldsymbol{A}\boldsymbol{x} < 0$이면, $\boldsymbol{A}$를 음의 정부호행렬(negative definite)이라고 하고 $\boldsymbol{A} < 0$이라고 쓴다.
3. $\boldsymbol{x} \neq 0$에 따라 $\boldsymbol{x}'\boldsymbol{A}\boldsymbol{x} > 0$이기도, $\boldsymbol{x}'\boldsymbol{A}\boldsymbol{x} < 0$이기도 하면 미정행렬(indefinite)이다.

몇 가지 주의사항이 있다.

첫째, '모든 벡터 $\boldsymbol{x} \neq 0$에 대해'라고 한 이유는 $\boldsymbol{x} = 0$이면 당연히 $\boldsymbol{x}'\boldsymbol{A}\boldsymbol{x} = 0$이기 때문이다.

둘째, '$\boldsymbol{A} > \mathbf{0}$'을 '행렬 $\boldsymbol{A}$가 0보다 크다'라고 읽어선 곤란하다.[22] 이런 오해를 피하고자 구부러진 부등호를 이용하여 '$\boldsymbol{A} \succ \mathbf{0}$'로 쓰기도 한다. 그냥 '$\boldsymbol{A}$는 양의 정부호행렬'이라고 말하는 게 정확하다(약자로 p.d.라고 써도 된다).

셋째, '스칼라 세상'에서는 $a > 0$이거나 $a < 0$ 중 하나지만, '행렬 세상'에서는 미정행렬인 경우가 훨씬 더 많다. 즉, $\boldsymbol{A} > \mathbf{0}$ 또는 $\boldsymbol{A} < \mathbf{0}$가 되는 것이 오히려 특별한 경우다.

문제는 $\boldsymbol{A} > \mathbf{0}$ 또는 $\boldsymbol{A} < \mathbf{0}$ 여부를 확인할 수 있는 방법이다. 모든 $\boldsymbol{x} \neq 0$를 행렬 앞뒤

22 부등호 우변은 영행렬을 나타내는 $\mathbf{0}$이다.

로 곱해서 $\boldsymbol{x}'\boldsymbol{A}\boldsymbol{x}$ 의 부호를 살펴볼 수는 없다. 다행히도 (처음에는) 좀 복잡해 보이긴 하지만, 멋진 방법이 있다. 바로 **실베스터 기준**(Sylvester's criterion)이다.[23] 이를 살펴보기 전에 표기 하나만 정리하자.

정사각행렬 $n \times n$ 행렬 $\boldsymbol{A} = (a_{ij})_{n \times n}$에 대해 작은 정사각행렬 $k \times k$ 행렬 $\boldsymbol{A}_k$을 다음과 같이 정의한다(단, $k = 1, 2, 3, \cdots, n$).

$$\boldsymbol{A}_k = \begin{pmatrix} a_{11} & a_{12} & \cdots & a_{1k} \\ a_{21} & a_{22} & \cdots & a_{2k} \\ \vdots & \vdots & \ddots & \vdots \\ a_{k1} & a_{k2} & \cdots & a_{kk} \end{pmatrix}$$

즉, k번째 행과 k번째 열까지의 원소를 골라낸 행렬로, 그림으로는 다음과 같다.

$$\begin{pmatrix} a_{11} & a_{12} & a_{13} & \cdots & a_{1n} \\ a_{21} & a_{22} & a_{23} & \cdots & a_{2n} \\ a_{31} & a_{32} & a_{33} & \cdots & a_{3n} \\ \vdots & \vdots & \vdots & \ddots & \vdots \\ a_{n1} & a_{n2} & a_{n3} & \cdots & a_{nn} \end{pmatrix}$$

실베스터 기준은 다음과 같다.

실베스터 기준[24]

$\boldsymbol{A}$가 $n \times n$ 내칭행렬이라고 하자.

- $\boldsymbol{A}$가 양의 정부호 $\Leftrightarrow$ 모든 $k = 1, 2, 3, \cdots, n$에 대해 $\det \boldsymbol{A}_k > 0$
- $\boldsymbol{A}$가 음의 정부호 $\Leftrightarrow$ 모든 $k - 1, 2, 3, \cdots, n$에 대해 $(-1)^k \det \boldsymbol{A}_k > 0$

이 기준의 증명은 선형대수학 지식을 필요로 한다. 아마 대다수의 경영·경제수학 수업에서 이에 대한 증명을 다루지 않을 것이다. 그러니까 결과만 기억하라. 그래도 그냥 지나가면 섭섭하니 $n = 2$인 $\boldsymbol{A} = \begin{pmatrix} a & b \\ b & c \end{pmatrix}$만 간략히 살펴보자.[25]

---

23 물론 이름 자체를 외울 필요는 없다. 수학자 제임스 실베스터(James Joseph Sylvester)가 증명하였다.

24 갑자기 행렬식이 나와서 당황스럽겠지만(저자들도 그랬다), 받아들이자. 인생은 원래 당황스럽다.

25 (수학적으로 민감한 독자를 위해) 일반적인 경우의 증명을 보기 전까지 결과를 믿을 수 없다면(좋은 태도이다) 다음을 참조하라: https://math.berkeley.edu/~giventh/la.pdf의 3.3절

$\boldsymbol{x} = \begin{pmatrix} x \\ y \end{pmatrix} \neq \mathbf{0}$에 대해, 다음과 같이 쓸 수 있다.

$$\begin{aligned} \boldsymbol{x}'\boldsymbol{A}\boldsymbol{x} &= (x, y)\begin{pmatrix} a & b \\ b & c \end{pmatrix}\begin{pmatrix} x \\ y \end{pmatrix} \\ &= ax^2 + 2bxy + cy^2 \\ &= a\left(x^2 + 2\frac{b}{a}xy + (\frac{b}{a}y)^2 - (\frac{b}{a}y)^2\right) + cy^2 \\ &= a\left(x + \frac{b}{a}y\right)^2 + \left(\frac{ac - b^2}{a}\right)y^2 \end{aligned}$$

(세 번째 등호가 어려워 보이는데, 별거 아니다. 제곱항을 만들어 주기 위하여 필요한 항을 더했다 뺐다)

모든 $\begin{pmatrix} x \\ y \end{pmatrix} \neq \mathbf{0}$에 대해 $a\left(x + \frac{b}{a}y\right)^2 + \left(\frac{ac - b^2}{a}\right)y^2 > 0$이기 위해서는 제곱항 앞의 두 계수가 모두 양(+)이어야 한다. 즉, $a > 0$, $\frac{ac - b^2}{a} > 0$이 성립해야 한다. 따라서 다음과 같다.

$$\boldsymbol{A}\text{가 양의 정부호} \Leftrightarrow a > 0, \quad ac - b^2 > 0$$

그런데 $\det \boldsymbol{A}_1 = a$이고, $\det \boldsymbol{A}_2 = ac - b^2$이다. 따라서 원하는 결과를 얻는다. 음의 정부호인 경우도 마찬가지로 확인할 수 있다.

다음 예제를 살펴보자.

예제 10-5 이차형식의 정부호 판정

문제 **어떤 c에 대해 이차형식 $f(x, y) = 3x^2 - 2cxy + 2cy^2$은 양의 정부호행렬이 되는가?**

풀이 $\boldsymbol{A} = \begin{pmatrix} 3 & -c \\ -c & 2c \end{pmatrix}$이고, $\boldsymbol{A} > \mathbf{0}$이기 위해서는 $\det \boldsymbol{A}_1 = 3 > 0$,

$\det \boldsymbol{A}_2 = 6c - c^2 > 0$ 이어야 한다. 따라서 $0 < c < 6$이어야 한다. ■

4. 다변수 볼록(오목)함수

(두 번 미분가능한) 일변수 함수 f에 대해, 볼록·오목 여부는 이계 도함수의 부호를 보고 다음과 같이 판단할 수 있었다.

- $f'' > 0$이면, f는 볼록함수이다.
- $f'' < 0$이면, f는 볼록함수이다.

다변수 함수의 경우도 볼록·오목 여부는 이계도함수의 '부호'로 확인하는 것이 자연스러울 것 같다. 그런데 다변수 함수에서 이계도함수의 '부호'는 무엇일까?

앞 장에서 다변수 함수 $f:\mathbb{R}^n \rightarrow \mathbb{R}$의 이계도함수는 다음과 같이 정의된 헤시안 행렬 $\boldsymbol{H}_f$로 나타내었다. 그리고 (대부분의 경우) 헤시안 행렬 $\boldsymbol{H}_f$는 대칭행렬임을 알고 있다.

$$\boldsymbol{H}_f := \begin{pmatrix} f_{11} & f_{12} & \cdots & f_{1n} \\ f_{21} & f_{22} & \cdots & f_{2n} \\ \vdots & \vdots & \ddots & \vdots \\ f_{n1} & f_{n2} & \cdots & f_{nn} \end{pmatrix}$$

그리고 앞 절에서 대칭행렬의 '부호'를 정의하였다. 그래서 $\boldsymbol{H}_f > 0$ 이나 $\boldsymbol{H}_f < 0$가 의미하는 것이 무엇인지 안다. 이제 일변수 경우를 확장하면, f'' 대신 $\boldsymbol{H}_f$를 사용하여 다음과 같이 '짐작'할 수 있다.

- $\boldsymbol{H}_f > 0$ 이면, f는 볼록함수이다.
- $\boldsymbol{H}_f < 0$ 이면, f는 오목함수이다.

위 사실에 대한 증명의 아이디어는 다음과 같다(증명은 생략한다).

첫째, 다변수 함수는 이차식으로 근사시킬 수 있고(다음 장에서 보다 자세히 다룬다), 그 이차식이 나타내는 이차형식의 행렬이 $\boldsymbol{H}_f$가 된다.

둘째, 이 행렬의 부호에 따라 볼록·오목 여부가 결정된다.

일변수 함수이든, 다변수 함수이든 이계도함수의 '부호'를 통해 볼록·오목 여부를 판단할 수 있다는 사실은 동일하다. 계산만 약간(!) 복잡해졌지 일관적이지 않는가. 어렵게 생각하지 말기 바란다.

예제 10-6 다변수 함수의 극값 판정

문제 **다음 함수의 볼록·오목 여부를 판단하시오.**

(1) $f(x, y) = e^{x+y} + e^{x-y} + 3x + 4y - 100$

(2) $f(x, y) = 10x - 23y - e^{y} - e^{x+y}$

풀이 일차식은 볼록·오목 여부에 영향을 미치지 않으니 무시해도 된다. 사실 두 번 미분하면 없어진다.

(1) 헤시안 행렬은 $\boldsymbol{H}_f = \begin{pmatrix} e^{x+y} + e^{x-y} & e^{x+y} - e^{x-y} \\ e^{x+y} - e^{x-y} & e^{x+y} + e^{x-y} \end{pmatrix}$이다.

$\det(\boldsymbol{H}_f)_1 = e^{x+y} + e^{x-y} > 0$, $\det(\boldsymbol{H}_f)_2 = 4e^{2x}$ 이므로, 볼록이다.

(2) 헤시안 행렬은 $\boldsymbol{H}_f = \begin{pmatrix} -e^{x+y} & -e^{x+y} \\ -e^{x+y} + & -e^{y} - e^{x+y} \end{pmatrix}$이다.

$\det(\boldsymbol{H}_f)_1 = -e^{x+y} < 0, \det(\boldsymbol{H}_f)_2 = e^{x+2y} > 0$ 이므로, 오목이다. ■

연습문제

10.1 다음 각 함수가 동차함수인지, 그렇다면 몇 차인지 확인하시오.

(1) $f(x,y,z)=3x+4y-2z-2$

(2) $g(x,y,z)=3x+4y-3z$

(3) $h(x,y,z)=\dfrac{\sqrt{x}+\sqrt{y}+\sqrt{z}}{x+y+z}$

(4) $l(x,y)=\sqrt{xy}\ln\left(\dfrac{x+y}{xy}\right)$

(5) $m(x,y)=\ln 2x+\ln 3y$

10.2 $z=f(x,y)$가 2차 동차함수라고 하자. $f_1(1,1)=4$이고 $f_2(2,2)=6$일 때, $f(3,3)$을 구하시오.

10.3 $f(x)=3x^3-\dfrac{1}{5}x^5$라고 하자. f가 증가하면서 볼록인 x의 구간을 구하시오.

10.4 함수 $f(x)=e^{1/x}$가 볼록함수인지, 오목함수인지 확인하시오(단, $x\neq 0$).

10.5 함수 $f(x,y)=-6x^2+(2a+4)xy-y^2+4ay$가 볼록함수가 될 수 없음을 확인하시오. 어떤 a의 값에 대해 오목함수가 되는가?

10.6 두 함수 f, g가 구간 I에서 오목함수일 때, $h(x):=\min\{f(x),g(x)\}$도 구간 I에서 오목임을 보이시오. 한편, 함수 f, g가 구간 I에서 볼록함수일 때, $k(x):=\max\{f(x),g(x)\}$도 구간 I에서 볼록함수임을 보이시오.

10.7 콥-더글라스 함수 $f(x,y)=Ax^{\alpha}y^{\beta}$ $(A>0,\ \alpha,\beta>0)$가 오목함수이기 위한 조건을 구하시오.

10.8 $f(x)=\ln x$와 $f(x)=\sqrt{x}$는 경제학에서 자주 사용하는 대표적인 효용함수이다. 두 함수가 오목임을 실제 확인하시오(그리고 기억하시오).

10.9 생산량 q에 대해 수입함수 $R(q)$가 오목이고, 비용함수 $C(q)$가 볼록일 때, 이윤함수 $\pi(q)$는 오목임을 확인하시오(그리고 기억하시오).

10.10 정의역이 $\mathbb{R}^+$인 일변수 동차함수는 오목 아니면 볼록임을 보이시오.[26]

10.11 구간 $I\subset\mathbb{R}$에서 정의된 미분가능한 f에 대해, 다음이 성립함을 보이시오.[27]

(1) f는 오목함수 $\Leftrightarrow$ 모든 $x,y\in I$에 대해 $f(y)-f(x)\le f'(x)(y-x)$

(2) f는 볼록함수 $\Leftrightarrow$ 모든 $x,y\in I$에 대해 $f(y)-f(x)\ge f'(x)(y-x)$

---

26 일반적으로 동차성과 볼록·오목은 서로 관계가 없다. 하지만 문제처럼 특별한 경우에는 연관이 있을 수도 있다.

27 이 문제는 조금 어려울 수 있다. 증명해야 할 조건이 지금은 여러분의 전공과 전혀 관련 없어 보이겠지만, 미시경제학 및 경영과학 분야 중 하나인 메커니즘 디자인(mechanism design)에서 꽤 중요한 역할을 한다.

PART 5

최적화

OPTIMIZATION

CHAPTER 11

최적화

현대경제학에서는 모든 경제주체는 '합리적'이고 그래서 항상 '최적의 선택'을 한다고 가정한다. 두꺼운 교과서에서도 그렇게 쓰여 있고, 교수도 그렇다고 하니 그런가 보다 하지만, 이상하지 않나. 여러분이 매일 아침 학교에 올 때 지하철을 탈지 버스를 탈지, 또는 점심으로 제육을 먹을지 김치찌개를 먹을지 '최적화' 과정을 거쳐 결정하는 것 같진 않다. 지금까지 살아오면서 그렇게 계산하면서 살진 않았던 것 같고, 앞으로도 그렇게 피곤하게 살 것 같지도 않다.

그렇다면, 경제학자들이 뭔가 삐뚤어진 사람들이라 모든 의사결정이 항상 무언가의 최대화/최소화된 결과라고 보는 것일까. 사실 경제학은 물리학의 영향을 깊숙이 받았다. 이는 단순히 수학을 많이 써서 '이과 같은 학문'이 되었다는 차원이 아니다. 방법론을 넘어서, 경제학자들은 과학자들이 자연현상을 바라보는 시각과 접근 방식까지 빌려 사회현상을 이해하고자 했다.

근대의 과학자들은 세상에 질서가 있으며, 그 숨겨진 질서를 찾는 것이 과학자들의 임무라고 믿었다. 라이프니츠는 지금 세상이 '있을 수 있는 세계 중 최상의 세계'*라고 믿었고, 오일러는 '세상 모든 것은 무언가의 최대화 아니면 최소화의 결과'**라고 썼다. 발라(Leon Walras), 파레토(Vilfredo Pareto), 꾸르노(Antoine Cournot), 제본스(Stanley Jevons) 등 현대경제학의 토대를 마련한 초기 '경제학자'들이 이공계열 전공자였던 것은 단순히 그들이 수학에 능했기 때문은 아니다. 이들은 경제가 일정한 법칙과 원리에 따라 움직이는 시스템으로 간주하는 접근 방식을 확립하였다.

그러니까 최적화를 단순히 지루한 계산 방법이나 형식적인 절차로만 받아들이지 말자. 선배 경제학자들에게 세상은 그 자체로 '무엇의 최적화된 결과'였다. 뭐, 그들 생각이 틀렸을 수도 있겠다. 그런데 그게 어디서부터 틀렸는지 알려면 우선 최적화하는 방법부터 알아야 하지 않겠나. 이 장에서는 다변수 함수 최적화를 다룬다. 일변수 함수 최적화는 고등학교 때 했으니, 살짝만 언급한다. 다변수 최적화는 좀 조건이 복잡해 보이기는 하지만, 기본원리는 일변수 함수 최적화와 다르지 않다.

---

* "Best of all possible worlds"

** "Nothing takes place in the world whose meaning is not that of some maximum or minimum."

1. 최적화 들어가기

함수 $f: U \to \mathbb{R}$에 대한 최적화 문제(optimization problem)는 다음과 같이 쓸 수 있다.[1]

$$\max_{x \in U} f(x) \text{ s.t. } g(x) = c,\ h(x) \leq d$$

여기서, $f(x)$를 **목적식**(objective), $g(x) = c$를 **등호 제약**(equality constraint), $h(x) \leq d$을 **부등호 제약**(inequality constraint)이라고 한다(여기서 부등호 방향은 $\leq$ 으로만 쓴다[2]). 위 식이 의미하는 것은 "제약을 만족하는 x 중 목적식을 최대로 만드는 x를 찾아라"이다. 이러한 x가 존재한다면 **최적해**(optimal solution)라고 한다. 그리고 's.t.'은 'subject to'를 줄여 쓴 것이다.[3]

우선 최적화 문제를 구분해 보자.

첫째, 최적화는 **최대화**(maximization) 또는 **최소화**(minimization) 문제로 나뉜다. f를 최소화하는 것은 $-f$를 최대화하는 것과 같으므로, 최대화, 최소화 중 하나만 이해하면 된다. 우리는 최대화 문제에 집중한다.

둘째, 최적화 문제는 **동적 최적화**(dynamic optimization)와 **정적 최적화**(static optimiziation)로 나뉜다. 여기서 동적 최적화는 다루지 않는다(아쉽다!).

셋째, 최적화는 **제약 없는 최적화**(unconstrained optimization)와 **제약 있는 최적화**(constrained optimization)로 구분된다.[4] 전자는 쉽고, 후자는 어렵다. 그리고 아쉽게도 여러분이 전공수업에서 만날 문제의 99%는 후자이다.[5] 이 장의 최종 목표는 제약 있는 (정적) 최적화 문제를 어떻게 푸는지 이해하는 것이다.

고성능 컴퓨터와 인공지능 시대이긴 하지만, 일반적인 문제에 대해서 최적해를 찾는 작업은 생각보다 어렵다. 이제는 복잡한 계산을 사람이 직접 할 일은 없지만, 문제의 구조를 제대로 이해하고 있지 않으면 컴퓨터가 보여주는 결과는 우리가 찾고 있는 값이 아닐 수 있다. 그러나 여러분이 전공수업에서 만날 문제는 정형화된 몇 가지 형태로, 많은 경우 손

---

1 경영·경제학에서 정의역 U는 보통 $\mathbb{R}^n$의 부분집합으로 주어진다. 사실 이변수인 경우만($n = 2$) 이해하면 된다.

2 제약식이 $h(x) \geq d$ 이면, 양변에 $(-)$를 곱해서 부등호 방향을 바꾸면 된다.

3 's.t.'은 'such that'이 아니다.

4 그러니까, 's.t.'가 없으면 제약이 없고, 있으면 제약이 있다라고 생각하면 된다

5 인생의 많은 고민이 결국에는 제약 있는 최적화 문제다.

으로 풀 수 있을 정도로 간단하다. 그리 어렵지 않으니 포기하지 말자.

우선 (여러분이 고등학교 때 배웠을) 몇 가지 정의를 상기하자.

정의

- 모든 $x \in U$에 대해 $f(x^*) \geq f(x)$일 때, x^*를 최대점(maximum point)이라고 한다.
- 모든 $x \in U$에 대해 $f(x^*) \leq f(x)$일 때, x^*를 최소점(minimum point)이라고 한다.

목적식이나 제약식에 어떤 추가적인 조건을 부여하지 않는 한, 최대/최소점을 적절한 시간 내에 찾아내는 것은 매우 어려운 작업이다. 보통은 가능성 있는 몇몇 후보를 찾은 후, 그 점들을 비교하는 것이 기본적인 접근 방식이다. 가령, 전 세계에서 가장 빨리 달리는 사람을 찾고 싶다면, 80억 인구를 동시에 경쟁시키기보다는 각 나라 또는 지역에서 가장 빠른 사람을 뽑은 후 그들끼리만 경쟁시키는 것이다. '동네에서(locally) 가장 빠른 사람'의 수학적 정의는 다음과 같다.

정의

- x^* 근처에 있는 모든 $x \in U$에 대해 $f(x^*) \geq f(x)$일 때, x^*를 국소 최대점(local maximum point)이라고 한다.
- x^* 근처에 있는 모든 $x \in U$에 대해 $f(x^*) \leq f(x)$일 때, x^*를 국소 최소점(local minimum point)이라고 한다.

앞선 정의와 차이가 나는 점은 'x^* 근처에 있는' 이다. 'x^* 근처'에 대한 엄밀한 수학적 정의[6]는 생략하고, 그냥 x^*와 정말 정말 가까운 점들의 모임으로 생각하면 된다. 스마트폰 사진을 볼 때 두 손가락으로 계속 확대해도 남아 있는 것들 같은 거.

x가 구간 $[a, b]$상의 점이라는 제약하에서 (미분가능한) 일변수 함수 f의 최대화 문제를 푼다고 하자. f의 그래프는 그림 11-1과 같다. 이 문제를 풀 때 여러분은 고등학교 때 다음의 절차를 거쳤다(거쳐야 했다).

6 (수학적으로 민감한 독자를 위해) $N_\epsilon(x^*) := \{x \in U \mid |x - x^*| < \epsilon\}$

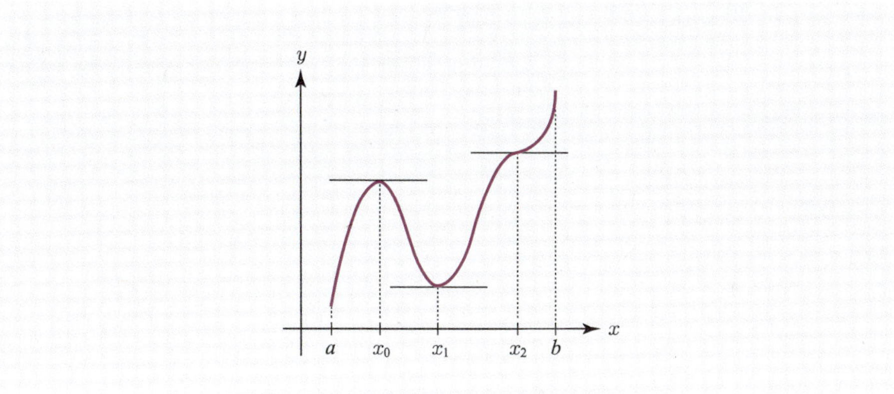

그림 11-1 함수의 예

- 1단계: 일계조건 $f'(x^*)=0$을 이용해서 최적해 후보를 찾는다. 여기서는 그 후보가 x_0, x_1, x_2이다.
- 2단계: 1단계에서 찾은 각 후보 x^*에 대해 이계조건을 이용해서 국소 최대점을 찾는다. 즉, $f''(x^*)<0$인지 살펴본다. 여기서는 x_0이다.
- 3단계: 경계점과 2단계에서 찾은 국소 최대점을 비교한다. 여기서 경계점은 a, b이다. $f(x_0)<f(b)$이므로, 최대점은 $x=b$이다. 만약 경계점이 없다면, 정의역을 보고 '경계점' 비슷한 것을 찾아야 한다. 가령, $x \to \pm\infty$일 때, $f(x)$가 어떻게 되는지 살펴봐야 한다.

1단계, 2단계는 익숙하지만, 3단계는 그냥 넘어가는 경우가 많다. 첫 두 단계는 사실 어느 정도 기계적인데, 3단계를 수행하기 위해서는 주어진 문제의 전체적인 그림을 파악하고 있어야 한다. 물론 여러분의 전공수업에서 등장하는 많은 문제에서는 3단계를 검토하지 않고 '미분해서 0'만 풀어도 되긴 하지만, 왜 안 해도 되는지 알고 넘어가는 것이 중요하다. 특히, 방금 푼 문제처럼 '미분해서 0'인 점이 아니라 경계점이 최적해인 경우가 있는데 ['모서리해(corner solution)'],[7] 여기서 여러분들이 종종 틀린다. 원래 해야 할 단계를 안 거친 것이니 당황하지 말자.

---

7 (수학적으로 민감한 독자를 위해) 여러분 중 일부는 이미 최적 제어이론을 배울 수도 있는데, 거기에서는 뱅뱅해(bang-bang solution)라는 귀여운 이름을 가진다.

1단계와 2단계는 각각 일계조건과 이계조건이라고 부르는 것들이다. 이 조건에 대한 직관을 얻기 위해서는 약간의 준비, **테일러 근사**(Taylor approximation)가 필요하다.

테일러 근사의 배경 질문은 다음과 같다.

> **배경 질문**
> 함수 f에 대해, 주어진 점 '$x = a$ 근처'에서 $f(x)$를 다항식으로 근사시키면?

언뜻 보기에는 조금 별난 질문처럼 보이지만, 한가한 수학자들의 지적 유희가 아닌, (특히 옛날에는) 매우 실용적인 문제임에 유의하자. 함수가 조금이라도 복잡해진다면 계산기나 컴퓨터의 도움 없이 함수값을 계산하는 것은 사실상 불가능하다. 예를 들어, $\log 4.02$ 같은 값을 어떻게 계산할 수 있을까. 그런데 $\log x$ 를 $x, x^2, \cdots, x^n$ 과 같은 우리에게 익숙한 다항식으로 근사시킬 수 있다면 그나마 연필과 종이로 계산할 수 있다. 다리나 교회를 짓기 위해서 100% 정확한 값까진 필요하지 않고, 공학적으로 허용 가능한 에러 수준에서 근삿값을 구할 수 있으면 충분하다.

어렵게 들리나? 사실 여러분은 이미 함수 f를 '$x = a$ 근처'에서 다항식으로 근사시키는 방법을 배웠다. 바로 $x = a$에서 접선이다. 그리고 접선은 일차 다항식이다. 다음을 **테일러 일차 근사**(Taylor linear approximation)라고 한다(우변은 접선의 방정식이다).

$$f(x) \approx f(a) + f'(a)(x-a)$$

아래 그림은 $f(x) = \log x$ 를 $x = 4$에서 일차 근사를 표시한 그래프이다.

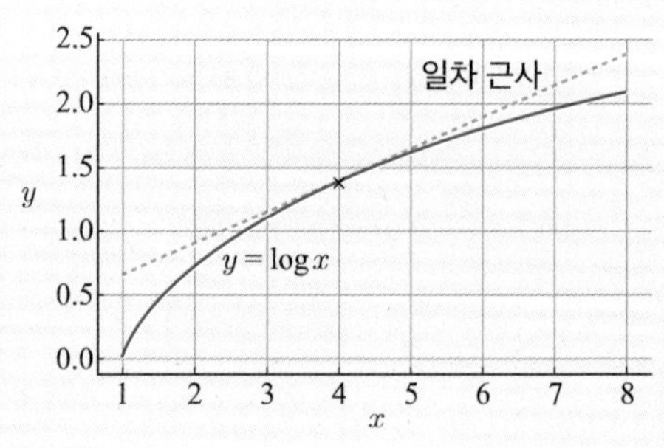

그림 11-2 로그함수와 일차 근사식의 비교

하지만 일차식으로는 약간 아쉽다. 이것보다 f와 더 비슷하게 만들고 싶다면? 이차항 $c(x-a)^2$을 추가하자!

$$f(x) \approx f(a) + f'(a)(x-a) + c(x-a)^2$$

여기서, c는 이차항 계수로, 우리가 구해야 한다. 어떤 값이 적절할까? 잘 근사되기 위해서는, 이제 좌변 f의 이계 미분계수와 우변의 다항식 이계 미분계수가 같아야 할 것 같다. 좌변을 두 번 미분하면 $f''(x)$, 우변을 두 번 미분하면 $2c$이다. 따라서 $f''(a) = 2c$가 성립해야 한다. 그래서 우리는 다음의 **테일러 이차 근사**(Taylor quadratic approximation)를 얻는다.[8]

$$f(x) \approx f(a) + f'(a)(x-a) + \frac{f''(a)}{2}(x-a)^2$$

아래 그림은 $f(x) = \log x$ 를 $x = 4$에서 이차 근사를 추가한 그래프이다. $x = 4$ 근처에서 원래 함수와 더 비슷해져 보인다.

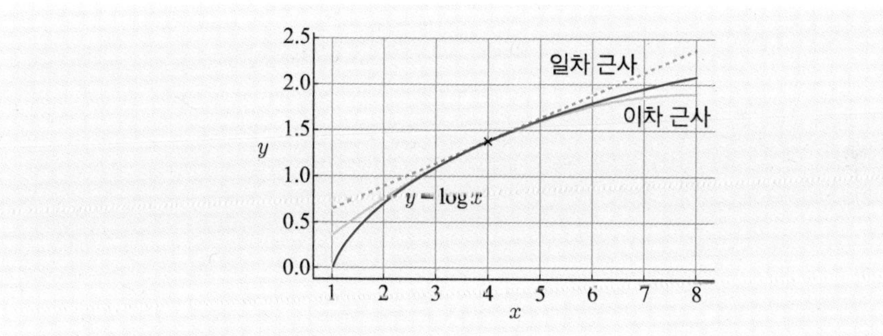

그림 11-3 로그함수와 이차 근사식의 비교

8 테일러 이차 근사는 채권의 특징을 요약하는 핵심 정보인 듀레이션(duration)과 컨벡시티(convexity)와 밀접하게 관련되어 있다. 재무 수업 때 '쉽네, 테일러 근사구만' 하기를 바란다.

다음 예제를 풀어보자.

예제 11-1 테일러 이차 근사를 이용한 근삿값 계산

문제 **함수 $f(x) = \sqrt[3]{x}$ 의 $x = 1$ 에서 테일러 이차 근사를 구하고, 이를 이용하여 $\sqrt[3]{1.03}$ 의 근삿값을 구하시오.**

풀이 $f'(x) = \frac{1}{3}x^{-2/3}$ 이므로 $f'(1) = \frac{1}{3}$ 이고, $f''(x) = -\frac{2}{9}x^{-5/3}$ 이므로 $f''(1) = -\frac{2}{9}$ 이다. 따라서 $x = 1$ 에서 테일러 이차 근사는 다음과 같다.

$$\sqrt[3]{x} \approx 1 + \frac{1}{3}(x-1) - \frac{1}{9}(x-1)^2$$

그리고 $\sqrt[3]{1.03} \approx 1 + \frac{1}{3}(1.03-1) - \frac{1}{9}(1.03-1)^2 = 1.0099$ 이다. ■

2. 제약 없는 최적화

함수 $f : U \rightarrow \mathbb{R}$ 에 대한 제약 없는 최적화 문제는 다음과 같이 주어진다.

$$\max_{x \in U} f(x)$$

x가 f의 정의역 U의 원소라는 (당연한) 제약 이외에 추가적인 제약이 없음에 유의하라. 보통 $U \subset \mathbb{R}^n$ 이다.

제약 없는 일변수 함수의 경우, 최대화 문제는 단순하다(고등학교 때 배웠다). 일계조건, 이계조건이 왜 성립하는지 테일러 근사를 통해 직관을 얻어 보자. 엄밀한 증명은 아니다.

[일계조건] $x = x^*$ 가 국소 최대점이면, $f'(x^*) = 0$

국소 최대점 'x^* 근처'에 있는 x에 대해서 $f(x) \le f(x^*)$이고, 테일러 일차 근사에 따라 $f(x) \approx f(x^*) + f'(x^*)(x - x^*)$이다.

두 식을 결합하면,

$$f(x) \approx f(x^*) + f'(x^*)(x - x^*) \le f(x^*), \text{ 즉 } f'(x^*)(x - x^*) \le 0$$

이 부등식은 $x < x^*$일 때도, $x > x^*$일 때도 성립해야 하므로,[9] $f'(x^*) = 0$이어야 한다.

[이계조건] $f'(x^*) = 0$이고 $f''(x^*) < 0$이면, $x = x^*$가 국소 최대점

테일러 이차 근사에 의하면 $f(x) \approx f(x^*) + f'(x^*)(x - x^*) + \dfrac{f''(x^*)}{2}(x - x^*)^2$이다.

그런데 가정에 의해 $f'(x^*) = 0$이고 $f''(x^*) < 0$이므로, 다음이 성립한다.

$$f(x) \approx f(x^*) + \underbrace{f'(x^*)(x - x^*)}_{=0} + \underbrace{\frac{f''(x^*)}{2}(x - x^*)^2}_{(-)} \le f(x^*)$$

따라서 'x^* 근처'의 x에 대해서 $f(x) \le f(x^*)$이다.

그럼, 이변수 함수 $f(x, y)$의 일계조건, 이계조건은?[10]

먼저, 이변수 함수의 테일러 근사를 알 필요가 있다. 표기의 단순화를 위해 $\boldsymbol{x} = (x, y)$ $\boldsymbol{a} = (a_1, a_2)$라고 하자.

$\boldsymbol{x} = \boldsymbol{a}$에서의 테일러 일차 근사는 이제 다음과 같은 접평면(tangent plane)이 된다.

$$f(\boldsymbol{x}) \approx f(\boldsymbol{a}) + \nabla f(\boldsymbol{a}) \cdot (\boldsymbol{x} - \boldsymbol{a})$$

한편, 일변수 함수의 이차 근사는 일차 근사에 다음의 이차항을 더한 것이었다.

$$\frac{1}{2} f''(a)(x - a)^2 = \frac{1}{2}(x - a) f''(a)(x - a)$$

9 (수학적으로 민감한 독자를 위해) 여기서 $x = x^*$가 내부점(interior point)임을 가정하였다.

10 이변수 함수에서의 결과는 일반적인 n변수 함수의 경우로 쉽게 확장된다.

그렇다면 이변수 함수의 이차 근사에서는 다변수 함수에서 이차항의 역할을 하는 다음의 '이차 형식'을 더하는 것이 자연스러울 것 같다.

$\boldsymbol{H}_f(\boldsymbol{a})$ 를 $\boldsymbol{x}=\boldsymbol{a}$ 에서 f 의 헤시안 행렬이라고 하면, 이차 형식은 다음과 같다(기억나는지?).

$$\frac{1}{2}(\boldsymbol{x}-\boldsymbol{a})'\boldsymbol{H}_f(\boldsymbol{a})(\boldsymbol{x}-\boldsymbol{a})$$

그래서 테일러 이차 근사는 다음과 같이 쓸 수 있다.

$$f(\boldsymbol{x}) \approx f(\boldsymbol{a}) + \nabla f(\boldsymbol{a}) \cdot (\boldsymbol{x}-\boldsymbol{a}) + \frac{1}{2}(\boldsymbol{x}-\boldsymbol{a})'\boldsymbol{H}_f(\boldsymbol{a})(\boldsymbol{x}-\boldsymbol{a})$$

변수와 도함수가 벡터, 행렬이 된다는 점만 제외하고는, 일변수 함수일 때와 달라진 것은 별로 없다(그렇지 않나?). 그래서 일계조건, 이계조건도 자연스럽게 확장된다. 직관은 일변수의 경우와 같다.

[일계조건] $\boldsymbol{x}=\boldsymbol{x}^*$가 국소 최대점이면, $\nabla f(\boldsymbol{x}^*)=\boldsymbol{0}$

[이계조건] $\nabla f(\boldsymbol{x}^*)=\boldsymbol{0}$이고 $\boldsymbol{H}_f(\boldsymbol{x}^*)<\boldsymbol{0}$이면, $\boldsymbol{x}=\boldsymbol{x}^*$가 국소 최대점

몇 가지 언급할 사항이 있다.

첫째, 일계조건에서 $\nabla f(\boldsymbol{x}^*)=\boldsymbol{0}$은 $f_1(x^*, y^*)=0, f_2(x^*, y^*)=0$를 의미한다. 참고로, 일계도함수를 0 으로 만드는 점을 **임계점**(critical point)이라고 한다.

둘째, $\boldsymbol{H}_f(\boldsymbol{x}^*)<\boldsymbol{0}$는 행렬 $\begin{pmatrix} f_{11}(x^*, y^*) & f_{12}(x^*, y^*) \\ f_{21}(x^*, y^*) & f_{22}(x^*, y^*) \end{pmatrix}$가 음의 정부호행렬(negative definite)임을 의미한다.

즉, $f_{11}(x^*, y^*)<0$, $f_{11}(x^*, y^*)f_{22}(x^*, y^*)-\left(f_{12}(x^*, y^*)\right)^2>0$ 이다.

다음 예제를 풀어보자.

예제 11-2 이변수 함수의 극대값 판정

문제 함수 $f(x, y) = 2x - x^2 + 8y - y^2 + 10$의 최댓값을 (존재한다면) 구하시오.

풀이 일계도함수는 $f_1(x, y) = 2 - 2x$, $f_2(x, y) = 8 - 2y$이고, 일계조건은 $(x^*, y^*) = (1, 4)$에서 만족한다.

이계도함수는 $f_{11}(x, y) = -2$, $f_{22}(x, y) = -2$, $f_{12}(x, y) = f_{21}(x, y) = 0$이다.

따라서 $f_{11}(1, 4) = -2 < 0$, $f_{11}(1, 4)f_{22}(1, 4) - (f_{12}(1, 4))^2 = 4 > 0$ 이므로, $(x^*, y^*) = (1, 4)$는 국소 최대점이다.

한편, x, y의 절댓값이 커짐에 따라 $f(x, y)$는 감소하므로 $(x^*, y^*) = (1, 4)$는 최대점이며, 최댓값은 $f(1, 4) = 27$이다. ■

국소 **최소점**까지 포함시켜 일계조건과 이계조건을 최종 정리하면 다음과 같다.

일계조건

$x = x^*$가 국소 최대점 또는 최소점이면, $\nabla f(\boldsymbol{x}^*) = 0$

이계조건

- $\nabla f(\boldsymbol{x}^*) = 0$이고 $\boldsymbol{H}_f(\boldsymbol{x}^*) < 0$이면, $\boldsymbol{x} = \boldsymbol{x}^*$가 국소 최대점
- $\nabla f(\boldsymbol{x}^*) = 0$이고 $\boldsymbol{H}_f(\boldsymbol{x}^*) > 0$이면, $\boldsymbol{x} = \boldsymbol{x}^*$가 국소 최소점

3. 제약 있는 최적화: 등호 제약

여러분이 앞으로 수강할 전공수업에 등장하는 대다수의 최적화 문제는 제약이 있는 문제이다. 대표적인 제약은 비음(非陰, non-negativity) 제약이다. 경영 · 경제학의 핵심 변수인 가격과 수량은, 예외적인 경우가 아니라면 0 이상이 되어야 한다. 예산 제약(budget constraint) 역시 대표적인 제약이다. (성지인이 아니라면) 지출은 예산을 넘을 수 없다. 또

한 기업이 시장에 내놓을 수 있는 수량도 물리적인 생산 용량하에서 결정되어야 한다.

그래서 제약이 있는 최적화 문제는 굉장히 중요하다. 사실 경영·경제수학의 가장 중요한 목표는 제약이 있는 최적화 문제를 풀 수 있는 기본적 도구를 배우는 것이라고 해도 크게 과장이 아니다(동기 부여가 충분히 되었기를).

제약은 등호 제약(예: $h(x) = c$)과 부등호 제약(예: $g(x) \leq d$)으로 나뉜다.[11] 역사적으로, 등호 제약하에서 최적화 문제를 푸는 방법을 프랑스 수학자 라그랑주(Joseph-Louis Lagrange)가 18세기에 제안하였고(Method of Lagrange Multipliers), 이후 라그랑주 방법을 일반화시켜 부등호 제약하 최적화 문제까지 푸는 방법이 개발되었다(Nonlinear Programming).

그래서 거의 모든 교육과정에서는 등호 제약을 먼저 다루고, 다음에 부등호 제약을 다룬다. 우리도 그렇게 한다. 다만, 시작하기 전에 몇 가지만 언급하자.

첫째, 경영·경제학에 나오는 최적화 문제에서 제약은 부등호인 경우가 대다수이다. 그런데 우리가 찾는 최적점은 제약이 등호로 성립할 때 얻어지는 경우가 많으므로 그냥 등호 제약으로 간주하고 '대충' 넘어가기도 한다. 하지만 어느 정도 경험이 쌓이기 전까진 등호 제약인지 부등호 제약인지 엄격히 구분하는 연습은 필요하다.

둘째, 얼핏 보면 푸는 방법이 등호 제약이나 부등호 제약이나 같아 보일 수 있다. 그래서 제약의 성격을 구분하지 않아도 된다고 (맘대로) 생각하기도 하는데, 세상은 그렇게 단순하지 않다. 나중에 간단히 살펴본다.

셋째, 명민한 독자는 등호 제약은 부등호 제약의 특별한 경우인데 굳이 나눌 필요가 있냐고 의문을 가질 수 있다. 즉, 등호 제약 $h(x) = c$은 두 개의 부등호 제약 $h(x) \leq c$, $h(x) \geq c$로 나타낼 수 있지 않은가. 맞다. 이론적으로는 부등호 제약만 있다고 하고 논의를 전개해도 된다. 하지만 실제로 구체적인 문제를 풀 때는 제약 개수가 많아지면 변수가 많아져서 다루기가 복잡해지기 때문에 등호 제약을 굳이 두 개의 부등호 제약으로 바꾸진 않는다.

이제 다음의 **등호 제약만 있는** 이변수 최적화 문제를 풀어보자.

$$\max f(x, y) \text{ s.t. } g(x, y) = c$$

11 부등호 제약이 강한 부등식으로 주어지는 경우(예: $g(x) < 0$)는 다루지 않는다.

제약이 있는 최적화 문제를 푸는 방법은 라그랑주 승수법(Method of Lagrange Multipliers)이다. 아이디어는 그림으로 이해 가능하다. 아래 그림은 $g(x, y) = c$이 나타내는 곡선과 함께, 여러 k의 값에 따른 등위선 $f(x,y) = k$을 보여준다.

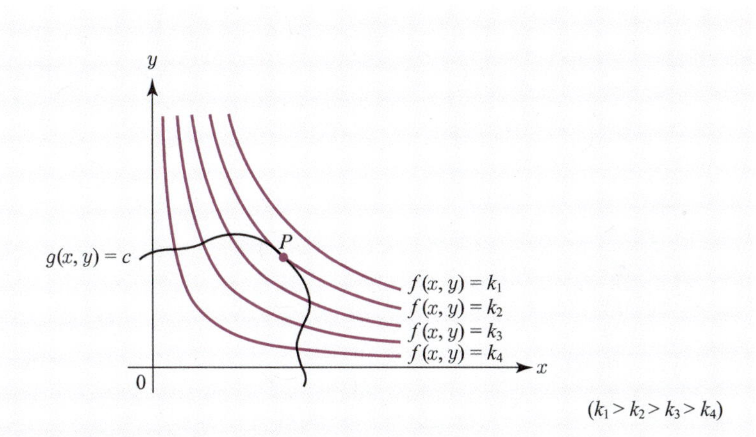

그림 11-4 제약이 있는 이변수 함수 최적화

제약 조건 $g(x, y) = c$하에서 $f(x,y)$를 최대화한다는 것은, $g(x, y) = c$이 나타내는 곡선과 **적어도 한 번은 만나는** (수많은) 등위선 $f(x,y) = k$ 중 가장 큰 k값을 찾는 것과 같다. 위 그림에서 보면, 이러한 교차는 **두 곡선이 서로 접하는 점** $P = (x^*, y^*)$에서 발생한다. 접한다는 것은 접점에서 접선(혹은 접평면)이 동일하다는 것이므로, 점 $P = (x^*, y^*)$에서 두 함수의 기울기 벡터는 서로 평행함을 의미한다. 그리고 두 벡터가 평행하다면 한 벡터는 다른 벡터의 상수배이다. 따라서 다음이 성립한다.

$$\nabla f(x^*, y^*) = \lambda^* \nabla g(x^*, y^*)\text{가 되는 스칼라 } \lambda^* \text{가 존재}$$

이러한 λ^*를 **라그랑주 승수**(Lagrange multiplier)라고 한다(라그랑주 '상수'가 아니다). 처음에는 뭔가 불편해서 외면하고 싶겠지만, 정말 중요한 경제학적 의미를 가진다. 나중에 살펴보자.

최적화 문제에 대한 **라그랑지안**(Lagrangian function) L을 다음과 같이 정의하자.

$$L(x, y, \lambda) := f(x, y) + \lambda(c - g(x, y))$$

최적해가 (x^*, y^*)라고 하자. 그렇다면, 앞서 본 것처럼 $\nabla f(x^*, y^*) = \lambda^* \nabla g(x^*, y^*)$인 λ^*가 존재하고, 이는 다음처럼 라그랑지안의 일계조건으로 쓸 수 있다.

$$L_x(x^*, y^*, \lambda^*) = f_x(x^*, y^*) - \lambda^* g_x(x^*, y^*) = 0$$

$$L_y(x^*, y^*, \lambda^*) = f_y(x^*, y^*) - \lambda^* g_y(x^*, y^*) = 0$$

또한 $L_\lambda(x, y, \lambda) = c - g(x, y)$이고, 점 (x^*, y^*)은 제약을 만족시키므로($g(x^*, y^*) = c$), $L_\lambda(x^*, y^*, \lambda^*) = c - g(x^*, y^*) = 0$도 성립한다.

정리하면, 라그랑주 승수법은 다음과 같다.

라그랑주 승수법

최적해가 (x^*, y^*)라고 하자.[12] $\nabla f(x^*, y^*) = \lambda^* \nabla g(x^*, y^*)$인 라그랑주 승수 λ^*가 존재한다. 따라서 라그랑지안 $L(x, y, \lambda) := f(x, y) + \lambda(c - g(x, y))$은 $(x, y, \lambda) = (x^*, y^*, \lambda^*)$에서 일계조건을 만족시킨다.

$$\nabla L(x^*, y^*, \lambda^*) = \begin{pmatrix} L_x(x^*, y^*, \lambda^*) \\ L_y(x^*, y^*, \lambda^*) \\ L_\lambda(x^*, y^*, \lambda^*) \end{pmatrix} = \mathbf{0}$$

그럼 라그랑주 승수법을 어떻게 활용하나? (개념적으로는) 쉽다. 우리가 찾는 미지수는 x^*, y^*, λ^*로 세 개이고, 일계조건 $\nabla L(x^*, y^*, \lambda^*) = \mathbf{0}$은 세 개의 식을 준다. 따라서 미지수가 세 개, 식이 세 개인 연립방정식을 풀면 된다. 이 방정식을 풀어서 나온 (x^*, y^*, λ^*) 중 (x^*, y^*)가 최적해의 후보가 된다.

여기서 최적해의 '후보'라고 했음에 유의하라. $\nabla L(x^*, y^*, \lambda^*) = \mathbf{0}$은 최적해의 필요조건으로, (x^*, y^*)가 우리가 찾는 최적해는 아닐 수 있다. 연립방정식 해가 여러 개일 수도 있고, 그중 어떤 점은 최소점일 수도 있다.

여기서 여러분들이 이 질문을 던질 차례이다.

"그걸 구분해 주는 이계조건이 있지 않나?"

맞다, 있다. 그런데 헤시안 행렬 형태가 좀 바뀌고, 행렬식 값의 부호를 확인하는 방식도 바뀐다. 하지만 이를 이해하기 위해서는 다른 수학이 필요하고, 그 직관을 설명하기 위해

12 (수학적으로 민감한 독자를 위해) 모서리해는 아니라고 가정한다.

서는 멀리, 저 멀리 돌아가야 한다. 게다가, 대부분의 전공수업에서 제약 있는 최적화 문제의 이계조건까지 확인할 일은 없을 것 같다.[13]

그래도 그냥 지나가면 섭섭하니, 등호 제약이 하나 있는 이변수 최적화 문제의 이계조건만 살펴보자.[14] 미안하지만, 증명이나 직관 없이 소개한다.

등호 제약하 최적화 이계조건

(x^*, y^*, λ^*)가 $\nabla L(x, y, \lambda) = 0$의 해라고 하자.

- $(x, y, \lambda) = (x^*, y^*, \lambda^*)$에서 $\det\begin{pmatrix} L_{xx} & L_{xy} & L_{x\lambda} \\ L_{yx} & L_{yy} & L_{y\lambda} \\ L_{\lambda x} & L_{\lambda y} & L_{\lambda\lambda} \end{pmatrix} > 0$이면, (x^*, y^*)은 국소 최대점이다.
- $(x, y, \lambda) = (x^*, y^*, \lambda^*)$에서 $\det\begin{pmatrix} L_{xx} & L_{xy} & L_{x\lambda} \\ L_{yx} & L_{yy} & L_{y\lambda} \\ L_{\lambda x} & L_{\lambda y} & L_{\lambda\lambda} \end{pmatrix} < 0$이면, (x^*, y^*)은 국소 최소점이다.

여기서, 행렬 $\begin{pmatrix} L_{xx} & L_{xy} & L_{x\lambda} \\ L_{yx} & L_{yy} & L_{y\lambda} \\ L_{\lambda x} & L_{\lambda y} & L_{\lambda\lambda} \end{pmatrix}$을 그냥 헤시안 행렬과 구분하여 **경계 헤시안 행렬**(bordered Hessian matrix)이라고 한다.[15]

이제 다음 예제를 풀어보자.

예제 11-3 라그랑주 승수법 예 1

문제 $\max\ xy^4$ **s.t.** $x + 5y = 10$**의 최적해** (x^*, y^*)**를 찾으시오.**

풀이 라그랑지안은 다음과 같다.

$$L = xy^4 + \lambda(10 - x - 5y)$$

x, y, λ에 대해 미분해서 0으로 두면 다음과 같다.

$$\frac{\partial L}{\partial x} = y^4 - \lambda = 0,\ \frac{\partial L}{\partial y} = 4xy^3 - 5\lambda = 0,\ \frac{\partial L}{\partial \lambda} = 10 - x - 5y = 0$$

---

13 간단한 최적화 문제도 이계조건은 계산이 복잡하다. 저자들 생각에는 교육적인 의미가 크게 있진 않은 것 같다.

14 변수 n개, 제약 m개가 있을 때의 이계조건은 인터넷에서 쉽게 찾을 수 있다.

15 저자에 따라 '유테 헤시안'이라고 하기도 한다. '보통 헤시안'에 테가 둘렸기 때문인데, '유테'는 '테가 있다(有)'는 말이다.

첫 번째 식과 두 번째 식을 연립하면 $y^4 = 4xy^3/5$를 얻는다. 그리고 $y = 0$은 해가 될 수 없으므로(왜?), $y = 4x/5$가 성립한다. 이를 세 번째 식에 대입하면, $10 - 5x = 0$이므로 $x^* = 2$를 얻는다. 따라서 $x^* = 2$, $y^* = 1.6$, $\lambda^* = 6.55$가 된다.

이제 이계조건을 확인하자.

$\begin{pmatrix} L_{xx} & L_{yx} & L_{x\lambda} \\ L_{yx} & L_{yy} & L_{y\lambda} \\ L_{\lambda x} & L_{\lambda y} & L_{\lambda\lambda} \end{pmatrix} = \begin{pmatrix} 0 & 4y^3 & -1 \\ 4y^3 & 12xy^2 & -5 \\ -1 & -5 & 0 \end{pmatrix}$이므로, $(x, y, \lambda) = (2, 1.6, 6.55)$에서 행렬식 값은 다음과 같다.

$$\det\begin{pmatrix} 0 & 16.384 & -1 \\ 16.384 & 61.44 & -5 \\ -1 & -5 & 0 \end{pmatrix} = 102.40 > 0$$

따라서 $x^* = 2$, $y^* = 1.6$은 국소 극대점이다. 유일한 국소 극대점이므로, 해당 점은 최대점이다. ■

한편, 많은 학생이 라그랑주 승수 λ^*가 불편해서인지 연립방정식 $\nabla L(x^*, y^*, \lambda^*) = 0$을 풀 때 (x^*, y^*)를 바로 찾으려는 경향이 있다. 그게 작동할 때도 있지만, 때로는 λ^*를 먼저 찾는 것이 좋을 때도 있다. 다음 예제를 보자.

예제 11-4 라그랑주 승수법 예 2

문제 max xy **s.t.** $2x + 5y = 10$**의 일계조건을 만족하는** (x^*, y^*)**를 찾으시오.**

풀이 라그랑지안은 다음과 같다.

$$L = xy + \lambda(10 - 2x - 5y)$$

x, y, λ에 대해 미분해서 0으로 두면 다음과 같다.

$$\frac{\partial L}{\partial x} = y - 2\lambda = 0,\ \frac{\partial L}{\partial y} = x - 5\lambda = 0,\ \frac{\partial L}{\partial \lambda} = 10 - 2x - 5y = 0$$

첫 번째 식과 두 번째 식에서 $x = 5\lambda, y = 2\lambda$를 얻는다. 이를 세 번째 식에 대입하면, $\lambda^* = 1/2$이다. 따라서 $x^* = 5/2$, $y^* = 1$이 된다. ■

라그랑지안을 이용하여 최적해 후보 (x^*, y^*)를 찾는 방법을 배웠다. 이제 라그랑주 승수 λ^*의 의미를 알아보자. 생경한 라그랑지안 푸는 방법만으로 벅찬 탓인지, 라그랑주 승수의 의미는 대충 지나가는 경향이 있다. 안 된다! 여러분한테는 승수의 의미가 더 중요하다. 다음과 같은 최적화 문제를 푼다고 하자.

$$\max f(x,y) \text{ s.t. } g(x,y)=c$$

여기서, c는 외생적으로 주어지는 숫자, 즉 외생변수(exogenous variable) 또는 모수(parameter)이다. $c>0$을 가용한 예산총액으로, $g(x,y)=c$를 일종의 예산제약으로 생각하자.

우리는 이 문제를 풀기 위해 라그랑지안 $L=f(x,y)+\lambda(c-g(x,y))$을 쓰고, 다음 일계조건 세 식을 만족하는 (x^*, y^*, λ^*)를 찾는다.

$$L_x(x^*, y^*, \lambda^*) = f_x(x^*, y^*) - \lambda^* g_x(x^*, y^*) = 0$$

$$L_y(x^*, y^*, \lambda^*) = f_y(x^*, y^*) - \lambda^* g_y(x^*, y^*) = 0$$

$$L_\lambda(x^*, y^*, \lambda^*) = c - g(x^*, y^*) = 0$$

그런데 위 식을 만족하는 (x^*, y^*, λ^*)는 c에 따라 달라진다(세 번째 식에 c가 있기 때문에). 그래서 이를 명시적으로 나타내기 위하여 해를 $(x^*(c), y^*(c), \lambda^*(c))$으로 쓰자. 그리고 이렇게 구한 $(x^*(c), y^*(c))$를 목적식 f에 대입하여 얻은 값 $v(c) := f(x^*(c), y^*(c))$이 우리가 찾는 최댓값이 된다. 이때, 얻어진 최댓값 $v(.)$를 **가치함수**(value function)라고 한다.

이제 질문은 다음과 같다.

> • 질문: 외생변수 c가 (조금) 변하면, 최댓값은 얼마나 변하는가? 즉, $\dfrac{dv(c)}{dc}$는?
>
> • 정답: 라그랑주 승수 λ^*

이유는 다음과 같다.

$$\begin{aligned}\frac{dv(c)}{dc} &= f_x(x^*(c), y^*(c))\frac{dx^*(c)}{dc} + f_y(x^*(c), y^*(c))\frac{dy^*(c)}{dc} \\ &= \lambda^* g_x(x^*(c), y^*(c))\frac{dx^*(c)}{dc} + \lambda^* g_y(x^*(c), y^*(c))\frac{dy^*(c)}{dc} \\ &= \lambda^*\left(g_x(x^*(c), y^*(c))\frac{dx^*(c)}{dc} + g_y(x^*(c), y^*(c))\frac{dy^*(c)}{dc}\right) \\ &= \lambda^*\end{aligned}$$

첫 번째 등호는 연쇄법칙, 두 번째 등호에서는 일계조건의 첫 번째 식과 두 번째 식을 사용했다. 네 번째 등호는 세 번째 식(제약식)의 양변을 c로 미분하면 얻는다. 구체적으로 다음과 같다.

$$c = g(x^*(c), y^*(c)) \;\Rightarrow\; 1 = g_x(x^*(c), y^*(c))\frac{dx^*(c)}{dc} + g_y(x^*(c), y^*(c))\frac{dy^*(c)}{dc}$$

즉, 라그랑주 승수는 제약 조건이 (약간) 변할 때, 가치함수가 얼마나 변하는지를 나타낸다. 그래서 라그랑주 승수는 **한계 가치**(marginal value), 또는 **그림자 가격**(shadow price)이라고도 한다.[16] 문제의 맥락에 따라 라그랑주 승수의 해석은 달라지는데, 이건 전공수업 때 배우자. 하지만 승수의 일반적인 의미, 즉 제약을 완화하였을 때 목적값의 순간 변화임은 반드시 기억하자.

그리고 라그랑지안을 $L = f(x, y) + \lambda(c - g(x,y))$으로 썼는데, 사실 $L = f(x, y) + \lambda(g(x,y) - c)$으로 해도 동일한 결과 (x^*, y^*)를 얻는다(물론, 라그랑주 승수 부호는 바뀐다). 하지만 저자들이 전자의 표기를 선호하는 이유는 '$\frac{\partial L}{\partial c} = \lambda$'가 되기 때문이다.[17] 즉, '라그랑지안 L의 c에 대한 편미분'이 바로 그림자 가격이 된다. 후자로 쓰면 '$\frac{\partial L}{\partial c} = -\lambda$'이 되어 잠시 생각해야 한다. 등호 제약에서는 결과에 차이가 없지만, 다음에 배울 부등호 제약에서는 약간 조심할 필요가 있다. 조금 있다 보자.

---

16 설사 c의 실제 시장 가격을 모르더라도 이러한 방식으로 c의 '가치'를 간접적으로 알아낼 수 있으므로 '그림자 가격'이라고 한다(멋진 표현이지 않나?).

17 (수학적으로 민감한 독자를 위해) $\frac{\partial L}{\partial c} = \lambda$라는 표현이 애매하다는 것 안다. 그래도 무슨 의미인지 전달이 되었기를 바란다. 정확히 서술하기 위해서는 포락 정리(envelope theorem)가 필요하다.

마지막으로, 변수의 개수나 등호 제약이 늘어날 때, 라그랑지안을 쓰고 일계조건을 적용하는 방식은 동일하다. 가령, 등호 제약이 두 개, 즉 $g_1(x, y) = c_1$와 $g_2(x, y) = c_2$라면, 다음과 같이 라그랑지안을 쓰고 일계조건을 적용하면 된다. 이 경우 미지수는 네 개, 일계조건이 주는 식도 네 개이다.

$$L(x, y, \lambda_1, \lambda_2) := f(x, y) + \lambda_1(c_1 - g_1(x, y)) + \lambda_2(c_2 - g_2(x, y))$$

일반적으로, 변수가 n개, 제약이 m개이면, 미지수는 $n+m$개, 일계조건이 주는 식도 $n+m$개가 된다. 인간인 우리는 십중팔구 풀다가 실수하겠지만, (문제가 이상하지 않다면) 컴퓨터는 금방 해를 보여준다.

4. 제약 있는 최적화: 부등호 제약

부등호 제약이 있는 문제를 다루기 전에, 등호 제약과 부등호 제약은 일반적으로 엄격히 구분되어야 함에 유의하자. 예를 들어, 다음 표 11-1을 보라. 유일한 차이는 제약의 등호, 부등호 여부이다.

표 11-1 등호 제약과 부등호 제약의 비교

등호 제약	부등호 제약
$\max 1-x^2$ s.t. $\lvert x \rvert = 1$	$\max 1-x^2$ s.t. $\lvert x \rvert \le 1$
⇨ 최적해 $x^* = \pm 1$, 최적값 0	⇨ 최적해 $x^* = 0$, 최적값 1

부등호 제약을 다룰 때 가장 유의해야 할 점은 최적점에서 부등호 제약($\le$)이 등호(=)로 성립하는지이다. 표 11-1의 왼쪽 문제에서는 등호로 성립하고 있고, 오른쪽 문제는 그렇지 않다. 등호로 성립하지 않으면, 일계조건은 제약 없는 최적화 문제와 비슷하다.

이를 염두에 두고, 부등호 제약이 있는 다음 최대화 문제를 생각해 보자.

$$\max f(x, y) \text{ s.t. } h(x, y) \le d$$

최적해를 $\boldsymbol{p}^* = (x^*, y^*)$라고 하면, $h(x^*, y^*) < d$이거나 $h(x^*, y^*) = d$ 중 하나이다.

최적해 (x^*, y^*)가 만족하는 조건을 경우별로 살펴보자.

- 경우 1: $h(x^*, y^*) < d$

  이 경우 제약이 **비활성화**(non-active, non-binding)되었다고 한다. 점 $\boldsymbol{p}^* = (x^*, y^*)$는 '제약이 없는 국소 최대점'에 해당한다. 따라서 일계조건 $\nabla f(x^*, y^*) = \mathbf{0}$이 성립한다.

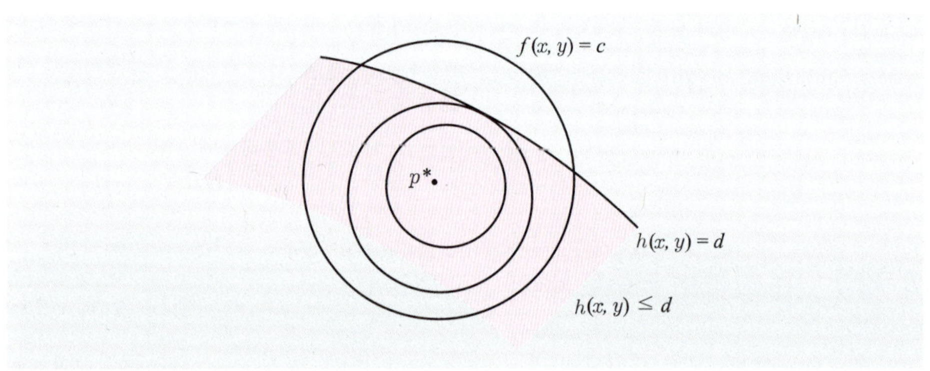

그림 11-5 제약이 비활성화된 경우의 최적점

$\nabla f(x^*, y^*) = \mathbf{0}$는 라그랑지안을 $L = f(x, y) + \lambda(c - h(x, y))$이라고 했을 때, 다음과 같이 쓸 수 있다.

$$L_x(x^*, y^*, \lambda^*) = 0,\ L_y(x^*, y^*, \lambda^*) = 0,\ \lambda^* = 0$$

- 경우 2: $h(x^*, y^*) = d$

  이 경우 제약이 **활성화**(active, binding)되었다고 한다. 그림 11-6에서 보듯 등호 제약이 있는 최적화와 같으므로, $\nabla f(x^*, y^*) = \lambda^* \nabla h(x^*, y^*)$이 성립하는 라그랑주 승수 λ^*가 존재한다. 하지만 이게 끝이 아니다! 매우 중요한, 등호 제약과 다른 점이 하나 있다. 바로 **승수 λ^*의 부호**이다. 다음의 추론을 따라오시라.

  하나, 9장에서 보았듯, $\nabla h(x^*, y^*)$는 점 $\boldsymbol{p}^*$에서 h가 가장 빠르게 **증가하는 방향**을 나타낸다. 또한 $\nabla f(x^*, y^*)$은 점 $\boldsymbol{p}^*$에서 f가 가장 빠르게 **증가하는 방향**을 가리킨다.

  둘, $\nabla h(x^*, y^*)$는 $h(x, y) \le d$가 나타내는 **구역 밖을 향해야 한다.** $\nabla h(x^*, y^*)$ 방향으로 '살짝' 가면 h가 증가하고, 그래서 $h(x, y) > h(x^*, y^*) = d$가 되기 때문이다.

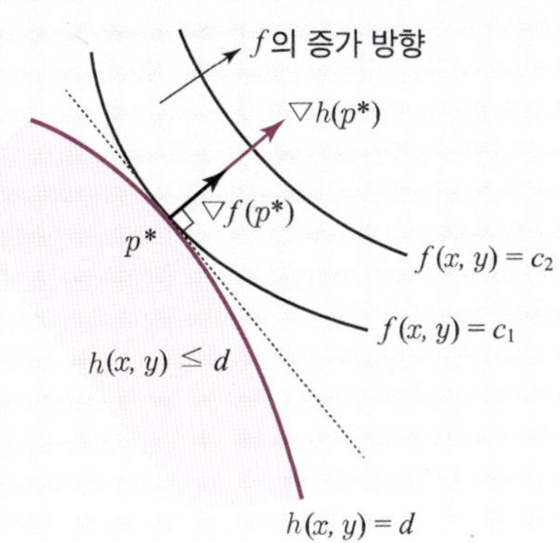

그림 11-6 제약이 활성화된 경우의 최적점

셋, $\nabla f(x^*, y^*)$ 역시 $h(x, y) \le d$가 나타내는 **구역 밖을 향해야 한다.** $\nabla f(x^*, y^*)$ 방향으로 '살짝' 가면 f가 증가하는데, 만약 구역 안을 향한다면 제약 $h(x, y) \le d$을 만족시키면서도 f를 더 크게 할 수 있기 때문이다. 이는 점 (x^*, y^*)가 최적해라는 가정에 어긋난다.

- 결론: 다음 그림처럼 $\nabla f(x^*, y^*)$와 $\nabla h(x^*, y^*)$ 둘 다 $h(x, y) \le d$가 나타내는 구역 밖을 향한다. 따라서 $\nabla f(x^*, y^*) = \lambda^* \nabla h(x^*, y^*)$이므로, $\lambda^* \ge 0$이어야 한다. 즉, 라그랑주 승수는 음(−)이 되어서는 안 된다.

따라서 다음이 성립한다.

$$L_x(x^*, y^*, \lambda^*) = 0,\ L_y(x^*, y^*, \lambda^*) = 0,\ \lambda^* \ge 0$$

두 경우를 정리하면 다음 표 11-2와 같다.

표 11-2 제약조건의 활성 · 비활성 구분

구분	내용
경우 1	$L_x(x^*, y^*, \lambda^*) = 0,\ L_y(x^*, y^*, \lambda^*) = 0,\ \lambda^* = 0,\ h(x^*, y^*) < d$
경우 2	$L_x(x^*, y^*, \lambda^*) = 0,\ L_y(x^*, y^*, \lambda^*) = 0,\ \lambda^* \ge 0,\ h(x^*, y^*) = d$

두 경우 모두 $L_x(x^*, y^*, \lambda^*) = 0$, $L_y(x^*, y^*, \lambda^*) = 0$는 같다. 각 경우에서 차이가 나는 점은 다음과 같다.

$$\lambda^* = 0,\ h(x^*, y^*) < d \text{ 이거나, } \lambda^* \geq 0,\ h(x^*, y^*) = d$$

이는 (1) 라그랑주 승수가 0이거나, (2) 제약이 등호가 되거나, 아니면 둘 다를 의미한다. 이 조건은 **상보 여유 조건**(Complementary Slackness Condition)이라는 (이상하지만) 멋진 이름을 가지고 있다. 이 조건은 다음과 같이 하나의 식으로 간단히 요약된다.

$$\lambda^*(d - h(x^*, y^*)) = 0$$ [18]

등호 제약하에서 최적화 문제와 차이가 나는 점은 바로 이 상보 여유 조건이다! 이 조건이 필요한 이유는 최적해가 제약을 등호로 만족시킬지, 강한 부등호로 만족시킬지 우리는 미리 알지 못하기 때문이다. 상보 여유 조건은 이 두 가지 경우를 하나의 식으로 멋지게 요약해 준다. 어떤 경우이든 (x^*, y^*)가 최적해라면 (우리가 따져본 것처럼) 상보 여유 조건을 만족하는 $\lambda^* \geq 0$가 존재한다는 것이다.

지금까지의 이야기를 모두 정리하면 다음과 같다. 다음 정리는 카루시-쿤-터커 조건(Karush-Kuhn-Tucker conditions), 간단히 KKT 조건이라고 한다.[19]

KKT 조건

다음의 최적화 문제에 대한 해를 (x^*, y^*)라고 하자.

$$\max f(x, y) \text{ s.t. } h(x, y) \leq d$$

라그랑지안 $L = f(x, y) + \lambda(d - h(x, y))$에 대해, 다음을 만족하는 λ^*가 존재한다.

(1) $L_x(x^*, y^*, \lambda^*) = 0$, $L_y(x^*, y^*, \lambda^*) = 0$

(2) $h(x^*, y^*) \leq d$

(3) $\lambda^*(d - h(x^*, y^*)) = 0$

(4) $\lambda^* \geq 0$

---

18 어렵게 생각하지 말자. 다음의 기초적 사실을 이용하였다. $ab = 0 \Leftrightarrow a = 0$이거나, $b = 0$이거나, 아니면 둘 다 0이거나.

19 정확히는 특수한 경우의 KKT 조건이다. 참고로 KKT에서 'T'는 앨버트 터커(Albert Tucker)인데, 뛰어난 수학자였음은 물론 경제학에도 상당한 영향을 미쳤다. 대중에게도 잘 알려진 '죄수의 딜레마(Prisoner's dilemma)'를 처음 명명하였고, 여러 제자들도 길러냈는데 그중 도드라진 이름에는 존 내쉬(1994년 노벨 경제학상), 로이드 섀플리(2012년 노벨 경제학상)가 있다.

헷갈리기 시작했다는 거 안다. 제약이 등호였으면 그냥 '미분해서 0'과 크게 다르지 않았는데 말이다. 등호 제약과 부등호 제약하에서의 조건을 하나씩 비교해 보자.

표 11-3 등호 제약과 부등호 제약의 비교

등호 제약하 최대화 $\max f(x,y)$ s.t. $h(x,y)=d$		**부등호 제약하 최대화** $\max f(x,y)$ s.t. $h(x,y)\le d$
$L_x(x^*,y^*,\lambda^*)=0$, $L_y(x^*,y^*,\lambda^*)=0$	⇨	(1) $L_x(x^*,y^*,\lambda^*)=0$, $L_y(x^*,y^*,\lambda^*)=0$
$h(x^*,y^*)=d$	⇨	(2) $h(x^*,y^*)\le d$ (3) $\lambda^*(d-h(x^*,y^*))=0$ (4) $\lambda^*\ge 0$

즉, 'x, y에 대해 미분해서 0'은 변하지 않지만, 제약 때문에 발생하는 조건이 부등호 제약하에서는 원 제약 외에 '상보 여유 조건'과 '승수 비음 조건'이 추가된다. 직관적으로, 이는 부등호 제약에서는 등호 제약 때보다 (x, y)에 대한 선택의 여지가 많아지기 때문이다.

5. 어떻게 풀 것인가?

이론은 배웠다. 이제 몸에 익혀야 한다. 가장 좋은 방법은 당연히 가능한 한 많은 예제를 풀어보는 것이다. 보통 푸는 단계는 다음과 같다.

- 단계 1: 라그랑지안 함수 L을 쓴다(쉽다).

> - 제약이 $h(x,y)\le d$일 때는 $L=f(x,y)+\underbrace{\lambda(d-h(x,y))}_{(+)}$라고 쓴다.
> - 제약이 $h(x,y)\ge d$일 때는 $L=f(x,y)+\underbrace{\lambda(h(x,y)-d)}_{(+)}$라고 쓴다.
> - 쉽게 기억하는 방법은 f 다음에 항상 (+)을 추가한다고 생각하면 된다. 승수 λ는 (+)이라고 생각하라.

- 단계 2: KKT 조건 (1)~(4)를 쓴다(어렵지 않다).

> - KKT 조건의 (1)은 '미분해서 0'이라는 것이다. 익숙하다.
> - (2)는 제약 조건이다. 주어진 것이다.
> - (3), (4)가 어색하다. 하지만 중요하니 익숙해져라.

• 단계 3: 최적해가 제약의 내부인지, 경계인지 경우를 구분해서 풀어라(이건 쉽지 않다). 여기서 '푼다'는 말은 KKT 조건 (1)~(4)를 만족하는 (x^*, y^*, λ^*)를 찾는 것이다.

> ① 경우 1: 최적해가 내부에 있다면? 즉 $h(x^*, y^*) < d$이라면?
> - 조건 (3) 때문에 $\lambda^* = 0$이어야 한다[조건 (4)는 저절로 만족된다].
> - $\lambda^* = 0$로 두고 조건 (1)을 풀어 (x^*, y^*)를 도출한다.
> - 사후적으로 $h(x^*, y^*) < d$ 인지 확인하라[조건 (2)]. 이를 만족하면 (x^*, y^*)는 최적해 후보이고, 아니면 내부에는 최적해가 없는 것이다.
>
> ② 경우 2: 최적해가 경계에 있다면? 즉 $h(x^*, y^*) = d$라면?
> - $\nabla L(x^*, y^*, \lambda^*) = \mathbf{0}$을 풀어 (x^*, y^*, λ^*)을 도출하라. 등호 제약 때와 사실상 동일하다[조건 (1) + 조건 (2)].
> - $h(x^*, y^*) - d = 0$이므로 조건 (3)은 저절로 만족된다.
> - 조건 (4) $\lambda^* \geq 0$를 확인하라. 만족하면 (x^*, y^*)는 최적해 후보이고, 아니면 경계에는 최적해가 없다.
>
> 경우 1과 경우 2는 조건 (1)~(4)를 만족시켜 가는 순서가 다름에 유의하자.

• 단계 4: 이계조건을 적용하여, 단계 3에서 찾은 (x^*, y^*)가 국소 최대점인지 식별하자. 그리고 모든 국소 최대점에서의 함수값을 비교하여 전역 최적해를 찾는다.

> - 최적점 후보 (x^*, y^*)가 내부점이면 '헤시안 행렬'을 이용해서 판단한다.
> - 최적점 후보 (x^*, y^*)가 경계점이면 '경계가 있는 헤시안 행렬'을 이용해서 판단한다.

여러분이 전공수업 시간에 만나는 많은 문제에서는 보통 단계 3에서 찾은 (x^*, y^*)가 최적해가 될 것이다(모서리해만 제외하고). 다음의 예제를 풀어보자.

예제 11-5 부등 제약 조건이 있는 함수의 극값 계산

문제 $\max\ xy$ s.t. $x^2 + y^2 \leq 1$을 푸시오.

풀이 **위 단계대로 천천히 풀어보자.**

• 단계 1: 라그랑지안은 다음과 같다.

$$L = xy + \lambda(1 - x^2 - y^2)$$

- 단계 2: KKT 조건은 다음과 같다.

  (1) $\dfrac{\partial L}{\partial x} = y - 2\lambda x = 0,\ \dfrac{\partial L}{\partial y} = x - 2\lambda y = 0 \Rightarrow y = 2\lambda x,\ x = 2\lambda y$

  (2) $x^2 + y^2 \le 1$

  (3) $\lambda(1 - x^2 - y^2) = 0$

  (4) $\lambda \ge 0$

- 단계 3: 내부라면, $\lambda = 0$이고, 조건 (1)에 따라 $x = y = 0$이다. 또한 조건 (2) $x^2 + y^2 \le 1$을 만족한다. 따라서 $(x, y) = (0, 0)$은 최적해 후보이다.

  경계라면 $y = 2\lambda x,\ x = 2\lambda y,\ x^2 + y^2 = 1$을 연립해서 풀면 된다. 다음의 네 개의 해 (x, y, λ)를 얻는다.

$$\left(\frac{1}{\sqrt{2}}, \frac{1}{\sqrt{2}}, \frac{1}{2}\right), \left(-\frac{1}{\sqrt{2}}, -\frac{1}{\sqrt{2}}, \frac{1}{2}\right),$$
$$\left(\frac{1}{\sqrt{2}}, -\frac{1}{\sqrt{2}}, -\frac{1}{2}\right), \left(-\frac{1}{\sqrt{2}}, \frac{1}{\sqrt{2}}, -\frac{1}{2}\right)$$

  $\lambda \ge 0$이어야 하므로, 후보가 될 수 있는 해 (x, y)는 다음의 두 가지이다.

$$\left(\frac{1}{\sqrt{2}}, \frac{1}{\sqrt{2}}\right), \left(-\frac{1}{\sqrt{2}}, -\frac{1}{\sqrt{2}}\right)$$

- 단계 4: 이계조건은 (경계가 있는) 헤시안을 계산하여 확인할 수 있지만, 여기서는 그냥 세 개의 후보 $(x, y) = (0, 0), \left(\frac{1}{\sqrt{2}}, \frac{1}{\sqrt{2}}\right), \left(-\frac{1}{\sqrt{2}}, -\frac{1}{\sqrt{2}}\right)$의 목적함수값을 확인하는 것이 빠르다. 그 값이 순서대로 $0, 1/2, 1/2$이므로,

  최적해는 $(x^*, y^*) = \left(\frac{1}{\sqrt{2}}, \frac{1}{\sqrt{2}}\right), \left(-\frac{1}{\sqrt{2}}, -\frac{1}{\sqrt{2}}\right)$가 된다. ■

세 가지만 언급하자.

첫째, 목적식과 제약식이 간단하더라도, (x, y, λ)는 '비선형' 연립방정식의 해라서 여러 개가 나오는 것이 일반적이다. 처음에는 복잡해서 엄두가 나지 않을 수 있는데, 천천히 따져보자. 비슷한 문제 한두 개(아니면 서너 개)만 해보면 된다.

둘째, 많은 경우 목적식을 보면 최적해가 내부일지 경계일지 명확하다. 위 예제의 목적식 xy를 보면 최적해가 내부일 수가 없는데, (i) 우선 x, y 부호가 같아야 할 것이고, (ii) 둘 중 하나라도 (살짝) 크기를 늘릴 수 있으면 xy는 항상 증가하기 때문이다. 기계적으로 KKT 조건을 쓰기 전에, 문제를 보고 최적해가 내부일지 경계일지 미리 짐작해 보라. 경계라면 상호 여유 조건 $\lambda^*(d-h(x^*, y^*))=0$은 무시해도 된다. 여러분의 시간을 절약해 준다.

셋째, (이건 다소 사소한 거지만) 조건 (1)을 '$\lambda = \cdots = \cdots$'과 같은 형태로 쓰면(위 예제에서는 $\lambda = \dfrac{y}{2x} = \dfrac{x}{2y}$), 유의미한 경제학적 해석이 가능해진다. 이는 전공수업 때 배운다.

문제를 하나 더 풀어보자. 미시경제학에서 만날 소비자의 효용 극대화 문제이다.

예제 11-6 예산 제약하의 효용 극대화 문제

문제 **재화 1, 2가 존재하고, 가격을 각각 p_1, p_2, 수량을 각각 x_1, x_2이라고 하자. 소비자의 효용함수가 $u(x_1, x_2) = \sqrt{x_1 x_2}$이고 소득이 $I > 0$일 때, 소비자의 효용을 극대화하는 최적 소비량 (x_1^*, x_2^*)를 구하시오. 그리고 소득 I에 대한 최대화된 효용의 순간 증가율, 즉 소득에 대한 한계효용(marginal utility of income)은 얼마인가?**

풀이 먼저, 지출은 소득을 넘지 못함에 유의하자(예산제약). 따라서 제약은 $p_1x_1 + p_2x_2 \le I$으로 주어진다. 그렇다면, 소비자의 효용 극대화 문제는 다음과 같다.

$$\max \sqrt{x_1x_2} \text{ s.t. } p_1x_1 + p_2x_2 \le I$$

최적해가 내부일지 경계일지 생각해 보자. 내부라면 모두 지출하지 않고 소득을 남긴다는 것인데($p_1x_1 + p_2x_2 < I$), 목적식이 각 x_i에 대해 증가하므로 '남기는 것'은 최적이 아니다. 따라서 최적해는 경계에 있게 되고($p_1x_1 + p_2x_2 = I$), 상보 여유 조건은 무시해도 된다. 또한 이계조건은 확인할 필요가 없다(목적식이 각 x_i에 대해 증가하므로).

- 단계 1: 라그랑지안은 다음과 같다.

$$L = \sqrt{x_1x_2} + \lambda(I - p_1x_1 - p_2x_2)$$

• 단계 2: KKT 조건은 다음과 같다. 상보 여유 조건 (3)은 생략했다.

(1) $\frac{\partial L}{\partial x_1} = \frac{1}{2}\sqrt{\frac{x_2}{x_1}} - \lambda p_1 = 0,\ \frac{\partial L}{\partial x_2} = \frac{1}{2}\sqrt{\frac{x_1}{x_2}} - \lambda p_2 = 0$

$\Rightarrow \lambda = \frac{1}{2p_1}\sqrt{\frac{x_2}{x_1}} = \frac{1}{2p_2}\sqrt{\frac{x_1}{x_2}}$

(2) $p_1x_1 + p_2x_2 = I$

(4) $\lambda \geq 0$

• 단계 3: 조건 (1)과 (2)를 연립해서 풀면 된다.[20] 해 $(x_1^*, x_2^*, \lambda^*) = \left(\frac{I}{2p_1}, \frac{I}{2p_2}, \frac{1}{2\sqrt{p_1p_2}}\right)$ 를 얻는다. $\lambda^* > 0$이므로 최적해이다.

즉, 최적 소비량은 $(x_1^*, x_2^*) = \left(\frac{I}{2p_1}, \frac{I}{2p_2}\right)$이다. 그리고 소득에 대한 한계효용은 승수 $\lambda^* = \frac{1}{2\sqrt{p_1p_2}}$로 주어진다. ■

지금까지는 제약하의 최대화 문제를 다루었다. 그럼, 다음과 같은 제약하의 **최소화** 문제는 어떻게 풀까?

$$\min f(x, y) \text{ s.t. } h(x, y) \leq d$$

앞서 말한 것처럼 목적식 f를 최소화하는 (x, y)를 찾는 것은 목적식 $-f$를 최대화하는 (x, y)를 찾는 것과 같으니, 다음과 같은 최대화 문제로 바꿔서 풀면 된다.

$$\max -f(x, y) \text{ s.t. } h(x, y) \leq d$$

그리고 이때의 라그랑지안은 $L = -f(x,y) + \lambda(d - h(x,y))$가 되고, 앞서 말한 단계를 거쳐 최적해 (x^*, y^*)를 찾으면 된다. 목적식을 $-f$로 바꾸는 것이 번거롭다면, 라그랑

20 미지수가 세 개인 비선형 연립방정식이라 처음에는 푸는 것이 익숙하지 않을 수 있다. 보통 두 가지 방법이 있다. λ를 소거한 후 x_1, x_2를 먼저 찾거나, x_1, x_2를 λ로 나타낸 후 λ를 먼저 찾는 것이다. 어느 방법을 써도 무방한데(이 문제에서는 전자의 방법이 쉬운 것 같다), 중요한 것은 λ를 먼저 찾을지, x_1, x_2를 먼저 찾을지 목적을 명확히 하고 난 다음 푸는 것이다. 그래야 변수 속에서 헤매지 않는다.

지안을 다음과 같이 세우고 동일한 절차를 밟으면 된다(이게조건만 달라진다).

$$L = f(x,y) + \underbrace{\lambda(h(x,y) - d)}_{(-)}$$

최대화할 때와 차이가 나는 점은 f 뒤에 추가되는 항의 부호이다. (최대화, 최소화 모두 승수는 $\lambda \geq 0$이라 하고), 최대화할 때는 (+)가 되도록, 최소화일 때는 (–)가 되도록 해준다(외우기 쉽지 않나). 직관은 다음 그림과 같다.

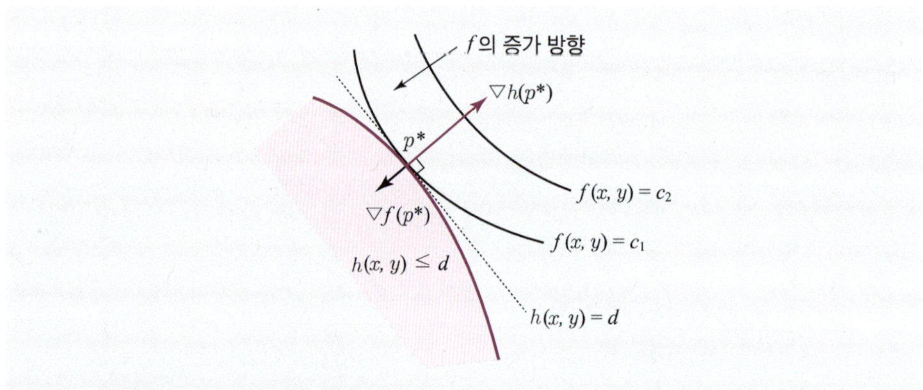

그림 11-7 부등 제약 조건이 있는 효용 극대화의 그래프적 해석

즉, 최소점을 p^*라고 할 때, 그 점에서 f가 증가하는 방향 $\nabla f(p^*)$와 '제약 밖으로 나가는 방향' $\nabla h(p^*)$가 서로 반대 방향이어야 한다(같은 방향이면 제약을 지키면서도 목적식 값을 p^*에서보다 줄일 수 있다[21]). 즉, p^*가 최소점이라면 다음의 관계가 성립해야 한다.

$$\nabla f(p^*) = -\lambda^* \nabla h(p^*) \text{ (단, } \lambda^* \geq 0)$$

사실 승수 λ의 부호를 항상 (+)로 둘 필요는 없다. 목적식이 증가하는 방향과 제약이 성립하지 않는 방향만 잘 이해하고 있으면 큰 문제는 되지 않는다. 다만, 저자들의 경험으로 보건대, 라그랑지안을 쓸 때 승수는 항상 (+)가 되도록 하고 '최대화일 때는 (+)를, 최소화일 때는 (–)를' f 뒤에 추가하는 것이 승수의 의미를 이해하는 데 도움이 되는 것 같다. 그렇게 쓰면, 최대화의 경우에는 '$\frac{\partial L}{\partial d} = \lambda$', 최소화의 경우에는 '$\frac{\partial L}{\partial d} = -\lambda$'가 되어, 제약을

21 어떻게 줄일 수 있을까?

완화시키면(d를 증가시키면[22]) 최댓값은 증가, 최솟값은 감소한다는 변화 방향을 부호로 통해 읽을 수 있기 때문이다.

정리하면 다음과 같다.

첫째, 제약식은 부등호 방향이 $h(x, y) \leq d$가 되도록 형태를 바꾸자. 그리고 최적해가 내부에 있을지, 경계에 있을지 미리 생각해 보는 것이 시간을 줄여준다.

둘째, 최대화·최소화에 따라 라그랑지안은 다음과 같이 쓴다.

표 11-4 부등호 제약하의 라그랑지안

목적식	제약식	라그랑지안
$\max f(x, y)$	$h(x, y) \leq d$	$L = f(x,y) + \underbrace{\lambda(d - h(x,y))}_{(+)}$
$\min f(x, y)$	$h(x, y) \leq d$	$L = f(x,y) + \underbrace{\lambda(h(x,y) - d)}_{(-)}$

셋째, KKT 조건에 따라 최적해 후보 (x^*, y^*, λ^*)를 찾아라. 최대화를 하건, 최소화를 하건, $\lambda^* \geq 0$이어야 한다.

넷째, 이계조건 또는 목적식을 보고 최적해 후보가 우리가 찾는 해인지 확인하면 된다.

마지막으로, 미시경제학에서 여러분이 만난 생산자의 비용 최소화 문제를 살펴보자.

예제 11-7 비용 최소화

문제 **자본투입량이 K, 노동투입량이 L일 때 생산량은 $F(K, L) = K^{1/3}L^{2/3}$으로[23] 주어진다고 하자. 자본과 노동의 단위당 가격이 각각 r, w이고, 적어도 $Q > 0$만큼 생산하고자 할 때 드는 최소 비용 $c(Q)$을 구하시오. 이때 한계비용(marginal cost)은?**

풀이 이 기업은 최소의 투입비용으로 적어도 $Q > 0$만큼 생산하고자 한다. 따라서 목적식은 자본과 노동 요소 구입에 드는 비용 $rK + wL$이고, 제약식은 $K^{1/3}L^{2/3} \geq Q$으로

22 제약이 $h(x, y) \leq d$이 아니라 $h(x, y) \geq d$으로 주어졌으면, d를 감소시키는 것이 제약을 완화하는 것이다.

23 이 형태의 함수도 콥-더글라스 함수이다. 콥-더글라스 함수는 효용함수로도, 생산함수로도 많이 쓰인다. 참고로 K의 지수는 1/3, L의 지수는 2/3로 두는 경우가 많은데, 괜히 그렇게 하는 건 아니다. 거시경제학 시간에 배운다.

주어진다. 이 기업의 비용 최소화 문제는 다음과 같다.

$$\min\ rK + wL \text{ s.t. } K^{1/3}L^{2/3} \geq Q$$

최적해가 내부일지 경계일지 생각해 보자. 내부라면 Q보다 더 생산하도록 요소를 투입한다는 것인데($K^{1/3}L^{2/3} > Q$), 목적식이 K, L에 대해 증가하므로 굳이 더 생산하는 것은 최적일 수 없다. 따라서 최적해는 경계에 있게 되고($K^{1/3}L^{2/3} = Q$), 상보 여유 조건은 무시해도 된다. 그리고 이계조건은 확인할 필요가 없다(목적식이 K, L에 대해 증가하므로).

- 단계 1: 라그랑지안 $\mathbb{L}$은 다음과 같다. 추가된 항의 부호를 잘 보아라.

$$\mathbb{L} = rK + wL + \underbrace{\lambda(Q - K^{1/3}L^{2/3})}_{(-)}.$$

- 단계 2: KKT 조건은 다음과 같다. 상보 여유 조건은 생략했다.

(1) $\dfrac{\partial \mathbb{L}}{\partial K} = r - \dfrac{\lambda}{3}(\dfrac{L}{K})^{2/3} = 0,\ \dfrac{\partial \mathbb{L}}{\partial L} = w - \dfrac{2\lambda}{3}\left(\dfrac{K}{L}\right)^{1/3} = 0$

$$\Rightarrow \lambda = 3r\left(\frac{K}{L}\right)^{2/3} = \frac{3w}{2}\left(\frac{L}{K}\right)^{1/3}$$

(2) $K^{1/3}L^{2/3} = Q$

(4) $\lambda \geq 0$

- 단계 3: 조건 (1)과 (2)를 연립해서 풀면, 해 $(K^*, L^*, \lambda^*) = (Q\left(\dfrac{w}{2r}\right)^{2/3}, Q\left(\dfrac{2r}{w}\right)^{1/3},$ $\dfrac{3}{2^{2/3}}r^{1/3}w^{2/3})$를 얻는다.[24] $\lambda^* > 0$이므로 최적해이다.

즉, 최적 투입량은 $(K^*, L^*) = \left(Q\left(\dfrac{w}{2r}\right)^{2/3}, Q\left(\dfrac{2r}{w}\right)^{1/3}\right)$이고, 이때의 비용은 $c(Q) = rK^* + wL^* = \left(\dfrac{3}{2^{2/3}}r^{1/3}w^{2/3}\right)Q$이다. 그리고 한계비용은 $c'(Q) = \dfrac{3}{2^{2/3}}r^{1/3}w^{2/3}$인데, 이는 승수 λ^*와 일치한다.[25] ■

---

24 이거 처음 할 땐 다 실수한다(두 번째 저자는 풀 때마다 틀린다). 하지만 계산이 복잡한 것일 뿐 어려운 것은 결코 아니다.

25 이게 우연이 아니라는 것을 부디 이해하셨기를.

연습문제[26]

11.1 제약식이 $x^2+y^2=1$일 때, $f(x,y)=-x^2+y$의 극대와 극소를 알아보시오.

11.2 다음 최대화 문제를 푸시오. 그리고 제약식의 우변이 44에서 45로 증가할 때, 최적값은 대략 얼마나 변하겠는가?

$$\max 16y+4-y^2+24x-x^2 \text{ s.t. } x^2+y^2=44$$

11.3 사과전자는 제품 A와 B를 만들어 팔 계획이다. 제품 A의 생산에는 고정비 3,000만 원과 단위당 변동비 2만 원, 제품 B의 생산에는 고정비 2,000만 원과 단위당 변동비 1만 원이 든다. 이 외에도 제품 A와 제품 B 간의 생산조정 비용으로 두 제품 생산량의 차이 제곱에 비례하는 비용이 추가로 발생한다. 구체적으로 제품 A의 생산량이 x, 제품 B의 생산량이 y일 때, 총비용은 다음과 같다.

$$TC(x,y)=3{,}000+2x+2{,}000+y+\frac{(x-y)^2}{100}$$

두 제품의 생산량과 관련된 제약식 $x+y\geq 2{,}000$하에서 총비용을 최소화하는 제품의 생산량을 결정하시오.

11.4 다음 최소화 문제를 푸시오.

$$\min x^2+y^2+z^2 \text{ s.t. } x+2y+x=30,\ 2x-y-3z=10$$

11.5 소비자의 효용 극대화 문제를 고려하자. 효용함수 $u(x_1,x_2)$가 다음과 같을 때, 최적 소비량 (x_1^*, x_2^*)를 구하시오.[27] 제약식은 $p_1x_1+p_2x_2\leq I$이다.

(1) $u(x_1,x_2)=x_1+x_2$　　　　(2) $u(x_1,x_2)=\min\{x_1,x_2\}$

---

26 연습문제를 풀 때 기계적으로 '라그랑지안 쓰기 + 미분하기'는 하지 말기를. 가능하다면 그래프를 그려서 미리 생각해 보는 게 좋다.

27 (1), (2)의 효용함수는 여러분을 괴롭히기 위해서 만든 것이 아니다. 대부분의 미시경제학 책에 등장하는 효용함수 형태로, 최적해를 찾기 위해서는 골똘한 생각 또는 약간의 센스가 필요하다. 참고로 '라그랑지안 쓰기 + 미분하기'는 잘 작동하지 않는다.

CHAPTER 12

선형계획법

본 장에서는 자원제약하의 이익최대화 문제나 자원제약하의 비용최소화 문제를 다루는 데 유용한 선형계획법(linear programming)을 소개하고자 한다.

이들 문제의 경우 변수가 두 개만 있는 경우, xy-평면을 이용해 그래프로 풀어보는 기하학적 접근이 도움이 된다. 그러나 변수가 많아지면, 행렬과 역행렬의 장에서 배운 $\boldsymbol{Ax}=\boldsymbol{b}$의 해를 찾는 방법을 이용해 문제를 풀게 된다. 즉, 다음과 같이 선형계획법의 형태로 모형이 주어졌다고 하자.

$$\begin{gathered}\max \boldsymbol{px} \\ \text{s.t. } \boldsymbol{Ax} \le \boldsymbol{b}(\boldsymbol{b} \ge 0) \\ \boldsymbol{x} \ge 0\end{gathered}$$

여기서, p는 $1\times n$ 벡터, x는 $n\times 1$ 벡터, A는 $m\times n$ 행렬, b는 $m\times 1$ 벡터이다. 이를 푸는 구체적인 방법은 뒤에서 설명하겠지만, 기본 아이디어는 다음과 같다. 먼저 부등식으로 된 제약식을 행렬에서 배운 $\boldsymbol{Ax}=\boldsymbol{b}$의 해를 구하는 법을 이용하기 위해 등식으로 변환한다. 이는 자원에 대한 각 부등식에 대해 일정한 양의 변수[뒤에서 배우겠지만 여유변수(slack variable)라 한다]를 더해 다음과 같이 부등식을 등식으로 만들 수 있다. 이렇게 바꾼 것을 표준형(standard form)이라 한다.

$$\begin{gathered}\max px \\ \text{s.t. } A'x' = b(b \ge 0) \\ x' \ge 0\end{gathered}$$

여기서,

$$\begin{aligned}A' &= (A \mid I) \\ x' &= (x_1, \cdots, x_n, s_1, \cdots, s_m)\end{aligned}$$

부등식을 등식으로 만들기 위해 제약식의 수만큼 여유변수가 필요하고, 이 여유변수의 계수는 1이기 때문에 A'는 원래의 행렬 A에 항등행렬이 추가된 형태이다. 보다 자세한 설명은 뒤에서 할 것이다.

이제 먼저 기하학적 접근을 살펴보자.

1. 기하학적 접근

다음 예제를 통해 그래프를 이용하여 푸는 법을 알아보자.

예제 12-1 선형계획법의 기하학적 풀이

문제 **두 개의 제품 X와 Y를 생산하고 있는데, X는 한 단위당 6의 이윤을 Y는 한 단위당 8의 이윤을 가져다 준다. 두 제품 모두 조립과 마무리 작업을 필요로 하는데, 조립의 경우 총가용시간은 4,000시간이고 마무리 작업의 경우 총가용시간은 6,000시간이다. 제품 X의 경우에는 조립에 2시간, 마무리 작업에 4시간이 걸리고 제품 Y의 경우에는 조립에 4시간, 마무리 작업에 3시간이 걸린다. 이때 이윤을 최대로 하기 위해 제품 X와 제품 Y는 각각 몇 개씩 생산해야 하는가?**

풀이 이 문제를 아래와 같이 정리할 수 있다.

이윤최대화

구분	제품 X	제품 Y	가용시간
조립	2	4	4,000
마무리 작업	4	3	6,000
이윤	6	8	

이제 x를 제품 X의 수량이라 하고 y를 제품 Y의 수량이라 하자.

이 문제는 뒤에서 배울 선형계획법(Linear programming)을 이용해 다음과 같이 모형화할 수 있다.

max $6x + 8y = z$ ← 목적함수(objective function)

subject to $2x + 4y \leq 4,000$
$4x + 3y \leq 6,000$ ― 이 둘은 제약식(constraints)

$x \geq 0, \quad y \geq 0$ [비음(nonnegative) 조건, 왜냐하면 이들 값은 음수를 가질 수가 없다. 즉, 만들지 않든지 아니면 일정 수량을 만들어야 하기 때문이다]

위의 목적함수와 두 개의 제약식 그리고 비음 조건을 만족하는 그래프를 다음과 같이 나타낼 수 있다.

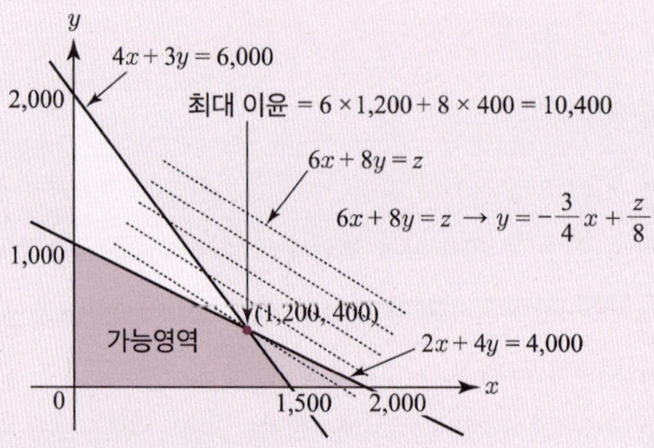

그림 12-1 제약조건과 목적함수의 그래프를 이용한 최적해의 결정

이 그림에서 짙은 부분은 두 개의 제약식과 변수의 비음조건을 만족하는 부분이다. 즉, 이 부분을 가능영역(feasible region)이라 한다. 가능영역이란 해가 있을 수 있는 부분을 말한다. 이제 목적함수 $6x+8y=z$를 y에 대해 정리하면 다음과 같다.

$$y=-\frac{6}{8}x+\frac{z}{8}=-\frac{3}{4}x+\frac{z}{8}$$

따라서 가능영역 내에서 z값이 최대가 되도록 하면, 이 값은 $x=1,200$이고 $y=400$인 값에서 발생하고, 그때의 z값은 10,400임을 알 수 있다. 따라서 문제의 해는 $x=1,200$이고 $y=400$이다.

2. 심플렉스법

이제 아래 선형계획법을 풀기 위해 사용되는 심플렉스법(simplex method)을 설명하고자 한다.

$$\begin{aligned} \max\ z &= px \\ \text{s.t. } Ax &\geq b \\ x &\geq 0 \end{aligned}$$

$Ax = b$를 이용해 이 선형계획법의 해를 구하기 위해서는 주어진 제약식의 부등식을 등식 형태로 변경하여야 한다. 등식 형태로 변경하기 위해서는 각 제약식당 한 개의 여유변수가 필요하고 총 m개의 제약식이 있으므로 총 m개의 여유변수가 필요하다. 그러면 원래 주어진 n개의 변수에 여유변수 m개가 더해져 총 $n+m$개의 변수가 있게 된다. 결론적으로 아래와 같이 주어지고 이를 표준형이라고 한다.

$$\max\ px$$

$$\text{s.t.}\quad A'x' = b\,(b \geq 0)$$

$$x' \geq 0$$

여기서,

$$A' = (A \mid I)$$

$$x' = (x_1, \cdots, x_n, s_1, \cdots, s_m)$$

참고로 표준형에서 원래 주어진 n개의 변수를 **구조변수**(structural variable)라 하고 등식을 만들기 위해 추가된 m개의 변수를 여유변수라 한다. 행렬에서 이미 배운 대로 총 제약식의 수는 m개이고 총 변수의 수는 $m+n$개이므로 이 $m+n$개의 변수 중 n개는 0이 될 수밖에 없다. 그러면 어떤 것을 0으로 할 것인가? 원 문제에 있는 x에 속한 n개의 변수를 0으로 하는 것이 좋다. 왜냐하면 부등식으로 된 제약식을 등식으로 만들기 위해 추가된 여유변수는 계수가 1이므로 x에 속한 변수가 0이 되면 이 여유변수의 값은 바로 제약식의 우변에 있는 값과 같아 여유변수의 값을 바로 구할 수 있기 때문이다.

이처럼 $n+m$개의 변수 중 n개를 0으로 한 점은 기본해(basic solution)라 한다. 만약 이 기본해가 가능영역에 있는 가능해이면 기본가능해(basic feasible solution, BFS)라고 한다. 각 기본가능해는 가능 영역의 꼭짓점에 대응된다. 선형계획법의 해는 하나 또는 하나 이상의 기본가능해에서 주어진다.

이제 선형계획법을 푸는 심플렉스법의 핵심에 대해 설명하고자 한다. 먼저 출발점으로 특정한 기본가능해를 선택한다(앞에서 설명한 대로 여유변수가 우변의 상수값을 갖도록 원 변수가 0이 되는데, 이는 바로 원점에 해당한다). 그러고 나서 이 출발점인 기본가능해에서 목적함수가 최적해에 더 가까워지도록 다른 기본가능해로 이동해 간다. 이러한 이동과정을 **피벗팅**(pivoting)이라고 한다. 당연히 목적함수가 최적해에 일치하면 이 이동과정도 중단이 된다.

다시 한 번 강조하지만 심플렉스 표에서의 변수의 변화는 목적함수의 값을 개선하는 쪽으로 이루어져야 한다. 새로운 **투입변수**(entering variable)는 목적함수에 가장 큰 기여를 하는 양의 값을 갖는 변수로 선택한다. 이제 이 변수가 투입변수로 들어오면 나가는 변수를 선택해야 한다. 나가는 변수, 즉 **퇴출변수**(leaving variable)는 심플렉스 표에서 들어오는 변수, 즉 투입변수에 있는 열(column) 중 다음의 비율이 가장 작은 비음(nonnegative)의 행(row)을 선택한다. 이를 최소비율 테스트(minimum ration test)라고 한다.

$$\frac{b_i}{a_{ij}}\ (i=1,\ \cdots,\ m)\quad (x_j\text{가 진입변수로 선택된 경우})$$

그 이유는 이보다 더 큰 비율을 갖는 것을 선택하면 x가 비음인 조건을 충족하지 못하는 경우가 발생하기 때문이다. 즉, $b_i - a_{ij}x_j \geq 0\ (i=1,\cdots,m)$ (모든 비음인 a_{ij}에 대해)가 성립되지 않을 수 있기 때문이다. 이는 새로운 진입변수 x_j가 한 단위 증가할 때마다 자원을 a_{ij}만큼 사용하기 때문에 진입변수 x_j를 아무리 증가시키더라도 주어진 자원의 가용량 b_i 한도 내에서만 증가시킬 수 있음을 의미한다. 즉, $b_i - a_{ij}x_j \geq 0$ 을 뜻한다. $b_i - a_{ij}x_j \geq 0$를 x_j에 대해 풀면 $x_j \leq \dfrac{b_i}{a_{ij}}$이고, 이것이 a_{ij}가 비음인 모든 i(즉, 제약식)에 대해 성립해야 하므로 이들 중 최솟값에 대응하는 i가 퇴출변수가 될 수밖에 없다.

그러면 심플렉스법은 언제 끝이 나는가? 목적함수 값에 기여하는 투입변수가 더 이상 없을 때, 즉 목적함수에 대응하는 행에서 양의 값을 갖는 변수가 더 이상 없을 때 끝이 난다.

만일 제약식이 $Ax \geq b$인 경우는 어떻게 처리할까? 이 경우는 $Ax - t = b$로 부등식을 등식으로 만들고 나서(주의할 점은 이 경우는 t의 계수가 음수로서 앞의 여유변수와는 달리 답을 제약식 오른편의 b로 할 수가 없어, 즉 $t=-b$가 되어 t가 음수로 문제가 발생함) 다시 **인공변수**(artificial variable)인 v를 추가해 $Ax - t + v = b$로 한다. 이 경우 v는 우리가 실제로 원하는 변수가 아니고 최종적으로는 없어지기를 바라므로 목적함수 행에 $-Mv$를 두어(이때 M은 아주 큰 값임) 목적함수의 값을 대폭 감소시키는 것으로 설정을 해 둔다. 그러면 최종단계에서 목적함수의 값을 최대화하는 것이 우리가 풀고자 하는 문제이므로 심플렉스에서 v를 먼저 없애는 것이 중요하다. 다시 말해 M은 인공변수 v를 사용하는데 따른 페널티(penalty)로, 이렇게 함으로써 최종 해에서 v의 값은 0이 되고 이 해는 원래 우리가 의도했던 문제를 풀었음을 의미한다. 이는 뒤의 예제에서 보다 자세하게 설명할 것이다.

다음 예제를 보자.

예제 12-2 심플렉스 적용

문제 **예제 12-1에 심플렉스법을 적용해 풀기 위해 심플렉스 표에 옮겨보자.**

풀이 먼저 다음과 같이 표준형으로 변환한다. 여기서 x, y는 구조변수이고 u, v는 여유변수이다.

$$\begin{aligned} \max\ 6x + 8y &= z \\ 2x + 4y + u &= 4{,}000 \\ 4x + 3y + v &= 6{,}000 \\ x,\ y,\ u,\ v &\geq 0 \end{aligned}$$

이제 위의 문제를 심플렉스법을 적용해 풀기 위해 다음과 같이 심플렉스 표(simplex tableau)에 옮겨보자.

$$\begin{array}{c} \\ u \\ v \\ \\ \end{array} \begin{array}{c} \quad x\ \ y\ \ u\ \ v \\ \left[\begin{array}{cccc|c} 2 & 4 & \boxed{1} & \boxed{0} & 4{,}000 \\ 4 & 3 & \boxed{0} & \boxed{1} & 6{,}000 \\ 6 & 8 & 0 & 0 & z \end{array}\right] \end{array} \longrightarrow$$

단위행렬 부분을 읽으면
$(x,\ y,\ u,\ v) = (0,\ 0,\ 4{,}000,\ 6{,}000)$이다.
이때의 $z = 0$

이 경우 여유변수에 해당하는 부분은 항등행렬로 x와 y가 0이면 $u = 4{,}000$, $v = 6{,}000$이라고 바로 알 수 있다. 앞에서 이미 설명하였듯이 변수가 4개(구조변수 2개와 여유변수 2개)에 식이 2개이므로 변수 2개를 0으로 해야 하는데, 이 경우 항등행렬을 활용해 답을 바로 구하기 위해 x와 y를 0으로 둔 것이다. 이때의 목적함수 값 $z = 0$이 된다. 이때의 x와 y의 값은 원점에 해당이 된다. 따라서 $(t,\ u)$를 기저(basis)로 갖는 기본가능해는 원점에 대응된다. 참고로 현재의 기저변수를 심플렉스 표의 왼편에 적어야 함을 유의하기 바란다. 여기에 해당하는 그림이 아래에 주어져 있다. 그림에서 원점은 ①로 표시되어 있고, 심플렉스의 시작을 의미한다.

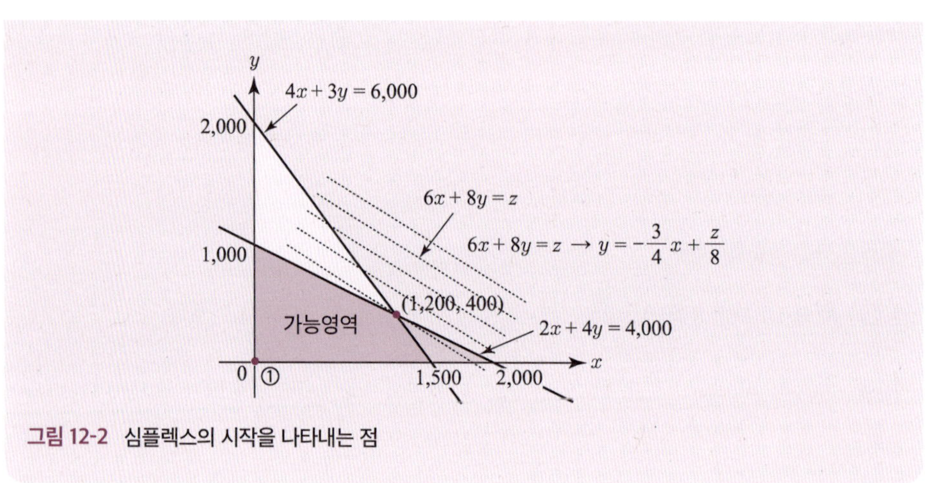

그림 12-2 심플렉스의 시작을 나타내는 점

이제 심플렉스 표에서의 변수의 변화는 목적함수의 값을 개선하는 쪽으로 이루어져야 한다. 먼저 목적함수의 값 $z=0$인 상태에서 기본가능해인 $(x,\ y,\ u,\ v)=(0,\ 0,\ 4{,}000,\ 6{,}000)$으로부터 시작한다.

예제 12-3 투입변수와 퇴출변수의 선택

문제 이제 어떤 변수를 투입시키고 어떤 변수를 퇴출시킬지 정하고 심플렉스법을 한 단계 적용해 보자.

풀이 x를 한 단위 증가시키면 목적함수 값 z는 6이 증가하고 y를 한 단위 증가시키면 목적함수 값 z는 8이 증가한다. 따라서 y 한 단위 증가가 x 한 단위 증가보다 목적함수의 증가에 더 큰 기여를 하므로 새로운 기저를 만들기 위해 y를 새로운 투입변수로 택한다. y가 투입변수로 들어왔으므로 퇴출 변수를 선택해야 한다. 퇴출 변수는 심플렉스 표에서 투입변수인 y에 있는 열(column) 중 다음의 비율이 가장 작은 비음(nonnegative)의 행(row)을 선택한다.

$$\frac{b_i}{a_{i2}}\ (i=1,2)\ \text{여기선 } y\text{가 투입변수로 선택됨}$$

즉, y가 있는 열의 비음인 값 4와 3에 대응되는 $\frac{4{,}000}{4}$과 $\frac{6{,}000}{3}$ 중 작은 값(여기선 $\frac{4{,}000}{4}$)을 갖는 4에 관련된 u가 퇴출변수가 된다. 이것이 다음에 나타나 있다.

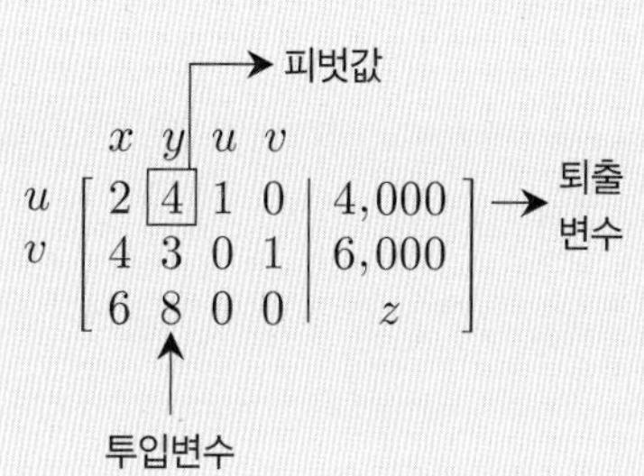

- 목적함수에 가장 기여를 많이 하는 y를 투입변수로 선택
- 투입변수인 y에 해당하는 열에 대해 최소비율 테스트

$\min\left(\frac{4,000}{4},\ \frac{6,000}{3}\right) = \min(1,000,\ 2,000) = 1,000$인 u가 퇴출변수
(왜냐하면 $4,000 - 4y \geq 0$와 $6,000 - 3y \geq 0$을 동시에 만족해야 하기 때문이다)

이제 이 4를 피벗값(pivot element)으로 하여 기본행 연산을 적용하여야 하므로 이 4를 1로 만들어야 한다. 이는 첫 행을 4로 나누면 되고 이어서 1로 된 것 위아래의 값을 기본 행연산을 통해 0으로 만든다. 이 과정이 아래에 나와 있다.

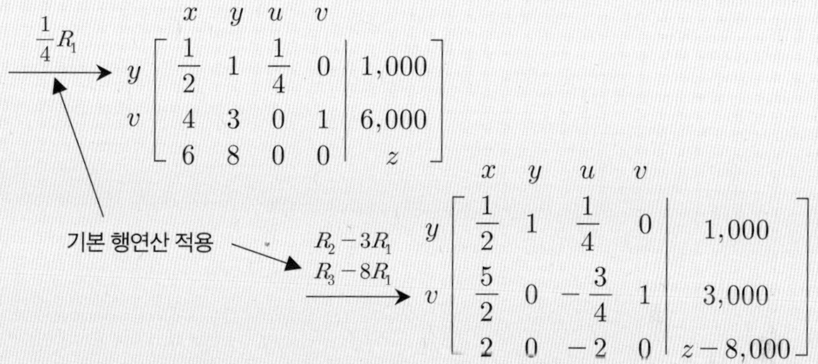

위의 최종결과를 다음과 같이 정리하고 항등행렬을 중심으로 값을 읽으면 $y = 1,000$, $v = 3,000$이다. 그리고 이때의 z값은 $8,000$으로 전 단계에 비해 $8,000$만큼 이윤이 증가했음을 알 수 있다.

$$
\begin{array}{c} \\ y \\ v \\ \\ \end{array}
\begin{array}{c}
\begin{array}{cccc} x & y & u & v \end{array} \\
\left[\begin{array}{cccc|c}
\frac{1}{2} & \boxed{1} & \frac{1}{4} & \boxed{0} & 1,000 \\
\frac{5}{2} & \boxed{0} & -\frac{3}{4} & \boxed{1} & 3,000 \\
2 & 0 & -2 & 0 & z - 8,000
\end{array}\right]
\end{array}
$$

<u>항등행렬</u> 부분을 읽으면
② $(x,\ y,\ u,\ v) = (0,\ 1,000,\ 0,\ 3,000)$
이때의 $z = 8,000$

이를 심플렉스에 나타내면 다음과 같다. 그림에서 보듯이 이전 단계인 원점 ①에서 ②로 해가 옮겨갔음을 알 수 있다.

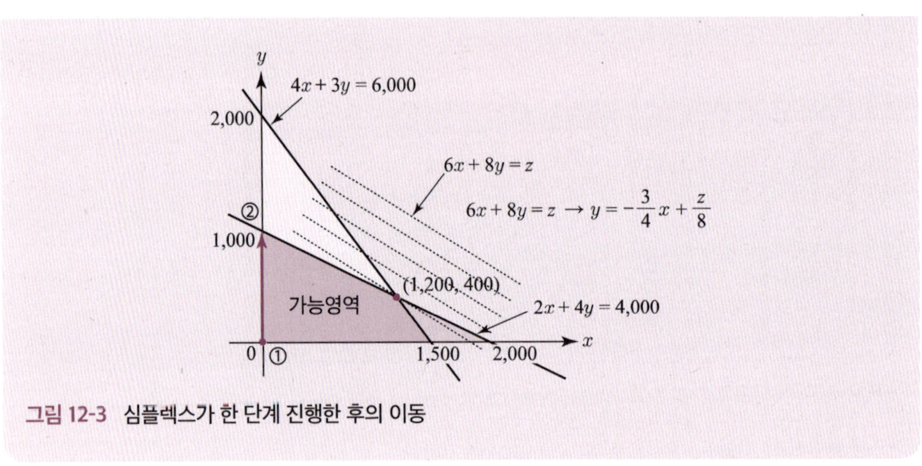

그림 12-3 심플렉스가 한 단계 진행한 후의 이동

이제 우리가 할 일은 이 답이 최적해임을 확인하는 것이다. 최적해임이 확인되면 여기서 멈추면 되고 최적해가 아니면 한 단계 더 진행하여야 한다.

예제 12-4 최적해 여부의 판정

문제 **위의 예제 12-3에서 구한 해가 최적해인가?**

풀이 목적함수 행에 아직 양수값 2를 가진 x가 있으므로 x를 투입변수로 하여 한 단계 더 진행하여야 한다. 이 과정은 다음과 같다.

퇴출변수는 투입변수 x에 있는 열 중 다음의 비율이 가장 작은 비음의 행을 선택한다.

$$\frac{b_i}{a_{i1}} \ (i = 1, 2) \text{ 여기선 } x\text{가 투입변수로 선택됨}$$

즉, x가 있는 열의 비음인 값 $\frac{1}{2}$과 $\frac{5}{2}$에 대응되는 $\frac{1,000}{1/2}$과 $\frac{3,000}{5/2}$ 중 작은 값(여기서는 $\frac{3,000}{5/2}$)을 갖는 $\frac{5}{2}$에 관련된 v가 퇴출변수가 된다.

$$\begin{array}{c} \\ y \\ v \\ \\ \end{array}\begin{array}{c} \begin{array}{cccc} x & y & u & v \end{array} \\ \left[\begin{array}{cccc|c} \frac{1}{2} & 1 & \frac{1}{4} & 0 & 1,000 \\ \boxed{\frac{5}{2}} & 0 & -\frac{3}{4} & 1 & 3,000 \\ 2 & 0 & -2 & 0 & z-8,000 \end{array}\right] \end{array} \rightarrow \text{퇴출 변수}$$

↑ 투입변수

- 투입변수는 x
- 퇴출변수는 v

(왜냐하면 $\min\left(\frac{1,000}{\frac{1}{2}}, \frac{3,000}{\frac{5}{2}}\right) = \min(2,000,\ 1,200) = 1,200$)

이제 이 $\frac{5}{2}$를 피벗값으로 하여 기본 행연산을 적용하여야 하므로, 이 $\frac{5}{2}$를 1로 만들어야 한다. 이는 첫 행을 $\frac{2}{5}$로 곱하면 되고 이어서 1로 된 것 위아래의 값을 기본 행연산을 통해 0으로 만든다. 이 과정이 아래에 나와 있다.

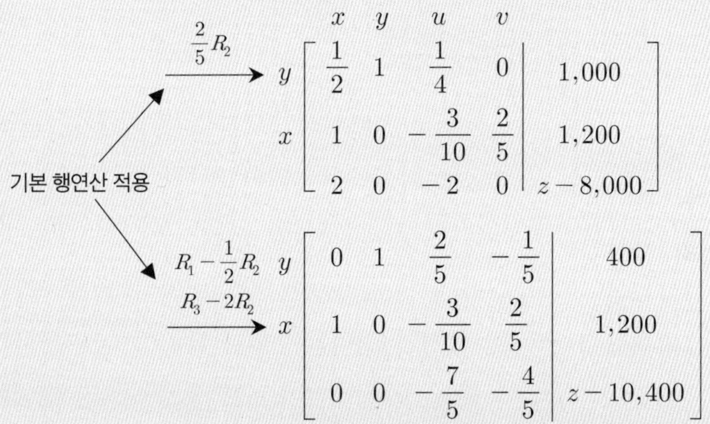

위의 최종결과를 다음과 같이 정리하고 항등행렬을 중심으로 값을 읽으면 $x = 1,200$, $y = 400$이다. 그리고 이때의 z값은 $10,400$으로 전 단계에 비해 $2,400$만큼 이익이 증가했음을 알 수 있다.

$$\begin{matrix} y \\ x \\ \\ \end{matrix}\left[\begin{array}{cccc|c} 0 & 1 & \frac{2}{5} & -\frac{1}{5} & 400 \\ 1 & 0 & -\frac{3}{10} & \frac{2}{5} & 1,200 \\ 0 & 0 & -\frac{7}{5} & -\frac{4}{5} & z-10,400 \end{array}\right]$$

항등행렬 부분을 읽으면
③ $(x, y, u, v) = (1,200, 400, 0, 0)$
이때의 $z = 10,400$

이를 심플렉스에 나타내면 다음과 같다. 그림에서 보듯이 이전 단계인 ②에서 ③으로 해가 옮겨갔음을 알 수 있다.

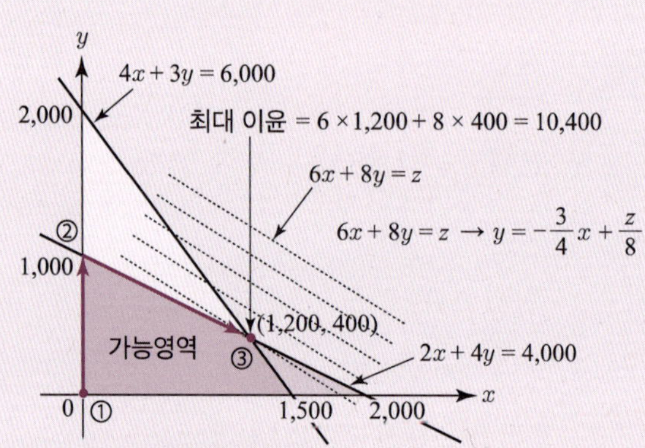

그림 12-4 심플렉스가 최적해에 도달했음을 보여줌

이젠 목적함수 행에 양수값을 갖는 변수가 없으므로 최적해에 도달했음을 알 수 있다. 심플렉스법에 따른 이제까지의 풀이과정을 그림에서 보면, 처음 ① $(x, y) = (0, 0)$ (원점)에서 출발하여 ② $(0, 1{,}000)$을 거쳐 ③ $(1{,}200, 400)$ (최적해)에 도달하였음을 알 수 있다.

이제 최소화 문제의 심플렉스법에 대해 알아보자. 먼저 다음 예제 12-5를 보자.

예제 12-5 최소화 문제의 심플렉스 표준형 변환

문제 **다음 최소화 문제를 심플렉스 표준형으로 변환하시오.**

$$\begin{aligned} &\min\ 6x + 8y \\ &\text{s.t.}\quad 2x + 4y \geq 4{,}000 \\ &\qquad\ \ 4x + 3y \geq 6{,}000 \\ &\qquad\qquad x,\ y \geq 0 \end{aligned}$$

풀이 먼저 이 문제를 표준형으로 변환하면 앞에서 설명한 대로 다음과 같다.

$$\begin{aligned} &\max\ -6x - 8y = -z \\ &\text{s.t.}\quad 2x + 4y - t + v = 4{,}000 \\ &\qquad\ \ 4x + 3y - u + w = 6{,}000 \\ &\qquad\ \ x,\ y,\ t,\ u,\ v,\ w \geq 0 \end{aligned}$$

이를 심플렉스 표에 정리하면 다음과 같다.

$$\begin{array}{c} \\ v \\ w \\ \\ \end{array}\begin{array}{c} \begin{array}{cccccc} x & y & t & u & v & w \end{array} \\ \left[\begin{array}{cccccc|c} 2 & 4 & -1 & 0 & 1 & 0 & 4{,}000 \\ 4 & 3 & 0 & -1 & 0 & 1 & 6{,}000 \\ -6 & -8 & 0 & 0 & -M & -M & -z \end{array}\right] \end{array}$$

앞에서 이미 설명한 대로 심플렉스 표의 v와 w는 우리가 실제로 원하는 변수가 아니고 최종적으로는 없어지기를 바라므로 목적함수 행에 이 변수 관련 $-M$을 두어 목적함수의 값을 대폭 감소시키는 것으로 설정해 둔다. 그러면 최종단계에서 목적함수의 값을 최대화하는 것이 우리가 풀고자 하는 문제이므로 심플렉스에서 v와 w를 먼저 없애는 것이 중요하다. 다시 말해 M은 인공변수 v와 w를 사용하는 데 따른 페널티(penalty)로 이렇게 함으로써 최종 해에서 v와 w의 값은 0이 되고, 이 해는 원래 우리가 의도했던 문제를 풀었음을 의미한다.

현재 변수가 6개에 식이 2개이므로 변수 4개를 0으로 해야 하는데 이 경우 항등행렬을 활용해 답을 바로 구하기 위해 x, y, t, u를 0으로 둔다. 이때의 목적함수 값 $z=0$이 된다. 이때의 x와 y의 값은 각각 0으로 원점에 해당된다. 따라서 $(v,\ w)$를 기저(basis)로 갖는 기본가능해는 원점에 대응된다. 참고로 현재의 기저변수를 심플렉스 표의 왼편에 적어야 함을 유의하기 바란다. 여기에 해당하는 그림이 아래에 주어져 있다. 그림에서 원점은 ①로 표시되어 있고 심플렉스의 시작을 의미한다.

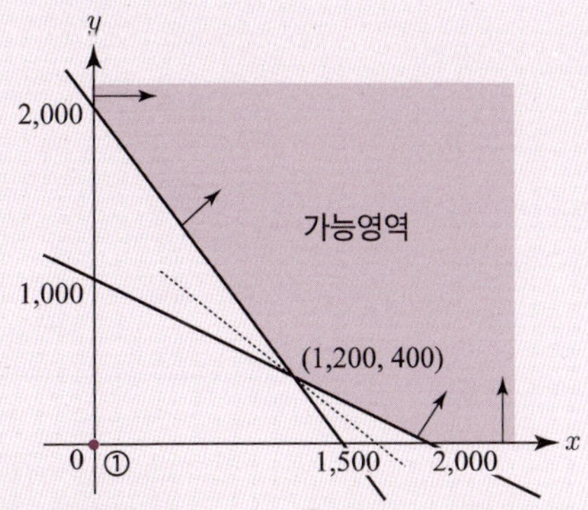

그림 12-5 심플렉스의 시작을 나타내는 점

이제 우리가 해야 할 것은 앞의 원점에서 목적함수가 최적해에 더 가까워지도록 다른 해로 한 단계 이동해가는 것이다. 이를 다음 예제를 통해 확인해 보자.

예제 12-6 목적함수의 개선

문제 **새로운 해를 찾기 위해 한 단계 더 진행해 보시오.**

풀이 이제 심플렉스 표에서의 변수의 변화는 목적함수의 값을 개선하는 쪽으로 이루어져야 한다. 먼저 목적함수의 값 $z=0$인 상태에서 기본가능해인 $(x, y, t, u, v, w) = (0, 0, 0, 0, 4{,}000, 6{,}000)$으로부터 시작한다.

목적함수와 관련된 마지막 행에서 우리가 최종 해에서 원하지 않은 v와 w를 먼저 없애기 위해 v와 w 아래에 있는 M을 먼저 없애는 것이 중요하다. 이는 첫 번째 행의 M배와 두 번째의 행의 M배를 세 번째 행에 더함으로써 가능하다. 이것은 다음의 심플렉스 표를 통해 알 수 있다.

$$\xrightarrow{R_3+MR_1+MR_2}\begin{array}{c} \\ v \\ w \\ \\ \end{array}\begin{array}{c} \begin{array}{cccccc} x & y & t & u & v & w \end{array} \\ \left[\begin{array}{cccccc|c} 2 & \boxed{4} & -1 & 0 & 1 & 0 & 4{,}000 \\ 4 & 3 & 0 & -1 & 0 & 1 & 6{,}000 \\ -6+6M & -8+7M & -M & -M & 0 & 0 & -z+10{,}000M \end{array}\right] \end{array} \rightarrow \text{퇴출변수}$$

↑ 투입변수 (y 열)

위의 심플렉스 표에서 보듯이 우리가 원하는 대로 v와 w 아래의 M은 없어졌다. 이제 앞에서 설명한 대로 투입변수와 퇴출변수를 정하면 투입변수는 y이고 퇴출변수는 v가 된다(각자 확인 바람). 이제 이 4를 피벗값으로 하여 기본행 연산을 적용하여야 하므로 이 4를 1로 만들어야 한다. 이는 첫 행을 4로 나누면 되고 이어서 1로 된 것 위 아래의 값을 기본행 연산을 통해 0으로 만든다. 이 과정들이 아래에 나와 있다.

$$\xrightarrow{\frac{1}{4}R_1}\begin{array}{c} \\ y \\ w \\ \\ \end{array}\begin{array}{c} \begin{array}{cccccc} x & y & t & u & v & w \end{array} \\ \left[\begin{array}{cccccc|c} \frac{1}{2} & 1 & -\frac{1}{4} & 0 & \frac{1}{4} & 0 & 1{,}000 \\ 4 & 3 & 0 & -1 & 0 & 1 & 6{,}000 \\ -6+6M & -8+7M & -M & -M & 0 & 0 & -z+10{,}000M \end{array}\right] \end{array}$$

↑ 기본 행연산 적용

기본 행연산 적용

$$\xrightarrow[\substack{R_2-3R_1 \\ -(-8+7M)R_1}]{} \begin{array}{c} \\ y \\ w \\ \\ \end{array} \left[\begin{array}{cccccc|c} x & y & t & u & v & w & \\ \frac{1}{2} & 1 & -\frac{1}{4} & 0 & \frac{1}{4} & 0 & 1{,}000 \\ \frac{5}{2} & 0 & \frac{3}{4} & -1 & -\frac{3}{4} & 1 & 3{,}000 \\ -2+\frac{5}{2}M & 0 & -2+\frac{3}{4}M & -M & 2-\frac{7}{4}M & 0 & \begin{array}{c}-z+8{,}000 \\ +3{,}000M\end{array} \end{array}\right]$$

위의 최종결과를 다음과 같이 정리하고 항등행렬을 중심으로 값을 읽으면 $y=1{,}000$, $w=3{,}000$이다. 그리고 이때의 z값은 $8{,}000+3{,}000M$으로 전 단계 $10{,}000M$에 비해 비용이 감소했음을 알 수 있다.

$$\begin{array}{c} \\ y \\ w \\ \\ \end{array} \left[\begin{array}{cccccc|c} x & y & t & u & v & w & \\ \frac{1}{2} & \boxed{1} & -\frac{1}{4} & 0 & \frac{1}{4} & \boxed{0} & 1{,}000 \\ \frac{5}{2} & \boxed{0} & \frac{3}{4} & -1 & -\frac{3}{4} & \boxed{1} & 3{,}000 \\ -2+\frac{5}{2}M & 0 & -2+\frac{3}{4}M & -M & 2-\frac{7}{4}M & 0 & \begin{array}{c}-z+8{,}000 \\ +3{,}000M\end{array} \end{array}\right]$$

이를 심플렉스에 나타내면 다음과 같다. 그림에서 보듯이 이전 단계인 원점 ①에서 ②로 해가 옮겨갔음을 알 수 있다.

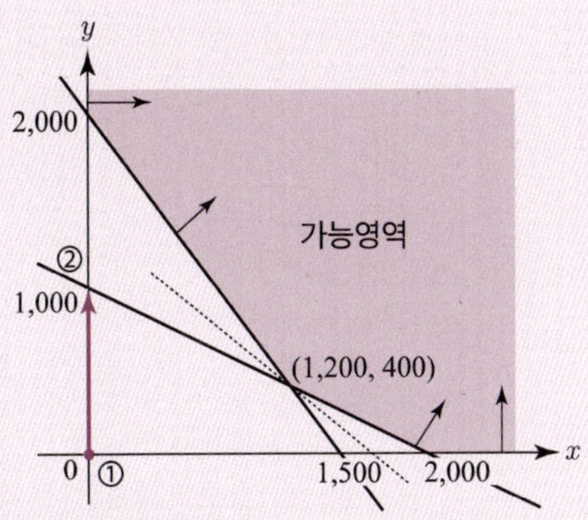

그림 12 6 심플렉스가 한 단계 진행한 후의 이동

우리가 할 일은 이 답이 최적해임을 확인하는 것이다. 최적해임이 확인되면 여기서 멈추면 안 되고 최적해가 아니면 한 단계 더 진행하여야 한다.

예제 12-7 최적해 여부의 판정

문제 앞에서 구한 해가 최적해인가?

$$\begin{array}{c} \\ y \\ w \\ \\ \end{array}\left[\begin{array}{cccccc|c} x & y & t & u & v & w & \\ \frac{1}{2} & \boxed{1} & -\frac{1}{4} & 0 & \frac{1}{4} & \boxed{0} & 1,000 \\ \frac{5}{2} & \boxed{0} & \frac{3}{4} & -1 & -\frac{3}{4} & \boxed{1} & 3,000 \\ -2+\frac{5}{2}M & 0 & -2+\frac{3}{4}M & -M & 2-\frac{7}{4}M & 0 & \begin{array}{c}-z+8,000\\+3,000M\end{array} \end{array}\right] \longrightarrow \text{퇴출변수}$$

↑ 투입변수 (x 열)

풀이 목적함수 행에 아직 양수값 $-2+\frac{5}{2}M$과 $-2+\frac{3}{4}M$을 갖는 x와 t가 있으므로 아직 최적해가 아니다. 따라서 이 중 더 큰 값을 갖는 x를 투입변수로 그리고 이에 대응하는 w를 퇴출변수로 하여 한 단계 더 진행한다. 따라서 $\frac{5}{2}$를 피벗값으로 하여 기본 행연산을 적용하여야 하므로 이 $\frac{5}{2}$를 1로 만들어야 한다. 이는 첫 행을 $\frac{2}{5}$로 곱하면 되고 이어서 1로 된 것 위아래의 값을 기본 행연산을 통해 0으로 만든다. 이 과정이 아래에 나와 있다.

$$\xrightarrow{\frac{2}{5}R_2}\begin{array}{c} \\ y \\ x \\ \\ \end{array}\left[\begin{array}{cccccc|c} x & y & t & u & v & w & \\ \frac{1}{2} & 1 & -\frac{1}{4} & 0 & \frac{1}{4} & 0 & 1,000 \\ 1 & 0 & \frac{3}{10} & -\frac{2}{5} & -\frac{3}{10} & \frac{2}{5} & 1,200 \\ -2+\frac{5}{2}M & 0 & -2+\frac{3}{4}M & -M & 2-\frac{7}{4}M & 0 & \begin{array}{c}-z+8,000\\+3,000M\end{array} \end{array}\right]$$

기본 행연산 적용

$$\xrightarrow[R_3-\left(-2+\frac{5}{5}M\right)R_2]{R_1-\frac{1}{2}R_2}\begin{array}{c} \\ y \\ x \\ \\ \end{array}\left[\begin{array}{cccccc|c} x & y & t & u & v & w & \\ 0 & 1 & -\frac{2}{5} & \frac{1}{5} & \frac{2}{5} & -\frac{1}{5} & 400 \\ 1 & 0 & \frac{3}{10} & -\frac{2}{5} & -\frac{3}{10} & \frac{2}{5} & 1,200 \\ 0 & 0 & -\frac{7}{5} & -\frac{4}{5} & \frac{7}{5}-M & \frac{4}{5}-M & -z+10,400 \end{array}\right]$$

위의 최종결과를 다음과 같이 정리하고 항등행렬을 중심으로 값을 읽으면 $y=400$, $x=1,200$이다. 그리고 이때의 z값은 10,400으로, 전 단계 $8,000+3,000M$에 비해 비용이 감소했음을 알 수 있다.

$$\begin{array}{c} \\ y \\ x \\ \\ \end{array}\begin{array}{c} \begin{array}{cccccc} x & y & t & u & v & w \end{array} \\ \left[\begin{array}{cccccc|c} \boxed{0} & \boxed{1} & -\frac{2}{5} & \frac{1}{5} & \frac{2}{5} & -\frac{1}{5} & 400 \\ \boxed{1} & \boxed{0} & \frac{3}{10} & -\frac{2}{5} & -\frac{3}{10} & \frac{2}{5} & 1,200 \\ 0 & 0 & -\frac{7}{5} & -\frac{4}{5} & \frac{7}{5}-M & \frac{4}{5}-M & -z+10,400 \end{array}\right] \end{array}$$

이를 심플렉스에 나타내면 다음과 같다. 그림에서 보듯이 이전 단계인 원점 ②에서 ③으로 해가 옮겨갔음을 알 수 있다.

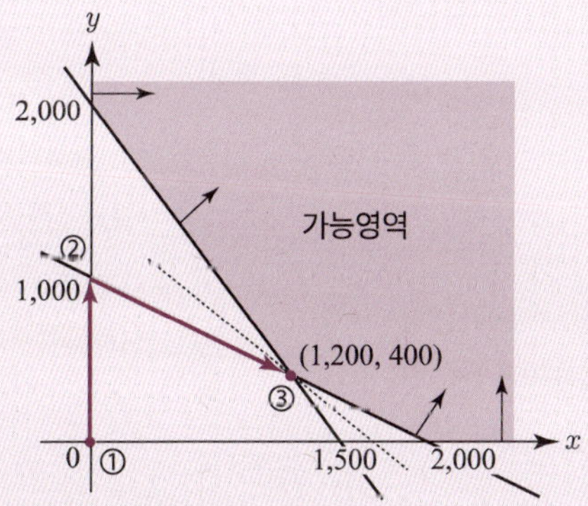

그림 12-7 심플렉스가 최적해에 도달했음을 보여줌

이젠 목적함수 행에 양수값을 갖는 변수가 없으므로 최적해에 도달했음을 알 수 있다. 심플렉스법에 따른 이제까지의 풀이과정을 그림에서 보면, 처음 ① $(x, y)=(0, 0)$ (원점)에서 출발하여 ② $(0, 1,000)$을 거쳐 ③ $(1,200, 400)$ (최적해)에 도달하였음을 알 수 있다. 이 경로의 특징은 앞의 최대화 문제와는 달리 가능영역이 아닌 곳에서 출발하여 최종적으로 가능영역에 도달하였다는 점이다.

3. 쌍대 심플렉스법

모든 최대화 선형계획 문제에는 관련된 최소화 선형계획 문제가 있다. 물론 반대의 경우도 성립한다. 따라서 선형계획 문제는 쌍으로 존재한다. 원래의 문제를 **원문제**(primal problem)라 하고, 이와 관련된 문제를 **쌍대문제**(dual problem)라 한다.

이론적으로 쌍대문제는 수학적으로 표현만 다를 뿐 원문제와 동일하지만 경제적인 해석을 가능하게 해준다는 데 의미가 있다. 그리고 쌍대문제의 최적해는 원문제의 최적해를 가질 때에만 가능하고 이때 두 문제의 최적해에 대한 목적함수의 값은 같다.

이제 앞에서 다룬 아래의 문제를 고려해 보자.

$$\begin{aligned} &\max\ 6x_1 + 8x_2 \\ &\text{s.t.}\quad 2x_1 + 4x_2 \le 4{,}000 \\ &\qquad 4x_1 + 3x_2 \le 6{,}000 \\ &\qquad x_1, x_2 \ge 0 \end{aligned}$$

이를 각 제약식에 대응하는 새로운 변수 y_1과 y_2를 이용해 쌍대문제로 변환하면 다음과 같다.

$$\begin{aligned} &\min\ 4{,}000y_1 + 6{,}000y_2 \\ &\text{s.t.}\quad 2y_1 + 4y_2 \ge 6 \\ &\qquad 4y_1 + 3y_2 \ge 8 \\ &\qquad y_1, y_2 \ge 0 \end{aligned}$$

여기에 대해 추가로 설명을 하면, 원문제의 각 결정변수 x_1과 x_2의 열에 대해 대응되는 하나의 제약조건이 쌍대문제에 있게 된다. 쌍대문제의 제약조건에 있어 우변의 값은 원문제에 대응되는 목적함수의 값이 된다. 이제 이를 풀기 위해 다음과 같이 앞에서 설명된 선형계획법의 기본모형(최대화 형태)으로 먼저 변형한다.

$$\begin{aligned} &\max\ -4{,}000y_1 - 6{,}000y_2 \\ &\text{s.t.}\quad -2y_1 - 4y_2 \le -6 \\ &\qquad -4y_1 - 3y_2 \le -8 \\ &\qquad y_1, y_2 \ge 0 \end{aligned}$$

이어 심플렉스법을 적용해 최적해를 구하기 위해 다음과 같이 심플렉스 표준형으로 만든다.

$$\begin{aligned} &\max -4{,}000y_1 - 6{,}000y_2 = z \\ &\text{s.t.} \quad -2y_1 - 4y_2 + s = -6 \\ &\qquad\quad -4y_1 - 3y_2 + t = -8 \\ &\qquad\qquad y_1, y_2, s, t \geq 0 \end{aligned}$$

이렇게 심플렉스 표준형으로 변환하면 우변이 양수가 아닌 음수가 된다. 이에 최적해를 찾을 수 있는 쌍대 심플렉스법(dual simplex method)을 설명하려고 한다.

쌍대 심플렉스법에서는 심플렉스법과 달리 우변의 상수값 중 절댓값이 제일 큰 음수를 갖는 값에 대응하는 변수가 퇴출변수가 되고, 그 행에 해당하는 열들의 값 중 음수에 대해 p_j/a_{ij}를 계산해(여기서는 i행이 퇴출변수에 해당하는 행이고 p_j는 목적함수에 대응하는 값이다) 최솟값을 갖는 변수가 투입변수가 된다. 이에 따라 쌍대 심플렉스법을 적용해 본다.

먼저 심플렉스 표로 나타내면 다음과 같다.

피벗값

현재의 값 ① $(y_1, y_2, s, t) = (0, 0, -6, -8)$

$$\begin{array}{c} \\ s \\ t \\ \\ \end{array} \begin{array}{c} \begin{array}{cccc|c} y_1 & y_2 & s & t & \end{array} \\ \left[\begin{array}{cccc|c} -2 & -4 & 1 & 0 & -6 \\ \boxed{-4} & -3 & 0 & 1 & -8 \\ -4{,}000 & -6{,}000 & 0 & 0 & z \end{array} \right] \end{array}$$

→ 퇴출변수

↑ 투입변수

- 음수 중 절댓값이 가장 큰 것에 대응하는 t를 퇴출변수로 선택
- 퇴출변수에 해당하는 행을 대상으로 음수계수에 대해 다음 중 최솟값을 갖는 변수인 y_1을 투입변수로 선정

$$\min\left(\frac{-4{,}000}{-4}, \frac{-6{,}000}{-3}\right) = \min(1{,}000, 2{,}000) = 1{,}000$$

이제 피벗값인 -4를 1로 하고 1 위아래의 값을 0으로 하기 위해 다음과 같이 기본 행연산을 적용한다.

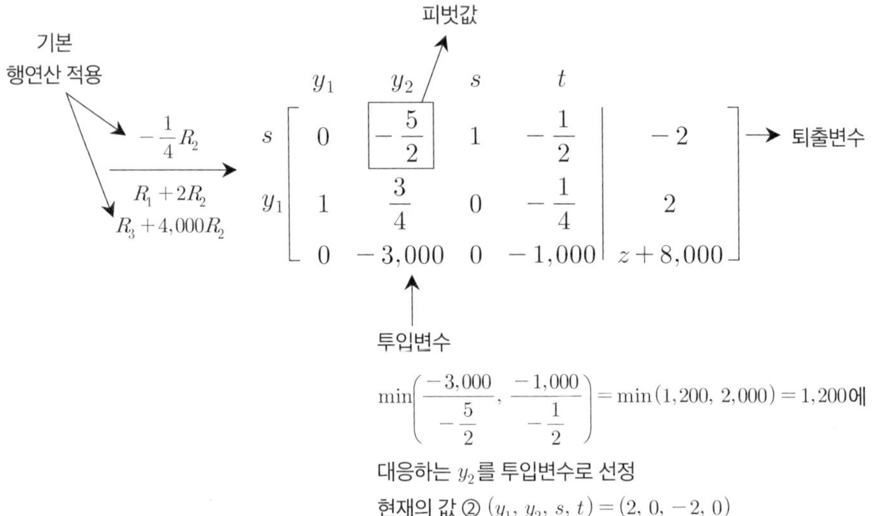

아직 우변에 음수인 값 -2가 있으므로 한 단계 더 진행하여야 한다. 이때 y_2가 투입변수인 이유가 위에 주어져 있다.

이제 피벗값인 -5/2를 1로 하고 1 위아래 값들을 0으로 하기 위해 다음과 같이 기본 행연산을 적용한다.

기본 행연산 적용: $-\frac{2}{5}R_2$, $R_2-\frac{3}{4}R_1$, $R_3+3,000R_1$

$$\xrightarrow[\substack{R_2-\frac{3}{4}R_1 \\ R_3+3,000R_1}]{-\frac{2}{5}R_2}\quad \begin{array}{c} \\ y_2 \\ y_1 \\ \\ \end{array}\begin{array}{c} \begin{array}{cccc} y_1 & y_2 & s & t \end{array} \\ \left[\begin{array}{cccc|c} 0 & 1 & -\frac{5}{2} & \frac{1}{5} & \frac{4}{5} \\ 1 & 0 & \frac{3}{10} & -\frac{2}{5} & \frac{7}{5} \\ 0 & 0 & -1,200 & -400 & z+10,400 \end{array}\right] \end{array}$$

현재의 값 ③ $(y_1,\ y_2,\ s,\ t)=\left(\frac{7}{5},\ \frac{4}{5},\ 0,\ 0\right)$

이제 우변의 값이 모두 양수이므로 최적이고 이때 목표함수의 값은 10,400으로 원문제의 최적해와 같음을 알 수 있다.

이제 쌍대변수의 의미에 대해 알아보기로 하자.

쌍대변수 y_i는 **그림자가격**(shadow price)이라고도 불리는데, 이는 원문제에서 제시된 자원, 즉 제약조건의 1단위에 대한 **기회비용**(opportunity cost) 또는 **한계가치**를 말한다. 이는 자원의 추가 구입에 따른 수익성의 검토나 자원 간의 우선순위를 평가하는 데 있어 유용하게 사용될 수 있다.

쌍대변수는 특정한 자원이 1단위 추가될 때 원문제의 목적함수가 얼마나 변화하는지를 나타낸다. 원문제에서 조립시간이 현재의 4,000시간에서 1시간 더 주어진다면 목적함수는 $y_1 = 7/5$만큼 증가한다. 마찬가지로 마무리 작업이 현재의 6,000시간에서 1시간 더 주어지면 목적함수는 $y_2 = 4/5$만큼 증가한다. 만일 $y_i = 0$이라면, 이는 제약조건에 있는 자원이 충분히 이용되지 않고 있음을 의미한다. 따라서 이 경우에는 이 자원을 증가시키더라도 목적함수의 값에는 변화가 없게 된다. 주어진 총자원의 총가치는 $4,000 \times 7/5 + 6,000 \times 4/5 = 10,400$이 되어 바로 쌍대문제의 목적함수의 최적값이 되고, 또한 원문제의 목적함수의 최적값과 일치한다.

또 하나 알아두어야 할 것은 $y_1 = 7/5$이므로, 자원의 한 단위 확보당 이 값보다 더 지불해야 하는 경우는 투자가 이루어질 이유가 없음을 의미한다.

연습문제

12.1 최소비용 테스트를 하는 이유를 설명하시오.

12.2 쌍대변수의 의미에 대해 설명하시오.

12.3 제품 A를 한 단위 생산하는 데는 6시간이 필요하고 제품 B를 한 단위 생산하는 데는 3시간이 필요하다. 그리고 제품 A는 단위당 0.75kg의 자원이 필요하고 제품 B는 단위당 1kg의 자원이 필요하다. 현재 가용한 생산시간은 1,200시간이고 가용한 자원은 250kg이다. 제품 A의 단위당 이윤은 2만 원이고 제품 B의 단위당 이윤은 1만 5,000원일 때 이윤을 최대화하기 위한 제품 A와 제품 B의 생산량을 그래프를 이용해 구하시오.

12.4 어느 카페에서 딸기 스무디 한 잔을 만드는 데는 딸기 200g과 우유 200mL, 딸기 주스 한 잔을 만드는 데는 딸기 100g과 우유 300mL가 사용된다. 그리고 딸기 스무디 한 잔으로부터는 3,000원의 이윤이, 딸기 주스 한 잔으로부터는 2,000원의 이윤이 주어진다. 하루 동안 사용할 수 있는 딸기의 양은 9kg이고 우유의 양은 15L이다. 이윤을 최대화하기 위해서는 몇 잔의 딸기 스무디와 딸기 주스를 만들어야 하는지 심플렉스법으로 풀어보시오(만들어진 음료는 모두 판매된다고 가정하라).

12.5 제품 A와 B를 생산하는 회사가 있다. 제품 A를 생산하려면 재료 4g과 기계작업 1시간이 필요하고, 제품 B를 생산하려면 재료 3g과 기계작업 2시간이 필요하다. 사용할 수 있는 재료의 양은 120g이고 사용가능한 기계작업은 40시간이다. 제품 A의 개당 이윤이 40원이고 제품 B의 개당 이윤이 60원일 때, 최대이윤을 얻기 위한 제품 A와 B의 생산량을 심플렉스법을 이용해 구하시오.

12.6 안암기업은 두 제품 A와 P를 생산하고 있다. 제품 A는 단위당 1의 노동과 단위당 1의 자본을 필요로 하고, 제품 P는 단위당 2의 노동과 단위당 1의 자본을 필요로 한다.

현재 가용한 노동은 40이고 자본은 30이다. 제품 A와 P가 각각 6,000원과 10,000원의 이윤을 가져다 준다고 했을 때, 최대이윤을 가져다 주는 A와 P의 생산량을 심플렉스법을 이용해 구하시오.

12.7 공장 A에서 제품 A와 B를 만들고 있다. 제품 A의 단위당 생산에는 5kg의 원료와 1kWh의 전력량이 필요하고, 제품 B의 생산에는 3kg의 원료와 1kWh의 전력량이 필요하다. 사용가능한 원료의 양은 600kg이고 사용가능한 전력량은 150kWh이다. 이때 제품 A는 단위당 450의 이윤이 발생하고, 제품 B는 단위당 300의 이윤이 발생한다고 할 때, 총이윤을 최대화하는 제품 A와 B의 생산량을 심플렉스법을 이용해 구하시오.

12.8 불고기 버거를 만들기 위해 100g의 패티 한 개당 단백질(살코기) 75g과 지방 15g이 최소 필요하다. 소고기에는 100g당 단백질 23g과 지방 3g이 함유되어 있고, 돼지고기에는 100g당 단백질 20g과 지방 5g이 함유되어 있다. 소고기와 돼지고기의 조달 비용은 100g당 각각 1,700원과 480원이다. 불고기 버거를 원재료 조달 비용을 최소화하여 만들려면 소고기와 돼지고기를 얼마나 구매해야 하는지 심플렉스법으로 풀어보시오.

12.9 아래 문제를 쌍대문제로 변환하시오.

max $5x_1 + 10x_2$

s.t. $x_1 + 3x_2 \leq 50$

$4x_1 + 2x_2 \leq 60$

$x_1, x_2 \geq 0$

12.10 안암기업은 두 개의 제품 x와 y를 생산하고 있다. 제품 x는 단위당 1의 노동과 단위당 2의 자본을 필요로 하고, 제품 y는 단위당 2의 노동과 단위당 1의 자본을 필요로 한다. 현재 사용가능한 노동의 양은 6이고 자본의 양은 8이다. 그리고 제품 x와 y는 각각 2와 3의 이윤을 가져다 준다. 이때 총이윤을 최대화하는 제품 x와 y의 생산량을 쌍대 심플렉스법을 이용해 구하시오(먼저 주어진 문제를 쌍대문제로 변환하라).

CHAPTER 13

게임이론 입문

게임이론은 흔히 '전략적 상호작용의 수학적 모형화(mathematical modeling of strategic interactions)'라고 한다. 여기서 '전략적 상호작용 = 게임'이고, 게임은 바로 여러 명의 사람이, 주어진 규칙에 따라, 자신의 목적을 위해 최선을 다하는 모든 상황을 일컫는다.

잠깐, 그런 식이면 이 세상에 게임 아닌 게 있기나 하나. 샐린저는 "Life is a game, boy."라고 썼고(『호밀밭의 파수꾼』), 그룹 아바(ABBA)는 "The game is on again."이라고 노래했다(〈The Winner Takes It All〉). 삶 자체가 하나의 게임이라면, 게임이론은 (약간 과장하면) 인간 행동을 서술하려는 수학적 언어이다.

게임이론의 활용 범위는 정말 넓다. 성경이나 탈무드에서도 게임이론적 상황을 찾아볼 수 있고, 누군가는 2,000여 년 전의 손자병법을 (수학 없는) 전쟁에 대한 게임이론적 접근이라 평하기도 한다. 응용수학의 한 분야로 시작된 게임이론은 오늘날 경제·경영학은 물론, 정치학, 컴퓨터공학, 생물학 등 다양한 학문 분야에서 활용되고 있다.

게임이론의 역사에서 이정표라 할 수 있는 연구는 1928년의 폰 노이만의 논문이다. 그는 이 논문에서 제로섬 게임에 대한 'Minimax 정리'를 증명하였고, 이후 모르겐슈테른(Morgenstern)과 함께 저술한 『게임이론과 경제행동 이론(The Theory of Games and Economic Behavior)』(1944)을 통해 게임이론의 체계를 확립하였다.* 이를 계기로 게임이론은 급속한 발전을 이루게 된다.

1960년대 말부터 게임이론은 경제학의 새로운 형식 언어로 자리 잡았으며, 경제학의 상당 부분이 게임이론의 개념과 결과를 바탕으로 재구성되고 발전해 왔다. 이후 수많은 게임이론가가 노벨 경제학상을 수상하였는데, 그 명단은 여기에는 쓰기 어려울 만큼 길다.

이 장에서는 게임이론의 시작이었던 Minimax 정리를 배운다. 천재의 흔적을 범인이 따라가려니 어쩔 수 없이 좀 딱딱하긴 하다. 그래도 베이비 버전이니 너무 긴장하진 말자.

---

* 폰 노이만은 책 발간 전에 이미 게임이론에 대한 흥미를 잃고 컴퓨터과학 쪽으로 관심을 옮겼다고 한다.

1. 예제: 유한 2인 제로섬 게임

거의 모든 게임이론 책에서 다루는 제로섬 게임의 대표적인 예는 **동전 맞추기**(matching pennies) 게임이다. 게임은 다음과 같다. 두 명의 경기자가[1] 각각 한 개의 동전(1페니)을 가지고 동시에 앞면(head) 또는 뒷면(tail)을 내는 게임이다. 두 동전의 면이 같으면, 경기자 2가 자신의 동전을 경기자 1에게 준다. 반대로 두 동전의 면이 다르면, 경기자 1이 자신의 동전을 경기자 2에게 준다. 이는 다음과 같은 보수행렬(payoff matrix)로 간단히 나타낼 수 있다.

	앞면	뒷면
앞면	1	−1
뒷면	−1	1

그림 13-1 동전 맞추기 게임의 보수행렬

각 경기자는 '앞면', '뒷면'의 두 가지 선택지가 있다. 게임이론에서의 관습은 경기자 1은 행을, 경기자 2는 열을 선택하는 것으로 한다.[2] 여기서 숫자는 경기자 1의 보수(payoff)를 나타낸다. 여기에 음(−)을 곱하면 경기자 2의 보수이다. 예를 들면, 경기자 1이 '앞면'을, 경기자 2가 '뒷면'을 선택하면 경기자 1은 −1을, 경기자 2는 1을 얻게 된다.

두 경기자가 자신의 (기대)보수를 극대화하려고 할 때, 이 게임의 결과는 어떻게 될 것인가?

이 게임에서는 어떤 경기자도 항상 우월한 선택은 없다. 상대방의 선택에 따라 '앞면'이 '뒷면'보다 유리할 수도 있고, 그 반대일 수도 있다. 따라서 이 게임에는 자연스러운 해(solution)가 존재하지 않는 것처럼 보인다. 이러한 문제를 극복하는 한 가지 방법은 경기자가 자신의 선택을 무작위화(randomize)하도록 허용하는 것이다. 즉, 경기자 1은 확률 p

1 '경기자'는 player를 번역한 단어이다. 처음에는 어색하게 들릴 수도 있지만 마땅히 나은 번역도 없다. '선수'보다는 낫지 않나.

2 경기자 1을 '행 경기자(row player)', 경기자 2를 '열 경기자(column player)'라고 하기도 한다. 경기자 1은 '행', 경기자 2는 '열'로 하는 이 관습은 꼭 따르길.

로 '앞면'을, 확률 $1-p$로 '뒷면'을 선택하고, 경기자 2는 확률 q로 '앞면'을, 확률 $1-q$로 '뒷면'을 선택한다고 가정한다. 상황이 대칭적임을 고려하면, 경기자 1은 '앞면'과 '뒷면'을 각각 확률 1/2로 선택한다고 보는 것이 자연스럽다.[3] 이때, 경기자 2가 확률 q로 '앞면'을, 확률 $1-q$로 '뒷면'을 선택한다면, 경기자 1의 기대보수(expected payoff)는 다음과 같다.

$$\frac{1}{2}\underbrace{[q\cdot 1+(1-q)\cdot(-1)]}_{\text{경기자 1이 앞면을 택했을 때}}+\frac{1}{2}\underbrace{[q\cdot(-1)+(1-q)\cdot 1]}_{\text{경기자 1이 뒷면을 택했을 때}}=0$$

경기자 1의 기대보수는 0으로 q의 값과 무관하다. 즉, 경기자 1은 두 가지 선택('앞면'과 '뒷면')을 '반반'으로 무작위화함으로써, 경기자 2의 전략 q와 무관하게 기대보수 0을 확실히 확보할 수 있다(물론 실제로 실현되는 결과는 +1 또는 -1이다). 마찬가지로, 경기자 2도 '앞면'과 '뒷면'을 각각 확률 1/2로 선택함으로써, 기대보수 0을 보장할 수 있다.

제로섬 게임에서 각자가 자신에게 동일한 값 0을 보장할 수 있다면, 이 0이라는 값은 게임의 결과로 자연스럽게 예측할 수 있는 결과라고 할 수 있다. 만약 누군가가 0보다 큰 보수를 받는다면, 다른 경기자는 음(-)의 보수를 받게 될 텐데, 그 경기자는 '반반' 전략으로 자신의 보수를 확실히 0으로 늘릴 수 있기 때문이다. 그래서 두 경기자가 모두 충분히 똑똑하다면, 둘 다 반반 전략을 쓸 것이고, 두 경기자의 보수는 모두 0이 된다. 이때 0을 게임의 **값**(value)이라고 한다.

여기서 경기자의 무작위 선택(randomized choices)을 **혼합전략**(mixed strategy)이라고 부른다. 자신의 전략을 랜덤하게 선택한다는 개념(내 전략을 주사위를 던져서 결정한다?)이 자연스럽지 않다는 거 안다. 하지만 반드시 문자 그대로 실제로 무작위로 선택한다는 뜻은 아니다. (나는 확정적으로 선택하더라도) 상대방이 나의 선택에 대해 부여하는 불확실성으로 해석할 수도 있다. 혼합전략에 대한 보다 자세한 해석은 게임이론 수업 시간에 배우자.

---

3 안다, 별로 수학적으로 들리지 않는다는걸. 우선 받아들이자. 다음 절에서 정확히 다룬다.

2. Maximin 전략과 Minimax 전략

앞서 보았던 동전 맞추기 게임의 특징은 다음과 같다.

- 첫째, **두 명의 경기자**가 참여하는 게임(two-player games)이다.
- 둘째, 각 경기자는 **유한한 개수의 순수전략**(pure strategy)을 가진다.
- 셋째, 두 경기자 보수의 합이 항상 0이 되는 **제로섬 게임**(zero-sum game)이다.

정리하면, 이러한 종류의 게임은 **유한 2인 제로섬 게임**(finite two-person zero-sum game)이다. 모든 유한 2인 제로섬 게임은 행렬로 표시할 수 있어서 **행렬게임**(matrix game)이라고 부르기도 한다. 행렬게임은 다음과 같이 정의된다.

정의

행렬게임은 $m \times n$ 행렬 $\boldsymbol{A}$이다.

이때, 경기자 1의 (혼합)전략은 행렬 $\boldsymbol{A}$의 행에 대한 확률분포 $\boldsymbol{p}$, 즉 다음 집합의 원소이다.

$$\Delta^m := \left\{\boldsymbol{p} = (p_1, \cdots, p_m) \in \mathbb{R}^m \mid \sum_{i=1}^{m} p_i = 1, p_i \geq 0\right\}$$

마찬가지로, 경기자 2의 (혼합)전략은 행렬 $\boldsymbol{A}$의 열에 대한 확률분포 $\boldsymbol{q}$, 즉 다음 집합의 원소이다.

$$\Delta^n := \left\{\boldsymbol{q} = (q_1, \cdots, q_n) \in \mathbb{R}^n \mid \sum_{j=1}^{n} q_j = 1, q_j \geq 0\right\}$$

경기자 1의 전략 $\boldsymbol{p}$에 대해, 어떤 행 i에 대해 $p_i = 1$인 경우, 그 전략을 순수전략(pure strategy)이라고 하고, 이 전략은 $\boldsymbol{e}_i$로 표기한다. 마찬가지로, 경기자 2의 전략 $\boldsymbol{q}$에서 어떤 열 j에 대해 $q_j = 1$인 경우, 그 전략을 순수전략(pure strategy)이라고 하며, 역시 $\boldsymbol{e}_j$로 표기한다.

$m \times n$ 행렬 $\boldsymbol{A}$로 나타낼 수 있는 행렬게임은 다음과 같이 이해할 수 있다.

- 경기자 1의 전략의 개수는 m개, 경기자 2의 전략의 개수는 n개이다.
- (순수전략) 경기자 1이 i번째 행을 선택하고 경기자 2가 j번째 행을 선택하면, 경기자 2는 경기자 1에게 a_{ij}를 지불한다. 따라서 경기자 1의 보수는 a_{ij}, 경기자 2의 보수는 $-a_{ij}$이다(또는 손실이 a_{ij}이다).[4]

4 '지불'이라는 단어나 마이너스(−) 표시 때문에 경기자 2에게 일방적으로 불리한 게임이라고 생각하지는 말자. a_{ij}는 양수일 수도, 음수일 수도 있다.

- (혼합전략) 경기자 1이 혼합전략 $\boldsymbol{p} = (p_1, \cdots, p_m)$를 선택한다는 것은 i번째 행을 p_i의 확률로 택한다는 것이다. 경기자 2가 혼합전략 $\boldsymbol{q} = (q_1, \cdots, q_n)$를 선택한다는 것은 j번째 열을 q_i의 확률로 택한다는 것이다. 예를 들어, 경기자 1의 선택가능한 전략이 두 개이면 $\boldsymbol{p} = (p, 1-p)$, 세 개이면 $\boldsymbol{p} = (p_1, p_2, 1-p_1-p_2)$ 같은 형태로 주어진다.
- (기대보수) 경기자 1은 다음의 기대보수를 얻는다($\boldsymbol{p}$, $\boldsymbol{q}$를 열벡터로 간주하라).

$$\boldsymbol{p} \cdot \boldsymbol{A}\boldsymbol{q} = \sum_{i=1}^{m}\sum_{j=1}^{n} p_i q_j a_{ij}$$

그리고 경기자 2의 기대보수는 $-\boldsymbol{p} \cdot \boldsymbol{A}\boldsymbol{q}$이다.

$\boldsymbol{p} \cdot \boldsymbol{A}\boldsymbol{q} = \sum_{i=1}^{m}\sum_{j=1}^{n} p_i q_j a_{ij}$라는 식이 복잡해 보일 수 있다. 하지만 기댓값을 구하는 것뿐이다. '$p_i q_j a_{ij}$'은 경기자 1이 i번째 행을 선택할 확률 p_i와 경기자 2가 j번째 열을 선택할 확률 q_j에 그때의 보수 a_{ij}를 곱한 것이다. 그리고 $\sum_{i=1}^{m}\sum_{j=1}^{n}$은 모든 경우를 고려해서 더했다는 의미이다.

2×2 행렬게임 $\boldsymbol{A} = \begin{pmatrix} a_{11} & a_{12} \\ a_{21} & a_{22} \end{pmatrix}$를 예로 들면, $\boldsymbol{p} \cdot \boldsymbol{A}\boldsymbol{q}$는 다음과 같다(직접 한 번만 해보라).

$$\begin{aligned}
\boldsymbol{p} \cdot \boldsymbol{A}\boldsymbol{q} &= \begin{pmatrix} p_1 \\ p_2 \end{pmatrix} \cdot \begin{pmatrix} a_{11} & a_{12} \\ a_{21} & a_{22} \end{pmatrix} \begin{pmatrix} q_1 \\ q_2 \end{pmatrix} \\
&= \begin{pmatrix} p_1 \\ p_2 \end{pmatrix} \cdot \begin{pmatrix} q_1 a_{11} + q_2 a_{12} \\ q_1 a_{21} + q_2 a_{22} \end{pmatrix} \\
&= p_1 (q_1 a_{11} + q_2 a_{12}) + p_2 (q_1 a_{21} + q_2 a_{22}) \\
&= p_1 q_1 a_{11} + p_1 q_2 a_{12} + p_2 q_1 a_{21} + p_2 q_2 a_{22} \\
&= \sum_{i=1}^{2}\sum_{j=1}^{2} p_i q_j a_{ij}
\end{aligned}$$

게임을 '풀기' 위해서, 즉, 경기자들이 어떤 선택을 할 것인지 예측하기 위해서 Maximin 전략과 Minimax 전략이라는 개념이 필요하다.[5] 정의는 다음과 같다.

5 (한국어를 사랑하지만) 여기서는 Minimax와 Maximin를 그대로 쓴다. 누군가는 Minimax를 '최소최대'로, 다른 누군가는 '최대최소'로 번역하기도 한다. 전자는 직역이고, 후자는 의미를 한국어 어순에 맞게 바꾼 것이다. 헷갈리니 그냥 영문 표기 그대로 쓴다.

정의

- 경기자 1의 전략 $\boldsymbol{p}$가 다음을 만족하면 경기자 1의 Maximin 전략이라고 한다.

  모든 경기자 1의 전략 $\boldsymbol{p}'$에 대해 $\min_q \boldsymbol{p} \cdot \boldsymbol{Aq} \geq \min_q \boldsymbol{p}' \cdot \boldsymbol{Aq}$

- 경기자 2의 전략 $\boldsymbol{q}$가 다음을 만족하면 경기자 2의 Minimax 전략이라고 한다.

  모든 경기자 2의 전략 $\boldsymbol{q}'$에 대해 $\max_p \boldsymbol{p} \cdot \boldsymbol{Aq} \leq \max_p \boldsymbol{p} \cdot \boldsymbol{Aq}'$

아, 무슨 말인지 모르겠다. 그래도 너무 걱정하지 마라. 남들도 어렵다. 20세기 최고의 천재 폰 노이만 작품 아니던가. 천천히 이해해 보자.

- 우선 '누구'의 전략인지 주목하라. Maximin은 경기자 1의 전략이고, Minimax는 경기자 2의 전략이다. 그리고 정의식에서 부등호 방향을 잘 보라.
- 경기자 1의 Maximin 전략은 경기자 2의 가능한 모든 전략에 대해 경기자 1이 얻을 수 있는 최소 보수(minimal payoff)를 최대화(maximize)하는 전략이다.
- 경기자 2의 Minimax 전략은 경기자 1의 가능한 모든 전략에 대해 경기자 2가 지불해야 하는 최대 금액(maximum payment)을 최소화(minimize)하는 전략이다.
- 이러한 Maximin 전략과 Minimax 전략이 항상 존재한다는 사실은 어렵지 않게 증명할 수 있다.
- 비대칭적 정의는 관례적으로 행렬게임에서 행렬 각 원소의 값이 "경기자 2가 경기자 1에게 지불해야 하는 금액"으로 표현된다는 점에서 비롯된다.

그러니까, 경기자 1의 Maximin 전략은 최소한으로 얻을 수 있는 보수를 최대화, 경기자 2의 Minimax 전략은 줘야 되는 최대한의 돈을 최소화하는 것이다.[6]

그렇다면, 우리는 왜 이런 전략들에 관심을 가져야 할까? 얼핏 보기에는 이러한 전략은 경기자가 매우 보수적이거나 비관적인 성향을 가진다고 가정하는 것 같다. 아니다! 'Minimax 정리'에 따르면, 모든 행렬게임 $\boldsymbol{A}$에 대해 다음의 성질을 만족하는 하나의 실수값 $v = v(\boldsymbol{A})$가 존재하고, 각 경기자의 성향에 무관하게 Maximin 전략과 Minimax 전략이 각각 경기자 1, 2의 최적 전략이 된다.

6 'Maximin'은 'min을 max'하는 것이고, 'Minimax'은 'max를 min'하는 것이다. 우리 한국인에게는 어순이 바뀌어서 어렵게 느껴질 수 있다.

- 경기자 1의 전략 $\boldsymbol{p}$가 경기자 2가 어떤 전략 $\boldsymbol{q}$를 택하더라도 경기자 1에게 최소한 v 이상의 보수를 보장한다면(즉, 모든 $\boldsymbol{q}$에 대해 $\boldsymbol{p} \cdot \boldsymbol{A}\boldsymbol{q} \geq v$), 그리고 오직 그럴 때만 $\boldsymbol{p}$는 Maximin 전략이다.
- 경기자 2의 전략 $\boldsymbol{q}$가 경기자 1이 어떤 전략 $\boldsymbol{p}$를 택하더라도 경기자 2가 경기자 1에게 최대 v 이하의 금액만을 지불하도록 보장한다면(즉, 모든 $\boldsymbol{p}$에 대해 $\boldsymbol{p} \cdot \boldsymbol{A}\boldsymbol{q} \leq v$), 그리고 오직 그럴 때만 $\boldsymbol{q}$는 Minimax 전략이다.

따라서 경기자 1은 Maximin 전략을 사용함으로써 최소한 v만큼의 보수를 얻을 수 있다. 반면, 경기자 2는 Minimax 전략을 사용하여 v보다 너 많은 금액을 지불하지 않을 수 있다. 그래서 경기자 1, 2 모두 똑똑한 사람이라면, 게임의 결과는 v가 되는 것이 자연스럽지 않겠나. 그리고 경기자 1은 Maximin 전략을, 경기자 2는 Minimax 전략을 사용할 것이다.

이러한 이유로, 실수 $v = v(\boldsymbol{A})$를 게임 $\boldsymbol{A}$의 **값**(value)이라고 부른다. 이는 경기자 1이 게임 $\boldsymbol{A}$를 통해 얻을 수 있는 가치(worth)를 의미하게 된다. 그리고 Maximin 전략과 Minimax 전략은 각각 경기자 1과 경기자 2의 **최적 전략**(optimal strategies)으로 불린다. 게임 $\boldsymbol{A}$를 '푼다'는 것은 게임의 값과 각 경기자의 최적 전략을 구하는 것을 의미한다.

3. $2 \times n$ 행렬게임 풀어보기

다음과 같은 행렬게임 $\boldsymbol{A}$를 '풀어'보자.

$$\boldsymbol{A} = \begin{pmatrix} 10 & 2 & 4 & 1 \\ 2 & 10 & 8 & 12 \end{pmatrix}$$

행렬 $\boldsymbol{A}$의 각 열을 $\boldsymbol{e}_1, \boldsymbol{e}_2, \boldsymbol{e}_3, \boldsymbol{e}_4$라고 하고, $\boldsymbol{p} = (p, 1-p)$를 경기자 1의 전략이라고 하자. 경기자 2가 순수전략을 사용하는 경우, 경기자 1의 기대보수는 다음과 같다.

$$\boldsymbol{p} \cdot \boldsymbol{A}\boldsymbol{e}_1 = 10p + 2(1-p) = 8p + 2$$

$$\boldsymbol{p} \cdot \boldsymbol{A}\boldsymbol{e}_2 = 2p + 10(1-p) = 10 - 8p$$

$$\boldsymbol{p} \cdot \boldsymbol{A}\boldsymbol{e}_3 = 4p + 8(1-p) = 8 - 4p$$

$$\boldsymbol{p} \cdot \boldsymbol{A}\boldsymbol{e}_4 = p + 12(1-p) = 12 - 11p$$

이를 p에 관한 함수로 보고 그래프로 나타내면 다음과 같다.

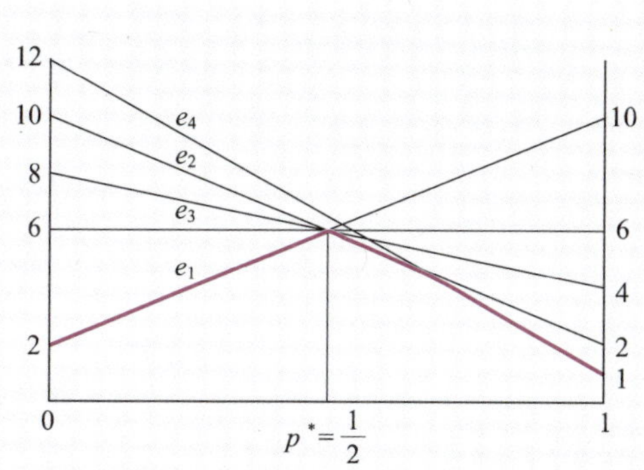

그림 13-2 2인 제로섬 게임의 혼합전략 균형점

이 그림에서 가로축은 확률 p를 나타내며, 네 개의 직선은 경기자 2의 네 가지 순수전략 각에 대해 경기자 1이 얻을 수 있는 보수(payoff)를 나타낸 것이다. 각 $p \in [0, 1]$에 대해 경기자 1이 얻을 수 있는 최소 보수(minimum payoff)는 이 네 개의 선 중에서 가장 아래쪽을 이루는 포락선(lower envelope), 즉 두껍게 표시된 선으로 주어진다.

그리고 이 포락선은 $p = 1/2$일 때 최댓값 6을 가진다. 따라서 경기자 1은 유일한 최적 전략 겸 Maximin 전략을 가지며, 그 전략은 $\boldsymbol{p}^* = (1/2, 1/2)$이다.

그렇다면 경기자 2의 최석선락 또는 Minimax 전략은 무엇일까?

경기자 2의 Minimax 전략 $\boldsymbol{q} = (q_1, q_2, q_3, q_4)$은 경기자 2가 지불해야 할 금액을 게임의 값(value), 즉 6 이하로 보장하는 전략이어야 한다. 따라서 그림을 보면 $q_4 = 0$이어야 한다. 그렇지 않으면, 경기자 1이 전략 $\boldsymbol{p}^* = (1/2, 1/2)$을 사용할 때 보수가 6보다 커지기 때문이다.

따라서 Minimax 전략은 $\boldsymbol{q} = (q_1, q_2, q_3, 0)$의 형태를 가지며, 이 전략은 그림에서 $\boldsymbol{e}_1, \boldsymbol{e}_2, \boldsymbol{e}_3$에 대응하는 세 개의 직선을 결합한 직선으로 점 (1/2, 6)을 지난다. 또한 어떤 p에 대해서도 이 직선이 6을 넘어서는 안 되는데, 그렇지 않으면 경기자 1은 해당 p를 선택할 것이기 때문이다. 따라서 이 직선은 높이가 6인 수평선이어야 한다. 즉, 다음의 세 식을 만족해야 한다.

$$2q_1 + 10q_2 + 8q_3 = 6$$

$$q_1 + q_2 + q_3 = 1$$

첫 번째 식은 왼쪽 점이 (0, 6)이어야 한다는 조건이고, 두 번째 식은 확률의 합이 1이어야 한다는 조건이다. 정리하면 다음의 최적 전략 '집합'을 얻는다.

$$\left\{\boldsymbol{q} = (q_1, q_2, q_3, 0) \mid \frac{1}{3} \le q_1 \le \frac{1}{2}, q_2 = 3q_1 - 1, q_3 = 1 - q_1 - q_2\right\}$$

$m \times 2$와 같은 행렬게임도 마찬가지로 그림을 그려서 풀 수 있다. 그러나 일반적인 $m \times n$ 행렬게임의 경우 그림으로는 해결이 힘들고, 선형계획법(linear programming)을 이용해야 한다. 여기서는 (다행히) 다루지 않겠다.[7]

4. Minimax 정리

게임이론의 일차적 목표는 각 경기자가 어떤 전략을 취하는지, 그리고 그 결과가 어떻게 나올지 예측하는 것이다. 한 경기자의 이득은 다른 경기자의 손실이 되는 2인 제로섬 게임에서는 그 결과가 어떻게 될 것인가? 이에 대해서 Minimax 정리가 대답을 제시한다. 직관은 다음과 같다.

경기자 1이 상대방으로부터 받는 금액을 최소 v_1으로 보장받을 수 있는 전략이 있고, 경기자 2는 상대방에게 지불하는 금액을 최대 v_2로 막을 수 있는 전략이 있다고 하자.

첫째, $v_1 \le v_2$이어야 한다. 경기자 1이 받을 수 있는 금액이 경기자 2의 최대 지급 금액보다 더 클 수는 없기 때문이다.

둘째, 게임을 한다면, 그 결과가 무엇이든 경기자 1의 최종 보수는 구간 $[v_1, v_2]$ 사이에 있을 것이다. 경기자 1은 최악의 경우에도 최소 v_1을 보장받을 수 있고, 경기자 2는 최악의 경우에도 v_2보다 더 지급하지는 않기 때문이다.

셋째, 여기서 Minimax 정리의 힘이 드러난다. 이 정리에 따르면 $v_1 = v_2 = v$이다! 그래서 경기자 1의 보수는 v, 경기자 2의 보수는 $-v$가 되는 것이 게임의 결과가 될 것으로 예

7 여러분 중 대다수는 아마 경험하지 않고 졸업할 가능성이 크다. 별 문제는 안 된다.

측할 수 있다.

이제 Minimax 정리를 증명해 보자.

$m \times n$ 행렬게임 $\boldsymbol{A}$이 있다. 경기자 1의 임의의 전략 $\boldsymbol{p}$에 대해, $v_1(\boldsymbol{p}) = \min_q \boldsymbol{p} \cdot \boldsymbol{Aq}$ 라고 하자. 이는 경기자 1이 $\boldsymbol{p}$를 선택했을 때 얻을 수 있는 최소 기대보수를 의미한다. 따라서 경기자 1은 다음 값을 보장할 수 있다.

$$v_1(\boldsymbol{A}) := \max_p v_1(\boldsymbol{p})$$

비슷하게, 경기자 2의 임의의 전략 $\boldsymbol{q}$에 대해 $v_2(\boldsymbol{q}) = \max_p \boldsymbol{p} \cdot \boldsymbol{Aq}$ 라고 하자. 이는 경기자 2가 $\boldsymbol{q}$를 선택했을 때 지불해야 하는 최대한의 금액이다. 따라서 경기자 2는 자신이 지불해야 하는 금액을 다음 이하로 유지할 수 있다.

$$v_2(\boldsymbol{A}) := \min_q v_2(\boldsymbol{q})$$

직관적으로, 경기자 1이 스스로에게 보장할 수 있는 이익은 경기자 2가 스스로에게 보장할 수 있는 최대 지불액을 초과해서는 안 된다. 이를 다음과 같이 멋진 보조정리로 쓰자.

보조정리

모든 $m \times n$ 행렬게임 $\boldsymbol{A}$에 대해, $v_1(\boldsymbol{A}) \leq v_2(\boldsymbol{A})$이다. 또는 다음과 같이 쓸 수 있다.

$$\max_p \min_q \boldsymbol{p} \cdot \boldsymbol{Aq} \leq \min_q \max_p \boldsymbol{p} \cdot \boldsymbol{Aq}$$

증명 증명은 어렵지 않다. 두 경기자의 임의의 전략 $\boldsymbol{p}$, $\boldsymbol{q}$에 대해 다음이 성립한다.

$$\min_{\tilde{q}} \boldsymbol{p} \cdot \boldsymbol{A\tilde{q}} \leq \boldsymbol{p} \cdot \boldsymbol{Aq} \leq \max_{\tilde{p}} \boldsymbol{\tilde{p}} \cdot \boldsymbol{Aq}$$

즉, $v_1(\boldsymbol{p}) \leq v_2(\boldsymbol{q})$ 이다. 임의의 $\boldsymbol{p}$, $\boldsymbol{q}$에 대해 성립하므로, 다음을 얻는다.

$$v_1(\boldsymbol{A}) = \max_p v_1(\boldsymbol{p}) \leq \min_q v_2(\boldsymbol{q}) = v_2(\boldsymbol{A})$$

원하는 결과를 얻었다.[8] ■

Minimax 정리를 증명하기 전에 정리가 하나 더 필요하다.

8 처음 보면 뭔소리인가 싶을 수 있다. 자연스러운 반응이다. 천천히 다시 보자.

Theorem of the Alternatives[9]

$m \times n$ 행렬 $\boldsymbol{A}$에 대해, 다음 둘 중 하나만 성립한다.

- $(\boldsymbol{y}, \boldsymbol{z}) \geq 0$, $(\boldsymbol{y}, \boldsymbol{z}) \neq 0$ 그리고 $\boldsymbol{Ay} + \boldsymbol{z} = 0$인 $\boldsymbol{y} \in \mathbb{R}^n$와 $\boldsymbol{z} \in \mathbb{R}^m$가 존재한다.
- $\boldsymbol{x} > 0$이고 $\boldsymbol{x}'\boldsymbol{A} > 0$인 $\boldsymbol{x} \in \mathbb{R}^m$이 존재한다.

이 정리의 증명을 위해서는 어느 정도 훈련이 필요하다. 증명은커녕 무슨 이야기인지도 모르겠다는 것도 안다. 지금은 선형계획법에서 잘 알려진, 매우 중요한 정리 중 하나라는 것만 알면 된다. 우선 그냥 받아들이고, 어떻게 멋지게 활용되나 보자.

이제 게임이론의 기틀을 마련했다는, 그 유명한 Minimax 정리를 만나자. 두근두근하지 않나.

Minimax 정리

모든 $m \times n$ 행렬게임 $\boldsymbol{A}$에 대해, $v_1(\boldsymbol{A}) = v_2(\boldsymbol{A})$ 이다. 또는 다음과 같이 쓸 수 있다.

$$\max_p \min_q \boldsymbol{p} \cdot \boldsymbol{Aq} = \min_q \max_p \boldsymbol{p} \cdot \boldsymbol{Aq}$$

증명 앞의 보조정리와의 유일한 차이는 '부등호$\leq$'가 '등호='로 바뀐 것이다. 보조정리 덕분에 등호를 증명하기 위해서는 반대 방향 부등호, 즉 $v_1(\boldsymbol{A}) \geq v_2(\boldsymbol{A})$ 만 보이면 된다. 그렇지 않다고, 즉 $v_1(\boldsymbol{A}) < v_2(\boldsymbol{A})$ 이라고 가정하자.

임의의 $m \times n$ 행렬게임 $\boldsymbol{B}$를 고려하자.

Theorem of the Alternatives에 의해, 다음 (a) 또는 (b) 중 하나만 성립한다.

(a) $(\boldsymbol{y}, \boldsymbol{z}) \geq 0$, $(\boldsymbol{y}, \boldsymbol{z}) \neq 0$ 그리고 $\boldsymbol{By} + \boldsymbol{z} = 0$인 $\boldsymbol{y} \in \mathbb{R}^n$ 와 $\boldsymbol{z} \in \mathbb{R}^m$ 가 존재한다.

(b) $\boldsymbol{x} > 0$이고 $\boldsymbol{xB} > 0$인 $\boldsymbol{x} \in \mathbb{R}^m$ 이 존재한다.

먼저, (a)가 성립한다고 가정하자. 그렇다면 $\boldsymbol{y} \neq 0$ 이다. 그렇지 않다면, $\boldsymbol{z} = 0$ 이고, $(\boldsymbol{y}, \boldsymbol{z}) = 0$ 이 되기 때문이다. 따라서 $\sum_{k=1}^{n} y_k > 0$ 이다. 이제 $\boldsymbol{q} := (q_1, q_2, \cdots, q_n) \in \Delta^n$를

9 이상한 이름이지만, 이러한 이름이 붙은 정리가 꽤 있다. 내용은 살짝 다를 수 있다. 경제·경영학에서 이 정리 혹은 살짝 변형된 형태가 매우 유용하게 활용된다. 금융수학에서도 중요한 역할을 한다.

다음과 같이 정의하자.

$$q_j = y_j / \sum_{k=1}^{n} y_k \; (j = 1, 2, \cdots, n)$$

그렇다면 $\boldsymbol{Bq} = -\boldsymbol{z} / \sum_{k=1}^{n} y_k \leq \boldsymbol{0}$이 성립하므로, $v_2(\boldsymbol{q}) \leq 0$이다. 따라서 $v_2(\boldsymbol{B}) \leq 0$이다.

이번에는 (b)가 성립한다고 가정하자.

$\boldsymbol{p} = \boldsymbol{x} / \sum_{i=1}^{m} x_i$로 정의하면 $\boldsymbol{p} \in \Delta^m$ 이고, $v_1(\boldsymbol{p}) > 0$이 성립한다. 따라서 $v_1(\boldsymbol{B}) > 0$이다.

종합하면, 임의의 행렬게임 $\boldsymbol{B}$에 대해, $v_1(\boldsymbol{B}) \leq 0 < v_2(\boldsymbol{B})$일 수 없다.
이제 행렬 $\boldsymbol{B}$를 행렬 $\boldsymbol{A}$의 모든 원소에서 $v_1(\boldsymbol{A})$를 뺀 것으로 정의하자. 그렇다면, $v_1(\boldsymbol{B}) = v_1(\boldsymbol{A}) - v_1(\boldsymbol{A}) = 0$이고, 가정에 의해 $v_2(\boldsymbol{B}) = v_2(\boldsymbol{A}) - v_1(\boldsymbol{A}) > 0$이다. 즉, $v_1(\boldsymbol{B}) \leq 0 < v_2(\boldsymbol{B})$이 되어 모순이 발생한다. 이로써 정리가 증명된다. ■

Minimax 정리에 따라, 우리는 행렬게임 $\boldsymbol{A}$의 **값**(value)을 다음과 같이 정의할 수 있다.

$$v(\boldsymbol{A}) = v_1(\boldsymbol{A}) = v_2(\boldsymbol{A})$$

경기자 1의 **최적 전략**(optimal strategy)은 다음을 만족하는 전략 $\boldsymbol{p}$이다.

$$v_1(\boldsymbol{p}) \geq v(\boldsymbol{A})$$

마찬가지로, 경기자 2의 최적 전략은 다음을 만족하는 전략 $\boldsymbol{q}$이다.

$$v_2(\boldsymbol{q}) \leq v(\boldsymbol{A})$$

Minimax 정리는 최적 전략들에 대해 다음이 성립함을 보장한다.

$$v(\boldsymbol{A}) = v_1(\boldsymbol{p}) = v_2(\boldsymbol{q})$$

따라서 경기자 1의 전략 $\boldsymbol{p}$가 최적 전략이라면, $v_1(\boldsymbol{p}) = \max_{\boldsymbol{p}'} v_1(\boldsymbol{p}')$이므로 $\boldsymbol{p}$는 Maximin 전략이 된다. 반대로, 모든 Maximin 전략은 경기자 1의 최적 전략이다.

마찬가지로, 경기자 2의 최적 전략은 정확히 Minimax 전략에 해당한다.

연습문제

13.1 다음 행렬게임을 푸시오. 즉, 각 경기자의 최적전략과 게임의 값을 찾으시오.

(1) $\begin{pmatrix} 6 & 0 \\ 0 & 5 \end{pmatrix}$

(2) $\begin{pmatrix} 2 & -1 & 0 & 2 \\ 2 & 0 & 0 & 3 \\ 0 & 0 & -1 & -2 \end{pmatrix}$

(3) $\begin{pmatrix} 1 & 3 & 1 \\ 2 & 2 & 0 \\ 0 & 3 & 2 \end{pmatrix}$

13.2 가위바위보는 대표적인 유한 2인 제로섬 게임이다. 이겼을 때, 비겼을 때, 졌을 때 보수를 각각 1, 0, -1이라고 했을 때, 가위바위보를 행렬게임으로 나타내시오. 그리고 게임을 푸시오.

13.3 다음의 행렬게임을 고려하자.

$$\begin{pmatrix} 3 & 2 \\ 1 & 4 \end{pmatrix}$$

(1) 경기자 1의 기대보수를 경기자 2의 전략에 무관하게 만드는 경기자 1의 혼합전략을 구하시오.

(2) 경기자 2의 기대보수를 경기자 1의 전략에 무관하게 만드는 경기자 2의 혼합전략을 구하시오.

(3) (1)에서 경기자 1의 기대보수와 (2)에서 경기자의 기대보수는 무엇인가? 이 게임에서 각 경기자가 선택하는 전략은 무엇이겠는가?

13.4 모든 k에 대해 $\min_j a_{ij} \geq \min_j a_{kj}$일 때, 행 i를 'Maximin 행'이라 하고, 모든 l에 대해 $\max_i a_{ij} \leq \max_i a_{il}$일 때, 열 j를 'Minimax 열'이라고 한다. 다음의 행렬게임을 고려하자.

$$A = \begin{pmatrix} 3 & 2 & 0 \\ 1 & 2 & 2 \\ 0 & 2 & 4 \\ 0 & 3 & 1 \end{pmatrix}$$

(1) 모든 Maximin 행과 모든 Minimax 열을 구하시오. 이로부터 게임의 값에 대해 무엇을 알 수 있는가?

(2) 이 게임의 값은 12/7이다. 이를 안다는 가정하에서, 경기자 2의 Minimax 전략은 두 번째 열에 0의 확률을 부여하는 것임을 증명하시오.

(3) 경기자 1의 모든 Maximin 전략과 경기자 2의 모든 Minimax 전략을 구하시오.

찾아보기